TRANZLATY
El idioma es para todos
Mae iaith i bawb

El llamado de lo salvaje

Galwad y Gwyllt

Jack London

Español / Cymraeg

Copyright © 2025 Tranzlaty
All rights reserved
Published by Tranzlaty
ISBN: 978-1-80572-857-3
Original text by Jack London
The Call of the Wild
First published in 1903
www.tranzlaty.com

Hacia lo primitivo
I'r Cyntefig

Buck no leía los periódicos.
Nid oedd Buck yn darllen y papurau newydd.
Si hubiera leído los periódicos habría sabido que se avecinaban problemas.
Pe bai wedi darllen y papurau newydd byddai wedi gwybod bod trafferth yn codi.
Hubo problemas, no sólo para él sino para todos los perros de la marea.
Roedd trafferth nid iddo ef ei hun yn unig, ond i bob ci dŵr llanw.
Todo perro con músculos fuertes y pelo largo y cálido iba a estar en problemas.
Byddai pob ci cryf o gyhyrau a gwallt hir, cynnes mewn trafferth.
Desde Puget Bay hasta San Diego ningún perro podía escapar de lo que se avecinaba.
O Fae Puget i San Diego ni allai unrhyw gi ddianc rhag yr hyn oedd i ddod.
Los hombres, a tientas en la oscuridad del Ártico, encontraron un metal amarillo.
Roedd dynion, yn chwilota yn nhywyllwch yr Arctig, wedi dod o hyd i fetel melyn.
Las compañías navieras y de transporte iban en busca del descubrimiento.
Roedd cwmnïau llongau stêm a chludiant yn mynd ar ôl y darganfyddiad.
Miles de hombres se precipitaron hacia el norte.
Roedd miloedd o ddynion yn rhuthro i'r Gogledd.
Estos hombres querían perros, y los perros que querían eran perros pesados.
Roedd y dynion hyn eisiau cŵn, a'r cŵn roedden nhw eu heisiau oedd cŵn trwm.
Perros con músculos fuertes para trabajar.
Cŵn â chyhyrau cryf i llafurio â nhw.

Perros con abrigos peludos para protegerlos de las heladas.
Cŵn â chotiau blewog i'w hamddiffyn rhag y rhew.

Buck vivía en una casa grande en el soleado valle de Santa Clara.
Roedd Buck yn byw mewn tŷ mawr yn Nyffryn Santa Clara, sydd wedi'i gusanu gan yr heul.
El lugar del juez Miller, se llamaba su casa.
Lle'r Barnwr Miller, galwyd ei dŷ.
Su casa estaba apartada de la carretera, medio oculta entre los árboles.
Roedd ei dŷ yn sefyll yn ôl o'r ffordd, hanner cuddiedig ymhlith y coed.
Se podían ver destellos de la amplia terraza que rodeaba la casa.
Gallai rhywun gael cipolwg ar y feranda eang oedd yn rhedeg o amgylch y tŷ.
Se accedía a la casa mediante caminos de grava.
Roedd modd cyrraedd y tŷ drwy ffyrdd gyrru graeanog.
Los caminos serpenteaban a través de amplios prados.
Roedd y llwybrau'n troelli trwy lawntiau eang.
Allá arriba se veían las ramas entrelazadas de altos álamos.
Uwchben roedd canghennau plethedig y poplys tal.
En la parte trasera de la casa las cosas eran aún más espaciosas.
Yng nghefn y tŷ roedd pethau hyd yn oed yn fwy eang.
Había grandes establos, donde una docena de mozos de cuadra charlaban.
Roedd stablau gwych, lle'r oedd dwsin o briodferched yn sgwrsio
Había hileras de casas de servicio cubiertas de enredaderas.
Roedd rhesi o fythynnod gweision wedi'u gorchuddio â gwinwydd
Y había una interminable y ordenada serie de letrinas.
Ac roedd yna amrywiaeth ddiddiwedd a threfnus o dai allan
Largos parrales, verdes pastos, huertos y campos de bayas.

Perllannau grawnwin hir, porfeydd gwyrdd, perllannau, a chlytiau aeron.
Luego estaba la planta de bombeo del pozo artesiano.
Yna roedd y gwaith pwmpio ar gyfer y ffynnon artesaidd.
Y allí estaba el gran tanque de cemento lleno de agua.
Ac yno yr oedd y tanc sment mawr yn llawn dŵr.
Aquí los muchachos del juez Miller dieron su chapuzón matutino.
Yma y cymerodd bechgyn y Barnwr Miller eu plymiad boreol.
Y allí también se refrescaron en la calurosa tarde.
Ac fe wnaethon nhw oeri yno yn y prynhawn poeth hefyd.
Y sobre este gran dominio, Buck era quien lo gobernaba todo.
A thros y parth mawr hwn, Buck oedd yr un a reolodd y cyfan.
Buck nació en esta tierra y vivió aquí todos sus cuatro años.
Ganwyd Buck ar y tir hwn a bu'n byw yma ei holl bedair blynedd.
Efectivamente había otros perros, pero realmente no importaban.
Roedd cŵn eraill yn wir, ond doedden nhw ddim yn wirioneddol bwysig.
En un lugar tan vasto como éste se esperaban otros perros.
Roedd disgwyl cŵn eraill mewn lle mor eang â hwn.
Estos perros iban y venían, o vivían dentro de las concurridas perreras.
Byddai'r cŵn hyn yn dod ac yn mynd, neu'n byw y tu mewn i'r cŵn prysur.
Algunos perros vivían escondidos en la casa, como Toots e Ysabel.
Roedd rhai cŵn yn byw'n gudd yn y tŷ, fel roedd Toots ac Ysabel yn ei wneud.
Toots era un pug japonés, Ysabel una perra mexicana sin pelo.
Roedd Toots yn gi pug Japaneaidd, ac Ysabel yn gi di-flew Mecsicanaidd.
Estas extrañas criaturas rara vez salían de la casa.

Anaml y byddai'r creaduriaid rhyfedd hyn yn camu allan o'r tŷ.
No tocaron el suelo ni olieron el aire libre del exterior.
Ni wnaethant gyffwrdd â'r ddaear, nac arogli'r awyr agored y tu allan.
También estaban los fox terriers, al menos veinte en número.
Roedd yna hefyd y daeargis fox, o leiaf ugain mewn nifer.
Estos terriers le ladraron ferozmente a Toots y a Ysabel dentro de la casa.
Roedd y daeargi hyn yn cyfarth yn ffyrnig ar Toots ac Ysabel dan do.
Toots e Ysabel se quedaron detrás de las ventanas, a salvo de todo daño.
Arhosodd Toots ac Ysabel y tu ôl i ffenestri, yn ddiogel rhag niwed.
Estaban custodiados por criadas con escobas y trapeadores.
Roeddent yn cael eu gwarchod gan forynion tŷ gyda ysgubau a mopiau.
Pero Buck no era un perro de casa ni tampoco de perrera.
Ond nid ci tŷ oedd Buck, ac nid ci cŵn oedd e chwaith.
Toda la propiedad pertenecía a Buck como su legítimo reino.
Roedd yr eiddo cyfan yn eiddo i Buck fel ei deyrnas gyfreithiol.
Buck nadaba en el tanque o salía a cazar con los hijos del juez.
Nofiodd Buck yn y tanc neu aeth i hela gyda meibion y Barnwr.
Caminaba con Mollie y Alice temprano o tarde.
Cerddodd gyda Mollie ac Alice yn oriau mân neu hwyr y bore.
En las noches frías yacía junto al fuego de la biblioteca con el juez.
Ar nosweithiau oer byddai'n gorwedd o flaen tân y llyfrgell gyda'r Barnwr.
Buck llevaba a los nietos del juez en su fuerte espalda.
Rhoddodd Buck reidiau i wyrion y Barnwr ar ei gefn cryf.
Se revolcó en el césped con los niños, vigilándolos de cerca.

Rholiodd yn y glaswellt gyda'r bechgyn, gan eu gwarchod yn agos.
Se aventuraron hasta la fuente e incluso pasaron por los campos de bayas.
Mentroddant at y ffynnon a hyd yn oed heibio i'r caeau aeron.
Entre los fox terriers, Buck caminaba siempre con orgullo real.
Ymhlith y daeargis, roedd Buck yn cerdded gyda balchder brenhinol bob amser.
Él ignoró a Toots y Ysabel, tratándolos como si fueran aire.
Anwybyddodd Toots ac Ysabel, gan eu trin fel pe baent yn awyr.
Buck reinaba sobre todas las criaturas vivientes en la tierra del juez Miller.
Roedd Buck yn rheoli dros bob creadur byw ar dir y Barnwr Miller.
Él gobernaba a los animales, a los insectos, a los pájaros e incluso a los humanos.
Roedd yn teyrnasu dros anifeiliaid, pryfed, adar, a hyd yn oed bodau dynol.
El padre de Buck, Elmo, había sido un San Bernardo enorme y leal.
Roedd tad Buck, Elmo, wedi bod yn Sant Bernard enfawr a ffyddlon.
Elmo nunca se apartó del lado del juez y le sirvió fielmente.
Ni adawodd Elmo ochr y Barnwr byth, a'i gwasanaethodd yn ffyddlon.
Buck parecía dispuesto a seguir el noble ejemplo de su padre.
Roedd Buck yn ymddangos yn barod i ddilyn esiampl fonheddig ei dad.
Buck no era tan grande: pesaba ciento cuarenta libras.
Nid oedd Buck mor fawr, yn pwyso cant a deugain punt.
Su madre, Shep, había sido una excelente perra pastor escocesa.
Roedd ei fam, Shep, wedi bod yn gi bugail Albanaidd da.

Pero incluso con ese peso, Buck caminaba con presencia majestuosa.
Ond hyd yn oed gyda'r pwysau hwnnw, cerddodd Buck gyda phresenoldeb brenhinol.
Esto fue gracias a la buena comida y al respeto que siempre recibió.
Daeth hyn o fwyd da a'r parch a gafodd bob amser.
Durante cuatro años, Buck había vivido como un noble mimado.
Am bedair blynedd, roedd Buck wedi byw fel uchelwr wedi'i ddifetha.
Estaba orgulloso de sí mismo y hasta era un poco egoísta.
Roedd yn falch ohono'i hun, a hyd yn oed ychydig yn egotistaidd.
Ese tipo de orgullo era común entre los señores de países remotos.
Roedd y math yna o falchder yn gyffredin ymhlith arglwyddi gwledig anghysbell.
Pero Buck se salvó de convertirse en un perro doméstico mimado.
Ond achubodd Buck ei hun rhag dod yn gi tŷ wedi'i fwydo.
Se mantuvo delgado y fuerte gracias a la caza y el ejercicio.
Arhosodd yn fain ac yn gryf trwy hela ac ymarfer corff.
Amaba profundamente el agua, como la gente que se baña en lagos fríos.
Roedd wrth ei fodd â dŵr yn fawr, fel pobl sy'n ymdrochi mewn llynnoedd oer.
Este amor por el agua mantuvo a Buck fuerte y muy saludable.
Cadwodd y cariad hwn at ddŵr Buck yn gryf, ac yn iach iawn.
Éste era el perro en que se había convertido Buck en el otoño de 1897.
Dyma'r ci yr oedd Buck wedi dod yn hydref 1897.
Cuando la huelga de Klondike arrastró a los hombres hacia el gélido Norte.

Pan dynnodd ymosodiad y Klondike ddynion i'r Gogledd rhewllyd.
La gente acudió en masa desde todos los rincones del mundo hacia aquella tierra fría.
Rhuthrodd pobl o bob cwr o'r byd i'r wlad oer.
Buck, sin embargo, no leía los periódicos ni entendía las noticias.
Fodd bynnag, nid oedd Buck yn darllen y papurau newydd, nac yn deall newyddion.
Él no sabía que Manuel era un mal hombre con quien estar.
Doedd e ddim yn gwybod bod Manuel yn ddyn drwg i fod o gwmpas.
Manuel, que ayudaba en el jardín, tenía un problema profundo.
Roedd gan Manuel, a oedd yn helpu yn yr ardd, broblem ddofn.
Manuel era adicto al juego de la lotería china.
Roedd Manuel yn gaeth i gamblo yn y loteri Tsieineaidd.
También creía firmemente en un sistema fijo para ganar.
Roedd hefyd yn credu'n gryf mewn system sefydlog ar gyfer ennill.
Esa creencia hizo que su fracaso fuera seguro e inevitable.
Gwnaeth y gred honno ei fethiant yn sicr ac yn anochel.
Jugar con un sistema exige dinero, del que Manuel carecía.
Mae chwarae system yn gofyn am arian, rhywbeth nad oedd gan Manuel.
Su salario apenas alcanzaba para mantener a su esposa y a sus numerosos hijos.
Prin y cynhaliodd ei gyflog ei wraig a'i lawer o blant.
La noche en que Manuel traicionó a Buck, las cosas estaban normales.
Ar y noson y bradychodd Manuel Buck, roedd pethau'n normal.
El juez estaba en una reunión de la Asociación de Productores de Pasas.
Roedd y Barnwr mewn cyfarfod Cymdeithas Tyfwyr Rhesins.

Los hijos del juez estaban entonces ocupados formando un club atlético.
Roedd meibion y Barnwr yn brysur yn ffurfio clwb athletau bryd hynny.
Nadie vio a Manuel y Buck salir por el huerto.
Ni welodd neb Manuel a Buck yn gadael drwy'r berllan.
Buck pensó que esta caminata era simplemente un simple paseo nocturno.
Roedd Buck yn meddwl mai dim ond tro bach syml yn y nos oedd y daith gerdded hon.
Se encontraron con un solo hombre en la estación de la bandera, en College Park.
Dim ond un dyn a gyfarfuon nhw yn yr orsaf faner, ym Mharc y Coleg.
Ese hombre habló con Manuel y intercambiaron dinero.
Siaradodd y dyn hwnnw â Manuel, a chyfnewidiasant arian.
"Envuelva la mercancía antes de entregarla", sugirió.
"Lapio'r nwyddau cyn i chi eu danfon," awgrymodd.
La voz del hombre era áspera e impaciente mientras hablaba.
Roedd llais y dyn yn arw ac yn ddiamynedd wrth iddo siarad.
Manuel ató cuidadosamente una cuerda gruesa alrededor del cuello de Buck.
Clymodd Manuel raff drwchus yn ofalus o amgylch gwddf Buck.
"Si retuerces la cuerda, lo estrangularás bastante"
"Troelli'r rhaff, a byddi di'n ei dagu'n helaeth"
El extraño emitió un gruñido, demostrando que entendía bien.
Rhoddodd y dieithryn grwgnach, gan ddangos ei fod yn deall yn dda.
Buck aceptó la cuerda con calma y tranquila dignidad ese día.
Derbyniodd Buck y rhaff gyda hurddas tawel a thawel y diwrnod hwnnw.
Fue un acto inusual, pero Buck confiaba en los hombres que conocía.

Roedd yn weithred anarferol, ond roedd Buck yn ymddiried yn y dynion yr oedd yn eu hadnabod.
Él creía que su sabiduría iba mucho más allá de su propio pensamiento.
Credai fod eu doethineb yn mynd ymhell y tu hwnt i'w feddwl ei hun.
Pero entonces la cuerda fue entregada a manos del extraño.
Ond yna trosglwyddwyd y rhaff i ddwylo'r dieithryn.
Buck emitió un gruñido bajo que advertía con una amenaza silenciosa.
Rhoddodd Buck grwgnach isel a rybuddiodd gyda bygythiad tawel.
Era orgulloso y autoritario y quería mostrar su descontento.
Roedd yn falch ac yn awdurdodol, ac yn bwriadu dangos ei anfodlonrwydd.
Buck creyó que su advertencia sería entendida como una orden.
Credai Buck y byddai ei rybudd yn cael ei ddeall fel gorchymyn.
Para su sorpresa, la cuerda se tensó rápidamente alrededor de su grueso cuello.
I'w sioc, tynhaodd y rhaff yn gyflym o amgylch ei wddf trwchus.
Se quedó sin aire y comenzó a luchar con una furia repentina.
Torrwyd ei awyr i ffwrdd a dechreuodd ymladd mewn cynddaredd sydyn.
Saltó hacia el hombre, quien rápidamente se encontró con Buck en el aire.
Neidiodd at y dyn, a gyfarfu â Buck yn gyflym yng nghanol yr awyr.
El hombre agarró la garganta de Buck y lo retorció hábilmente en el aire.
Gafaelodd y dyn yng ngwddf Buck a'i droelli yn fedrus yn yr awyr.
Buck fue arrojado al suelo con fuerza, cayendo de espaldas.

Cafodd Buck ei daflu i lawr yn galed, gan lanio'n fflat ar ei gefn.

La cuerda ahora lo estrangulaba cruelmente mientras él pateaba salvajemente.

Nawr roedd y rhaff yn ei dagu'n greulon tra roedd yn cicio'n wyllt.

Se le cayó la lengua, su pecho se agitó, pero no recuperó el aliento.

Syrthiodd ei dafod allan, chwyddodd ei frest, ond ni chafodd anadl.

Nunca había sido tratado con tanta violencia en su vida.

Nid oedd erioed wedi cael ei drin â thrais o'r fath yn ei fywyd.

Tampoco nunca antes se había sentido tan lleno de furia.

Nid oedd erioed wedi bod yn llawn cynddaredd mor ddwfn o'r blaen.

Pero el poder de Buck se desvaneció y sus ojos se volvieron vidriosos.

Ond pylodd pŵer Buck, a throdd ei lygaid yn wydrog.

Se desmayó justo cuando un tren se detuvo cerca.

Llewygodd wrth i drên gael ei faneru gerllaw.

Luego los dos hombres lo arrojaron rápidamente al vagón de equipaje.

Yna taflodd y ddau ddyn ef i'r car bagiau yn gyflym.

Lo siguiente que sintió Buck fue dolor en su lengua hinchada.

Y peth nesaf a deimlai Buck oedd poen yn ei dafod chwyddedig.

Se desplazaba en un carro tambaleante, apenas consciente.

Roedd yn symud mewn cert yn crynu, dim ond yn anymwybodol.

El agudo grito del silbato del tren le indicó a Buck su ubicación.

Dywedodd sgrech finiog chwiban trên wrth Buck ei leoliad.

Había viajado muchas veces con el Juez y conocía esa sensación.

Roedd wedi marchogaeth gyda'r Barnwr yn aml ac yn gwybod y teimlad.

Fue una experiencia única viajar nuevamente en un vagón de equipajes.
Roedd yn sioc unigryw o deithio mewn car bagiau eto.
Buck abrió los ojos y su mirada ardía de rabia.
Agorodd Buck ei lygaid, a llosgodd ei olwg â chynddaredd.
Esta fue la ira de un rey orgulloso destronado.
Dyma oedd dicter brenin balch a gymerwyd oddi ar ei orsedd.
Un hombre intentó agarrarlo, pero Buck lo atacó primero.
Cyrhaeddodd dyn i'w afael, ond trawodd Buck yn gyntaf yn lle hynny.
Hundió los dientes en la mano del hombre y la sujetó con fuerza.
Suddodd ei ddannedd yn llaw'r dyn a'i gafael yn dynn.
No lo soltó hasta que se desmayó por segunda vez.
Ni ollyngodd gafael nes iddo golli gafael am yr ail dro.
—Sí, tiene ataques —murmuró el hombre al maletero.
"Iawn, mae'n cael ffitiau," sibrydodd y dyn wrth y dyn bagiau.
El maletero había oído la lucha y se acercó.
Roedd y dyn bagiau wedi clywed yr ymrafael ac wedi dod yn agos.
"Lo llevaré a Frisco para el jefe", explicó el hombre.
"Rwy'n mynd ag ef i 'Frisco ar gyfer y bos," eglurodd y dyn.
"Allí hay un buen veterinario que dice poder curarlos".
"Mae yna feddyg cŵn da yno sy'n dweud y gall eu gwella."
Más tarde esa noche, el hombre dio su propio relato completo.
Yn ddiweddarach y noson honno rhoddodd y dyn ei gyfrif llawn ei hun.
Habló desde un cobertizo detrás de un salón en los muelles.
Siaradodd o sied y tu ôl i salŵn ar y dociau.
"Lo único que me dieron fueron cincuenta dólares", se quejó al tabernero.
"Y cyfan a roddwyd i mi oedd hanner cant o ddoleri," cwynodd wrth y dyn tafarn.
"No lo volvería a hacer ni por mil dólares en efectivo".

"Fyddwn i ddim yn ei wneud eto, dim hyd yn oed am fil mewn arian parod."

Su mano derecha estaba fuertemente envuelta en un paño ensangrentado.

Roedd ei law dde wedi'i lapio'n dynn mewn lliain gwaedlyd.

La pernera de su pantalón estaba abierta de par en par desde la rodilla hasta el pie.

Roedd coes ei drowsus wedi'i rhwygo'n llydan o'r pen-glin i'r droed.

—¿Cuánto le pagaron al otro tipo? —preguntó el tabernero.

"Faint gafodd y mwg arall ei dalu?" gofynnodd y dyn tafarn.

"Cien", respondió el hombre, "no aceptaría ni un centavo menos".

"Cant," atebodd y dyn, "ni fyddai'n cymryd ceiniog yn llai."

—Eso suma ciento cincuenta —dijo el tabernero.

"Mae hynny'n dod i gant a hanner cant," meddai'r dyn tafarn.

"Y él lo vale todo, o no soy más que un idiota".

"Ac mae o werth y cyfan, neu dydw i ddim gwell na phen twp."

El hombre abrió los envoltorios para examinar su mano.

Agorodd y dyn y papurau lapio i archwilio ei law.

La mano estaba gravemente desgarrada y cubierta de sangre seca.

Roedd y llaw wedi'i rhwygo'n ddrwg ac wedi'i chramennu mewn gwaed sych.

"Si no consigo la hidrofobia..." empezó a decir.

"Os na fydda i'n cael yr hydroffobia..." dechreuodd ddweud.

"Será porque naciste para la horca", dijo entre risas.

"Bydd oherwydd dy fod ti wedi dy eni i hongian," daeth chwerthin.

"Ven a ayudarme antes de irte", le pidieron.

"Dewch i'm helpu cyn i chi fynd," gofynnwyd iddo.

Buck estaba aturdido por el dolor en la lengua y la garganta.

Roedd Buck mewn penbleth oherwydd y boen yn ei dafod a'i wddf.

Estaba medio estrangulado y apenas podía mantenerse en pie.

Roedd wedi'i hanner tagu, ac prin y gallai sefyll yn unionsyth.
Aún así, Buck intentó enfrentar a los hombres que lo habían lastimado.
Serch hynny, ceisiodd Buck wynebu'r dynion a oedd wedi ei frifo cymaint.
Pero lo derribaron y lo estrangularon una vez más.
Ond fe'i taflasant i lawr a'i dagu unwaith eto.
Sólo entonces pudieron quitarle el pesado collar de bronce.
Dim ond wedyn y gallent lifio ei goler pres trwm i ffwrdd.
Le quitaron la cuerda y lo metieron en una caja.
Fe wnaethon nhw dynnu'r rhaff allan a'i wthio i mewn i gawell.
La caja era pequeña y tenía la forma de una tosca jaula de hierro.
Roedd y crât yn fach ac wedi'i siapio fel cawell haearn garw.
Buck permaneció allí toda la noche, lleno de ira y orgullo herido.
Gorweddodd Buck yno drwy'r nos, yn llawn dicter a balchder clwyfedig.
No podía ni siquiera empezar a comprender lo que le estaba pasando.
Ni allai ddechrau deall beth oedd yn digwydd iddo.
¿Por qué estos hombres extraños lo mantenían en esa pequeña caja?
Pam roedd y dynion rhyfedd hyn yn ei gadw yn y crât fach hon?
¿Qué querían de él y por qué este cruel cautiverio?
Beth oedden nhw ei eisiau gydag ef, a pham y caethiwed creulon hwn?
Sintió una presión oscura; una sensación de desastre que se acercaba.
Teimlodd bwysau tywyll; ymdeimlad o drychineb yn agosáu.
Era un miedo vago, pero que se apoderó pesadamente de su espíritu.
Ofn amwys ydoedd, ond fe darodd yn drwm ar ei ysbryd.
Saltó varias veces cuando la puerta del cobertizo vibró.
Neidiodd i fyny sawl gwaith pan ratlodd drws y sied.

Esperaba que el juez o los muchachos aparecieran y lo rescataran.
Roedd yn disgwyl i'r Barnwr neu'r bechgyn ymddangos a'i achub.
Pero cada vez sólo se asomaba el rostro gordo del tabernero.
Ond dim ond wyneb tew ceidwad y dafarn oedd yn edrych i mewn bob tro.
El rostro del hombre estaba iluminado por el tenue resplandor de una vela de sebo.
Roedd wyneb y dyn wedi'i oleuo gan lewyrch pylu cannwyll gwêr.
Cada vez, el alegre ladrido de Buck cambiaba a un gruñido bajo y enojado.
Bob tro, byddai cyfarth llawen Buck yn newid i grwgnach isel, blin.

El tabernero lo dejó solo durante la noche en el cajón.
Gadawodd ceidwad y dafarn ef ar ei ben ei hun am y noson yn y cawell
Pero cuando se despertó por la mañana, venían más hombres.
Ond pan ddeffrodd yn y bore roedd mwy o ddynion yn dod.
Llegaron cuatro hombres y recogieron la caja con cuidado y sin decir palabra.
Daeth pedwar dyn a chodi'r crât yn ofalus heb ddweud gair.
Buck supo de inmediato en qué situación se encontraba.
Gwyddai Buck ar unwaith ym mha sefyllfa yr oedd wedi canfod ei hun.
Eran otros torturadores contra los que tenía que luchar y a los que tenía que temer.
Roedden nhw'n boenydio ymhellach y bu'n rhaid iddo ymladd yn eu herbyn a'u hofni.
Estos hombres parecían malvados, andrajosos y muy mal arreglados.
Roedd y dynion hyn yn edrych yn ddrwg, yn garpiog, ac wedi'u trin yn wael iawn.

Buck gruñó y se abalanzó sobre ellos ferozmente a través de los barrotes.
Gwgodd Buck a rhuthro atyn nhw'n ffyrnig drwy'r bariau.
Ellos simplemente se rieron y lo golpearon con largos palos de madera.
Fe wnaethon nhw chwerthin a'i bigo ato â ffyn pren hir.
Buck mordió los palos y luego se dio cuenta de que eso era lo que les gustaba.
Brathodd Buck y ffyn, yna sylweddolodd mai dyna oedd yr hyn yr oeddent yn ei hoffi.
Así que se quedó acostado en silencio, hosco y ardiendo de rabia silenciosa.
Felly gorweddodd i lawr yn dawel, yn swrth ac yn llosgi gan gynddaredd tawel.
Subieron la caja a un carro y se fueron con él.
Fe wnaethon nhw godi'r crât i mewn i wagen a gyrru i ffwrdd gydag ef.
La caja, con Buck encerrado dentro, cambiaba de manos a menudo.
Roedd y crât, gyda Buck wedi'i gloi y tu mewn, yn newid dwylo'n aml.
Los empleados de la oficina exprés se hicieron cargo de él y lo atendieron brevemente.
Cymerodd clercod swyddfa Express yr awenau a'i drin am gyfnod byr.
Luego, otro carro transportó a Buck a través de la ruidosa ciudad.
Yna cariodd wagen arall Buck ar draws y dref swnllyd.
Un camión lo llevó con cajas y paquetes a un ferry.
Aeth lori ag ef gyda blychau a pharseli ar gwch fferi.
Después de cruzar, el camión lo descargó en una estación ferroviaria.
Ar ôl croesi, dadlwythodd y lori ef mewn depo rheilffordd.
Finalmente, colocaron a Buck dentro de un vagón expreso que lo esperaba.
O'r diwedd, rhoddwyd Buck y tu mewn i gar cyflym oedd yn aros.

Durante dos días y dos noches, los trenes arrastraron el vagón expreso.
Am ddau ddiwrnod a noson, tynnodd trenau'r cerbyd cyflym i ffwrdd.
Buck no comió ni bebió durante todo el doloroso viaje.
Ni fwytaodd nac ni yfodd Buck yn ystod yr holl daith boenus.
Cuando los mensajeros expresos intentaron acercarse a él, gruñó.
Pan geisiodd y negeswyr cyflym nesáu ato, fe grwgnachodd.
Ellos respondieron burlándose de él y molestándolo cruelmente.
Ymatebon nhw drwy ei watwar a'i bryfocio'n greulon.
Buck se arrojó contra los barrotes, echando espuma y temblando.
Taflodd Buck ei hun at y bariau, gan ewynnu a chrynu
Se rieron a carcajadas y se burlaron de él como matones del patio de la escuela.
chwarddon nhw'n uchel, a'i watwar fel bwlis yn yr ysgol.
Ladraban como perros de caza y agitaban los brazos.
Roedden nhw'n cyfarth fel cŵn ffug ac yn fflapio'u breichiau.
Incluso cantaron como gallos sólo para molestarlo más.
Fe wnaethon nhw hyd yn oed ganu fel ceiliogod dim ond i'w gynhyrfu'n fwy.
Fue un comportamiento tonto y Buck sabía que era ridículo.
Roedd yn ymddygiad ffôl, ac roedd Buck yn gwybod ei fod yn chwerthinllyd.
Pero eso sólo profundizó su sentimiento de indignación y vergüenza.
Ond dim ond dyfnhau ei ymdeimlad o ddicter a chywilydd a wnaeth hynny.
Durante el viaje no le molestó mucho el hambre.
Nid oedd newyn yn ei boeni llawer yn ystod y daith.
Pero la sed traía consigo un dolor agudo y un sufrimiento insoportable.
Ond daeth syched â phoen llym a dioddefaint annioddefol.
Su garganta y lengua secas e inflamadas ardían de calor.
Roedd ei wddf a'i dafod sych, llidus yn llosgi gyda gwres.

Este dolor alimentó la fiebre que crecía dentro de su orgulloso cuerpo.
Roedd y boen hon yn bwydo'r dwymyn a gododd yn ei gorff balch.

Buck estuvo agradecido por una sola cosa durante esta prueba.
Roedd Buck yn ddiolchgar am un peth yn ystod yr achos llys hwn.

Le habían quitado la cuerda que le rodeaba el grueso cuello.
Roedd y rhaff wedi'i thynnu oddi ar ei wddf trwchus.

La cuerda había dado a esos hombres una ventaja injusta y cruel.
Roedd y rhaff wedi rhoi mantais annheg a chreulon i'r dynion hynny.

Ahora la cuerda había desaparecido y Buck juró que nunca volvería.
Nawr roedd y rhaff wedi mynd, a thyngodd Buck na fyddai byth yn dychwelyd.

Decidió que nunca más volvería a pasarle una cuerda al cuello.
Penderfynodd na fyddai rhaff byth yn mynd o amgylch ei wddf eto.

Durante dos largos días y noches sufrió sin comer.
Am ddau ddiwrnod a noson hir, dioddefodd heb fwyd.

Y en esas horas se fue acumulando en su interior una rabia enorme.
Ac yn yr oriau hynny, fe gronnodd gynddaredd aruthrol y tu mewn.

Sus ojos se volvieron inyectados en sangre y salvajes por la ira constante.
Trodd ei lygaid yn waedlyd ac yn wyllt o ddicter cyson.

Ya no era Buck, sino un demonio con mandíbulas chasqueantes.
Nid Buck oedd e mwyach, ond cythraul â genau'n snapio.

Ni siquiera el juez habría reconocido a esta loca criatura.
Ni fyddai hyd yn oed y Barnwr wedi adnabod y creadur gwallgof hwn.

Los mensajeros exprés suspiraron aliviados cuando llegaron a Seattle.
Ochneidiodd y negeswyr cyflym mewn rhyddhad pan gyrhaeddon nhw Seattle
Cuatro hombres levantaron la caja y la llevaron a un patio trasero.
Cododd pedwar dyn y crât a'i gludo i iard gefn.
El patio era pequeño, rodeado de muros altos y sólidos.
Roedd yr iard yn fach, wedi'i hamgylchynu gan waliau uchel a chadarn.
Un hombre corpulento salió con una camisa roja holgada.
Camodd dyn mawr allan mewn crys siwmper coch yn llaesu.
Firmó el libro de entrega con letra gruesa y atrevida.
Llofnododd y llyfr dosbarthu â llaw drwchus a beiddgar.
Buck sintió de inmediato que este hombre era su próximo torturador.
Synhwyrodd Buck ar unwaith mai'r dyn hwn oedd ei boenydydd nesaf.
Se abalanzó violentamente contra los barrotes, con los ojos rojos de furia.
Neidiodd yn dreisgar at y bariau, ei lygaid yn goch gan gynddaredd.
El hombre simplemente sonrió oscuramente y fue a buscar un hacha.
Gwenodd yn dywyll y dyn ac aeth i nôl bwyell.
También traía un garrote en su gruesa y fuerte mano derecha.
Daeth hefyd â chlwb yn ei law dde drwchus a chryf.
"¿Vas a sacarlo ahora?" preguntó preocupado el conductor.
"Wyt ti'n mynd i'w fynd ag e allan nawr?" gofynnodd y gyrrwr, yn bryderus.
—Claro —dijo el hombre, metiendo el hacha en la caja a modo de palanca.
"Wrth gwrs," meddai'r dyn, gan wthio'r fwyell i'r crât fel lifer.
Los cuatro hombres se dispersaron instantáneamente y saltaron al muro del patio.

Gwasgarodd y pedwar dyn ar unwaith, gan neidio i fyny ar wal yr iard.

Desde sus lugares seguros arriba, esperaban para observar el espectáculo.

O'u mannau diogel uwchben, roedden nhw'n aros i wylio'r olygfa.

Buck se abalanzó sobre la madera astillada, mordiéndola y sacudiéndola ferozmente.

Neidiodd Buck at y pren oedd wedi'i hollti, gan frathu a chrynu'n ffyrnig.

Cada vez que el hacha golpeaba la jaula, Buck estaba allí para atacarla.

Bob tro y byddai'r fwyell yn taro'r cawell), roedd Buck yno i ymosod arni.

Gruñó y chasqueó los dientes con furia salvaje, ansioso por ser liberado.

Grwgnachodd a chleciodd â chynddaredd gwyllt, yn awyddus i gael ei ryddhau.

El hombre que estaba afuera estaba tranquilo y firme, concentrado en su tarea.

Roedd y dyn y tu allan yn dawel ac yn gyson, yn benderfynol o wneud ei dasg.

"Muy bien, demonio de ojos rojos", dijo cuando el agujero fue grande.

"Iawn felly, ti ddiawl llygaid coch," meddai pan oedd y twll yn fawr.

Dejó caer el hacha y tomó el garrote con su mano derecha.

Gollyngodd y fwyell a chymerodd y clwb yn ei law dde.

Buck realmente parecía un demonio; con los ojos inyectados en sangre y llameantes.

Roedd Buck wir yn edrych fel diafol; llygaid yn waedlyd ac yn llachar.

Su pelaje se erizó, le salía espuma por la boca y sus ojos brillaban.

Roedd ei gôt yn flewog, ewyn yn ewynnu wrth ei geg, a'i lygaid yn disgleirio.

Tensó los músculos y se lanzó directamente hacia el suéter rojo.

Crychodd ei gyhyrau a neidiodd yn syth at y siwmper goch.

Ciento cuarenta libras de furia volaron hacia el hombre tranquilo.

Hedfanodd cant a deugain punt o gynddaredd at y dyn tawel.

Justo antes de que sus mandíbulas se cerraran, un golpe terrible lo golpeó.

Ychydig cyn i'w ên gau, trawodd ergyd ofnadwy ef.

Sus dientes chasquearon al chocar contra nada más que el aire.

Clychodd ei ddannedd at ei gilydd ar ddim byd ond aer

Una sacudida de dolor resonó a través de su cuerpo

roedd ysgytwad o boen yn atseinio trwy ei gorff

Dio una vuelta en el aire y se estrelló sobre su espalda y su costado.

Trodd yng nghanol yr awyr a syrthiodd i lawr ar ei gefn a'i ochr.

Nunca antes había sentido el golpe de un garrote y no podía agarrarlo.

Nid oedd erioed o'r blaen wedi teimlo ergyd clwb ac ni allai ei afael.

Con un gruñido estridente, mitad ladrido, mitad grito, saltó de nuevo.

Gyda chwyrn sgrechian, rhan cyfarth, rhan sgrech, neidiodd eto.

Otro golpe brutal lo alcanzó y lo arrojó al suelo.

Tarodd ergyd greulon arall ef a'i daflu i'r llawr.

Esta vez Buck lo entendió: era el pesado garrote del hombre.

Y tro hwn deallodd Buck—clwb trwm y dyn ydoedd.

Pero la rabia lo cegó y no pensó en retirarse.

Ond roedd cynddaredd yn ei ddallu, ac nid oedd ganddo unrhyw feddwl am encilio.

Doce veces se lanzó y doce veces cayó.

Deuddeg gwaith fe daflodd ei hun, a deuddeg gwaith fe syrthiodd.

El palo de madera lo golpeaba cada vez con una fuerza despiadada y aplastante.
Roedd y clwb pren yn ei falu bob tro gyda grym didostur, malu.
Después de un golpe feroz, se tambaleó hasta ponerse de pie, aturdido y lento.
Ar ôl un ergyd ffyrnig, cododd i'w draed yn syfrdanol, yn araf.
Le salía sangre de la boca, de la nariz y hasta de las orejas.
Rhedodd gwaed o'i geg, ei drwyn, a hyd yn oed ei glustiau.
Su pelaje, otrora hermoso, estaba manchado de espuma sanguinolenta.
Roedd ei gôt a fu unwaith yn brydferth wedi'i gorchuddio ag ewyn gwaedlyd.
Entonces el hombre se adelantó y le dio un golpe tremendo en la nariz.
Yna camodd y dyn i fyny a tharo ergyd ddrwg i'r trwyn.
La agonía fue más aguda que cualquier cosa que Buck hubiera sentido jamás.
Roedd y boen yn fwy llym nag unrhyw beth a deimlodd Buck erioed.
Con un rugido más de bestia que de perro, saltó nuevamente para atacar.
Gyda rhuo yn fwy o fwystfil na chi, neidiodd eto i ymosod.
Pero el hombre se agarró la mandíbula inferior y la torció hacia atrás.
Ond gafaelodd y dyn yn ei ên isaf a'i throelli yn ôl.
Buck se dio una vuelta de cabeza y volvió a caer con fuerza.
Trodd Buck benben dros sodlau, gan gwympo i lawr yn galed eto.
Una última vez, Buck cargó contra él, ahora apenas capaz de mantenerse en pie.
Un tro olaf, rhuthrodd Buck ato, prin yn gallu sefyll nawr.
El hombre atacó con una sincronización experta, dando el golpe final.
Tarodd y dyn gydag amseru arbenigol, gan roi'r ergyd olaf.
Buck se desplomó en un montón, inconsciente e inmóvil.

Cwympodd Buck mewn pentwr, yn anymwybodol ac yn ddisymud.

"No es ningún inútil a la hora de domar perros, eso es lo que digo", gritó un hombre.

"Dydy e ddim yn ddi-hid am dorri cŵn, dyna beth dwi'n ei ddweud," gwaeddodd dyn.

"Druther puede quebrar la voluntad de un perro cualquier día de la semana".

"Gall Druther dorri ewyllys ci unrhyw ddiwrnod o'r wythnos."

"¡Y dos veces el domingo!" añadió el conductor.

"A ddwywaith ar ddydd Sul!" ychwanegodd y gyrrwr.

Se subió al carro y tiró de las riendas para partir.

Dringodd i'r wagen a throdd yr awenau i adael.

Buck recuperó lentamente el control de su conciencia.

Adferodd Buck reolaeth ar ei ymwybyddiaeth yn araf.

Pero su cuerpo todavía estaba demasiado débil y roto para moverse.

ond roedd ei gorff yn dal yn rhy wan ac wedi torri i symud.

Se quedó donde había caído, observando al hombre del suéter rojo.

Gorweddodd lle roedd wedi syrthio, yn gwylio'r dyn â'i siwmper goch.

"Responde al nombre de Buck", dijo el hombre, leyendo en voz alta.

"Mae'n ateb i enw Buck," meddai'r dyn, gan ddarllen yn uchel.

Citó la nota enviada con la caja de Buck y los detalles.

Dyfynnodd o'r nodyn a anfonwyd gyda chât Buck a'r manylion.

—Bueno, Buck, muchacho —continuó el hombre con tono amistoso—.

"Wel, Buck, fy machgen," parhaodd y dyn gyda thôn gyfeillgar,

"Hemos tenido nuestra pequeña pelea y ahora todo ha terminado entre nosotros".

"Rydyn ni wedi cael ein ffrae fach, ac mae hi drosodd rhyngom ni nawr."

"Tú has aprendido cuál es tu lugar y yo he aprendido cuál es el mío", añadió.

"Rydych chi wedi dysgu eich lle, ac rydw i wedi dysgu fy un i," ychwanegodd.

"Sé bueno y todo irá bien y la vida será placentera".

"Byddwch yn dda, a bydd popeth yn mynd yn dda, a bydd bywyd yn bleserus."

"Pero si te portas mal, te daré una paliza, ¿entiendes?"

"Ond byddwch yn ddrwg, a byddaf yn eich curo chi'n llwyr, deallwch chi?"

Mientras hablaba, extendió la mano y acarició la cabeza dolorida de Buck.

Wrth iddo siarad, estynnodd allan a thapio pen dolurus Buck.

El cabello de Buck se erizó ante el toque del hombre, pero no se resistió.

Cododd gwallt Buck wrth gyffyrddiad y dyn, ond ni wrthsafodd.

El hombre le trajo agua, que Buck bebió a grandes tragos.

Daeth y dyn â dŵr iddo, a yfodd Buck mewn llwnc mawr.

Luego vino la carne cruda, que Buck devoró trozo a trozo.

Yna daeth cig amrwd, a fwytaodd Buck ddarn wrth ddarn.

Sabía que estaba derrotado, pero también sabía que no estaba roto.

Roedd yn gwybod ei fod wedi cael ei guro, ond roedd hefyd yn gwybod nad oedd wedi torri.

No tenía ninguna posibilidad contra un hombre armado con un garrote.

Doedd ganddo ddim siawns yn erbyn dyn oedd â chlwb.

Había aprendido la verdad y nunca olvidó esa lección.

Roedd wedi dysgu'r gwirionedd, ac ni anghofiodd y wers honno byth.

Esa arma fue el comienzo de la ley en el nuevo mundo de Buck.

Yr arf hwnnw oedd dechrau'r gyfraith ym myd newydd Buck.

Fue el comienzo de un orden duro y primitivo que no podía negar.
Dyna ddechrau trefn llym, gyntefig na allai ei gwadu.
Aceptó la verdad; sus instintos salvajes ahora estaban despiertos.
Derbyniodd y gwir; roedd ei reddfau gwyllt bellach yn effro.
El mundo se había vuelto más duro, pero Buck lo afrontó con valentía.
Roedd y byd wedi mynd yn fwy llym, ond wynebodd Buck ef yn ddewr.
Afrontó la vida con nueva cautela, astucia y fuerza silenciosa.
Cyfarfu â bywyd gyda gofal, cyfrwystra a chryfder tawel newydd.
Llegaron más perros, atados con cuerdas o cajas como había estado Buck.
Cyrhaeddodd mwy o gŵn, wedi'u clymu mewn rhaffau neu gewyll fel yr oedd Buck wedi bod.
Algunos perros llegaron con calma, otros se enfurecieron y pelearon como bestias salvajes.
Daeth rhai cŵn yn dawel, roedd eraill yn cynddeiriogi ac yn ymladd fel anifeiliaid gwyllt.
Todos ellos quedaron bajo el dominio del hombre del suéter rojo.
Daethpwyd â phob un ohonynt dan reolaeth y dyn â'i siwmper goch.
Cada vez, Buck observaba y veía cómo se desarrollaba la misma lección.
Bob tro, gwyliodd Buck a gwelodd yr un wers yn datblygu.
El hombre con el garrote era la ley, un amo al que había que obedecer.
Y dyn gyda'r clwb oedd y gyfraith; meistr i'w ufuddhau.
No necesitaba ser querido, pero sí obedecido.
Nid oedd angen iddo gael ei hoffi, ond roedd yn rhaid ufuddhau iddo.
Buck nunca adulaba ni meneaba la cola como lo hacían los perros más débiles.

Nid oedd Buck byth yn penddu nac yn ysgwyd fel y gwnaeth y cŵn gwannach.
Vio perros que estaban golpeados y todavía lamían la mano del hombre.
Gwelodd gŵn oedd wedi cael eu curo ac yn dal i lyfu llaw'r dyn.
Vio un perro que no obedecía ni se sometía en absoluto.
Gwelodd un ci na fyddai'n ufuddhau nac yn ildio o gwbl.
Ese perro luchó hasta que murió en la batalla por el control.
Ymladdodd y ci hwnnw nes iddo gael ei ladd yn y frwydr am reolaeth.
A veces, desconocidos venían a ver al hombre del suéter rojo.
Byddai dieithriaid weithiau'n dod i weld y dyn â'i siwmper goch.
Hablaban en tonos extraños, suplicando, negociando y riendo.
Siaradasant mewn tôn ryfedd, gan erfyn, bargeinio, a chwerthin.
Cuando se intercambiaba dinero, se iban con uno o más perros.
Pan gyfnewidiwyd arian, fe adawon nhw gydag un neu fwy o gŵn.
Buck se preguntó a dónde habían ido esos perros, pues ninguno regresaba jamás.
Tybed a wnaeth Buck ble aeth y cŵn hyn, oherwydd ni ddychwelodd yr un ohonynt byth.
El miedo a lo desconocido llenaba a Buck cada vez que un hombre extraño se acercaba.
roedd ofn yr anhysbys yn llenwi Buck bob tro y byddai dyn dieithr yn dod
Se alegraba cada vez que se llevaban a otro perro en lugar de a él mismo.
roedd yn falch bob tro y byddai ci arall yn cael ei gymryd, yn hytrach nag ef ei hun.
Pero finalmente, llegó el turno de Buck con la llegada de un hombre extraño.

Ond o'r diwedd, daeth tro Buck gyda dyfodiad dyn dieithr.
Era pequeño, fibroso y hablaba un inglés deficiente y decía palabrotas.
Roedd yn fach, yn weirenog, ac yn siarad Saesneg toredig a melltithion.
—¡Sacredam! —gritó cuando vio el cuerpo de Buck.
"Sacredam!" gwaeddodd pan welodd ffrâm Buck.
—¡Qué perro tan bravucón! ¿Eh? ¿Cuánto? —preguntó en voz alta.
"Dyna gi bwli melltigedig! Ie? Faint?" gofynnodd yn uchel.
"Trescientos, y es un regalo a ese precio".
"Tri chant, ac mae'n anrheg am y pris yna,"
—Como es dinero del gobierno, no deberías quejarte, Perrault.
"Gan mai arian y llywodraeth ydyw, ddylech chi ddim cwyno, Perrault."
Perrault sonrió ante el trato que acababa de hacer con aquel hombre.
Gwenodd Perrault ar y fargen yr oedd newydd ei gwneud gyda'r dyn.
El precio de los perros se disparó debido a la repentina demanda.
Roedd pris cŵn wedi codi'n sydyn oherwydd y galw sydyn.
Trescientos dólares no era injusto para una bestia tan bella.
Nid oedd tri chant o ddoleri yn annheg am fwystfil mor dda.
El gobierno canadiense no perdería nada con el acuerdo
Ni fyddai Llywodraeth Canada yn colli dim yn y cytundeb
Además sus despachos oficiales tampoco sufrirían demoras en el tránsito.
Ni fyddai eu hanfoniadau swyddogol yn cael eu gohirio wrth eu cludo ychwaith.
Perrault conocía bien a los perros y podía ver que Buck era algo raro.
Roedd Perrault yn adnabod cŵn yn dda, a gallai weld bod Buck yn rhywbeth prin.
"Uno entre diez diez mil", pensó mientras estudiaba la complexión de Buck.

"Un o bob deg deg mil," meddyliodd, wrth iddo astudio corff Buck.

Buck vio que el dinero cambiaba de manos, pero no mostró sorpresa.
Gwelodd Buck yr arian yn newid dwylo, ond ni ddangosodd unrhyw syndod.

Pronto él y Curly, un gentil Terranova, fueron llevados lejos.
Yn fuan cafodd ef a Curly, Newfoundland addfwyn, eu harwain i ffwrdd.

Siguieron al hombrecito desde el patio del suéter rojo.
Dilynon nhw'r dyn bach o iard y siwmper goch.

Esa fue la última vez que Buck vio al hombre con el garrote de madera.
Dyna oedd y tro olaf i Buck erioed weld y dyn gyda'r clwb pren.

Desde la cubierta del Narwhal vio cómo Seattle se desvanecía en la distancia.
O dec y Narwhal gwyliodd Seattle yn pylu i'r pellter.

También fue la última vez que vio las cálidas tierras del Sur.
Dyma hefyd y tro olaf iddo erioed weld y Deheudir cynnes.

Perrault los llevó bajo cubierta y los dejó con François.
Aeth Perrault â nhw i lawr y dec, a'u gadael gyda François.

François era un gigante de cara negra y manos ásperas y callosas.
Cawr wyneb du a dwylo garw, caled oedd François.

Era oscuro y moreno, un mestizo francocanadiense.
Roedd yn dywyll ac yn ddu; hanner brid Ffrengig-Ganadaidd.

Para Buck, estos hombres eran de un tipo que nunca había visto antes.
I Buck, roedd y dynion hyn o fath nad oedd erioed wedi'i weld o'r blaen.

En los días venideros conocería a muchos hombres así.
Byddai'n dod i adnabod llawer o ddynion o'r fath yn y dyddiau nesaf.

No llegó a encariñarse con ellos, pero llegó a respetarlos.
Ni ddaeth yn hoff ohonyn nhw, ond daeth i'w parchu.

Eran justos y sabios, y no se dejaban engañar fácilmente por ningún perro.
Roedden nhw'n deg ac yn ddoeth, ac nid oedden nhw'n hawdd i unrhyw gi eu twyllo.
Juzgaban a los perros con calma y castigaban sólo cuando lo merecían.
Roedden nhw'n barnu cŵn yn bwyllog, ac yn cosbi dim ond pan oedden nhw'n haeddiannol.
En la cubierta inferior del Narwhal, Buck y Curly se encontraron con dos perros.
Yng nghwmni isaf y Narwhal, cyfarfu Buck a Curly â dau gi.
Uno de ellos era un gran perro blanco procedente de la lejana y gélida región de Spitzbergen.
Un oedd ci gwyn mawr o Spitzbergen rhewllyd pell.
Una vez navegó con un ballenero y se unió a un grupo de investigación.
Roedd wedi hwylio gyda heliwr morfilod unwaith ac wedi ymuno â grŵp arolygu.
Era amigable de una manera astuta, deshonesta y tramposa.
Roedd yn gyfeillgar mewn modd cyfrwys, twyllodrus a chyfrwys.
En su primera comida, robó un trozo de carne de la sartén de Buck.
Yn eu pryd bwyd cyntaf, fe ddwynodd ddarn o gig o badell Buck.
Buck saltó para castigarlo, pero el látigo de François golpeó primero.
Neidiodd Buck i'w gosbi, ond chwip François a darodd yn gyntaf.
El ladrón blanco gritó y Buck recuperó el hueso robado.
Gwaeddodd y lleidr gwyn, ac adennillodd Buck yr asgwrn a gafodd ei ddwyn.
Esa imparcialidad impresionó a Buck y François se ganó su respeto.
Gwnaeth y tegwch hwnnw argraff ar Buck, ac enillodd François ei barch.
El otro perro no saludó y no quiso recibir saludos a cambio.

Ni roddodd y ci arall unrhyw gyfarchiad, ac nid oedd eisiau dim yn ôl.
No robaba comida ni olfateaba con interés a los recién llegados.
Ni wnaeth ddwyn bwyd, nac arogli ar y newydd-ddyfodiaid â diddordeb.
Este perro era sombrío y silencioso, melancólico y de movimientos lentos.
Roedd y ci hwn yn llwm ac yn dawel, yn dywyll ac yn araf ei symudiad.
Le advirtió a Curly que se mantuviera alejada simplemente mirándola fijamente.
Rhybuddiodd Curly i gadw draw trwy syllu arni yn unig.
Su mensaje fue claro: déjenme en paz o habrá problemas.
Roedd ei neges yn glir; gadewch fi ar fy mhen fy hun neu bydd trafferth.
Se llamaba Dave y apenas se fijaba en su entorno.
Dave oedd ei enw, ac prin y sylwodd ar ei amgylchoedd.
Dormía a menudo, comía tranquilamente y bostezaba de vez en cuando.
Roedd yn cysgu'n aml, yn bwyta'n dawel, ac yn agor ei geg o bryd i'w gilydd.

El barco zumbaba constantemente con la hélice golpeando debajo.
Roedd y llong yn hwmio'n gyson gyda'r propelor yn curo islaw.
Los días pasaron con pocos cambios, pero el clima se volvió más frío.
Aeth y dyddiau heibio heb fawr o newid, ond aeth y tywydd yn oerach.
Buck podía sentirlo en sus huesos y notó que los demás también lo sentían.
Gallai Buck ei deimlo yn ei esgyrn, a sylwi bod y lleill yn ei deimlo hefyd.
Entonces, una mañana, la hélice se detuvo y todo quedó en silencio.

Yna un bore, stopiodd y propelor ac roedd popeth yn llonydd.
Una energía recorrió la nave; algo había cambiado.
Ysgubodd egni drwy'r llong; roedd rhywbeth wedi newid.
François bajó, les puso las correas y los trajo arriba.
Daeth François i lawr, eu clipio ar denynnau, a'u dwyn i fyny.
Buck salió y encontró el suelo suave, blanco y frío.
Camodd Buck allan a chanfod bod y ddaear yn feddal, yn wyn, ac yn oer.
Saltó hacia atrás alarmado y resopló totalmente confundido.
Neidiodd yn ôl mewn braw a ffroenodd mewn dryswch llwyr.
Una extraña sustancia blanca caía del cielo gris.
Roedd pethau gwyn rhyfedd yn disgyn o'r awyr lwyd.
Se sacudió, pero los copos blancos seguían cayendo sobre él.
Ysgwydodd ei hun, ond roedd y naddion gwyn yn dal i lanio arno.
Olió con cuidado la sustancia blanca y lamió algunos trocitos helados.
Aroglodd y peth gwyn yn ofalus a llyfu ychydig o ddarnau rhewllyd.
El polvo ardió como fuego y luego desapareció de su lengua.
Llosgodd y powdr fel tân, yna diflannodd yn syth oddi ar ei dafod.
Buck lo intentó de nuevo, desconcertado por la extraña frialdad que desaparecía.
Ceisiodd Buck eto, wedi'i ddrysu gan yr oerfel rhyfedd a oedd yn diflannu.
Los hombres que lo rodeaban se rieron y Buck se sintió avergonzado.
Chwarddodd y dynion o'i gwmpas, a theimlodd Buck gywilydd.
No sabía por qué, pero le avergonzaba su reacción.
Doedd e ddim yn gwybod pam, ond roedd e'n teimlo cywilydd am ei ymateb.
Fue su primera experiencia con la nieve y le confundió.
Dyma oedd ei brofiad cyntaf gydag eira, ac fe'i drysodd.

La ley del garrote y el colmillo
Cyfraith y Clwb a'r Fang

El primer día de Buck en la playa de Dyea se sintió como una terrible pesadilla.
Roedd diwrnod cyntaf Buck ar draeth Dyea yn teimlo fel hunllef ofnadwy.
Cada hora traía nuevas sorpresas y cambios inesperados para Buck.
Daeth pob awr â siociau newydd a newidiadau annisgwyl i Buck.
Lo habían sacado de la civilización y lo habían arrojado a un caos salvaje.
Roedd wedi cael ei dynnu o wareiddiad a'i daflu i anhrefn gwyllt.
Aquella no era una vida soleada y tranquila, llena de aburrimiento y descanso.
Nid bywyd heulog, diog gyda diflastod a gorffwys oedd hwn.
No había paz, ni descanso, ni momento sin peligro.
Nid oedd heddwch, dim gorffwys, nac eiliad heb berygl.
La confusión lo dominaba todo y el peligro siempre estaba cerca.
Roedd dryswch yn rheoli popeth, ac roedd perygl bob amser yn agos.
Buck tuvo que mantenerse alerta porque estos hombres y perros eran diferentes.
Roedd rhaid i Buck aros yn effro oherwydd bod y dynion a'r cŵn hyn yn wahanol.
No eran de pueblos; eran salvajes y sin piedad.
Nid oeddent o drefi; roeddent yn wyllt a heb drugaredd.
Estos hombres y perros sólo conocían la ley del garrote y el colmillo.
Dim ond cyfraith clwb a fang oedd y dynion a'r cŵn hyn yn ei wybod.
Buck nunca había visto perros pelear como estos salvajes huskies.

Nid oedd Buck erioed wedi gweld cŵn yn ymladd fel yr husgïau gwyllt hyn.
Su primera experiencia le enseñó una lección que nunca olvidaría.
Dysgodd ei brofiad cyntaf wers iddo na fyddai byth yn ei hanghofio.
Tuvo suerte de que no fuera él, o habría muerto también.
Roedd yn lwcus nad ef oedd o, neu byddai ef wedi marw hefyd.
Curly fue el que sufrió mientras Buck observaba y aprendía.
Curly oedd yr un a ddioddefodd tra bod Buck yn gwylio ac yn dysgu.
Habían acampado cerca de una tienda construida con troncos.
Roedden nhw wedi gwneud gwersyll ger siop wedi'i hadeiladu o foncyffion.
Curly intentó ser amigable con un husky grande, parecido a un lobo.
Ceisiodd Curly fod yn gyfeillgar â husky mawr, tebyg i flaidd.
El husky era más pequeño que Curly, pero parecía salvaje y malvado.
Roedd yr husky yn llai na Curly, ond yn edrych yn wyllt ac yn gas.
Sin previo aviso, saltó y le abrió el rostro.
Heb rybudd, neidiodd a thorri ei hwyneb ar agor.
Sus dientes la atravesaron desde el ojo hasta la mandíbula en un solo movimiento.
Torrodd ei ddannedd o'i llygad i lawr i'w gên mewn un symudiad.
Así era como peleaban los lobos: golpeaban rápido y saltaban.
Dyma sut roedd bleiddiaid yn ymladd—taro'n gyflym a neidio i ffwrdd.
Pero había mucho más que aprender de ese único ataque.
Ond roedd mwy i'w ddysgu nag o'r un ymosodiad hwnnw.
Decenas de huskies entraron corriendo y formaron un círculo silencioso.

Rhuthrodd dwsinau o husgïau i mewn a gwneud cylch tawel.
Observaron atentamente y se lamieron los labios con hambre.
Fe wnaethon nhw wylio'n ofalus a llyfu eu gwefusau gyda newyn.
Buck no entendió su silencio ni sus miradas ansiosas.
Doedd Buck ddim yn deall eu distawrwydd na'u llygaid awyddus.
Curly se apresuró a atacar al husky por segunda vez.
Brysiodd Curly i ymosod ar yr husky am yr ail dro.
Él usó su pecho para derribarla con un movimiento fuerte.
Defnyddiodd ei frest i'w tharo drosodd gyda symudiad cryf.
Ella cayó de lado y no pudo levantarse más.
Syrthiodd ar ei hochr ac ni allai godi'n ôl i fyny.
Eso era lo que los demás habían estado esperando todo el tiempo.
Dyna oedd yr hyn yr oedd y lleill wedi bod yn aros amdano drwy'r amser.
Los perros esquimales saltaron sobre ella, aullando y gruñendo frenéticamente.
Neidiodd yr huskies arni, gan weiddi a chwyrnu mewn cynddaredd.
Ella gritó cuando la enterraron bajo una pila de perros.
Sgrechiodd wrth iddyn nhw ei chladdu o dan bentwr o gŵn.
El ataque fue tan rápido que Buck se quedó paralizado por la sorpresa.
Roedd yr ymosodiad mor gyflym nes i Buck rewi yn ei le gyda sioc.
Vio a Spitz sacar la lengua de una manera que parecía una risa.
Gwelodd Spitz yn rhoi ei dafod allan mewn ffordd a oedd yn edrych fel chwerthin.
François cogió un hacha y corrió directamente hacia el grupo de perros.
Gafaelodd François mewn bwyell a rhedeg yn syth i mewn i'r grŵp o gŵn.

Otros tres hombres usaron palos para ayudar a ahuyentar a los perros esquimales.
Defnyddiodd tri dyn arall glybiau i helpu i guro'r huskies i ffwrdd.
En sólo dos minutos, la pelea terminó y los perros desaparecieron.
Mewn dim ond dwy funud, roedd yr ymladd drosodd a'r cŵn wedi mynd.
Curly yacía muerta en la nieve roja y pisoteada, con su cuerpo destrozado.
Roedd Curly yn gorwedd yn farw yn yr eira coch, wedi'i sathru, ei chorff wedi'i rhwygo'n ddarnau.
Un hombre de piel oscura estaba de pie sobre ella, maldiciendo la brutal escena.
Safodd dyn croen tywyll uwch ei phen, yn melltithio'r olygfa greulon.
El recuerdo permaneció con Buck y atormentó sus sueños por la noche.
Arhosodd yr atgof gyda Buck ac roedd yn aflonyddu ar ei freuddwydion yn y nos.
Así era aquí: sin justicia, sin segundas oportunidades.
Dyna oedd y ffordd yma; dim tegwch, dim ail gyfle.
Una vez que un perro caía, los demás lo mataban sin piedad.
Unwaith y byddai ci yn cwympo, byddai'r lleill yn lladd heb drugaredd.
Buck decidió entonces que nunca se permitiría caer.
Penderfynodd Buck bryd hynny na fyddai byth yn caniatáu iddo'i hun syrthio.
Spitz volvió a sacar la lengua y se rió de la sangre.
Styngodd Spitz ei dafod allan eto a chwarddodd am y gwaed.
Desde ese momento, Buck odió a Spitz con todo su corazón.
O'r foment honno ymlaen, roedd Buck yn casáu Spitz â'i holl galon.

Antes de que Buck pudiera recuperarse de la muerte de Curly, sucedió algo nuevo.

Cyn i Buck allu gwella o farwolaeth Curly, digwyddodd rhywbeth newydd.

François se acercó y ató algo alrededor del cuerpo de Buck.
Daeth François draw a rhwymo rhywbeth o amgylch corff Buck.

Era un arnés como los que usaban los caballos en el rancho.
Harnais ydoedd fel y rhai a ddefnyddir ar geffylau ar y ransh.

Así como Buck había visto trabajar a los caballos, ahora él también estaba obligado a trabajar.
Gan fod Buck wedi gweld ceffylau'n gweithio, nawr roedd yn rhaid iddo weithio hefyd.

Tuvo que arrastrar a François en un trineo hasta el bosque cercano.
Roedd rhaid iddo dynnu François ar sled i'r goedwig gerllaw.

Después tuvo que arrastrar una carga de leña pesada.
Yna bu'n rhaid iddo dynnu llwyth o goed tân trwm yn ôl.

Buck era orgulloso, por eso le dolía que lo trataran como a un animal de trabajo.
Roedd Buck yn falch, felly roedd yn brifo iddo gael ei drin fel anifail gwaith.

Pero él era sabio y no intentó luchar contra la nueva situación.
Ond roedd yn ddoeth ac ni cheisiodd ymladd yn erbyn y sefyllfa newydd.

Aceptó su nueva vida y dio lo mejor de sí en cada tarea.
Derbyniodd ei fywyd newydd a rhoddodd ei orau ym mhob tasg.

Todo en la obra le resultaba extraño y desconocido.
Roedd popeth am y gwaith yn rhyfedd ac yn anghyfarwydd iddo.

Francisco era estricto y exigía obediencia sin demora.
Roedd François yn llym ac yn mynnu ufudd-dod heb oedi.

Su látigo garantizaba que cada orden fuera seguida al instante.
Gwnaeth ei chwip yn siŵr bod pob gorchymyn yn cael ei ddilyn ar unwaith.

Dave era el que conducía el trineo, el perro que estaba más cerca de él, detrás de Buck.
Dave oedd y gyrrwr olwyn, y ci agosaf at y sled y tu ôl i Buck.
Dave mordió a Buck en las patas traseras si cometía un error.
Byddai Dave yn brathu Buck ar ei goesau ôl pe bai'n gwneud camgymeriad.
Spitz era el perro líder, hábil y experimentado en su función.
Spitz oedd y ci arweiniol, yn fedrus ac yn brofiadol yn y rôl.
Spitz no pudo alcanzar a Buck fácilmente, pero aún así lo corrigió.
Ni allai Spitz gyrraedd Buck yn hawdd, ond fe'i cywirodd o hyd.
Gruñó con dureza o tiró del trineo de maneras que le enseñaron a Buck.
Roedd yn grwgnach yn llym neu'n tynnu'r sled mewn ffyrdd a ddysgodd i Buck.
Con este entrenamiento, Buck aprendió más rápido de lo que cualquiera de ellos esperaba.
O dan yr hyfforddiant hwn, dysgodd Buck yn gyflymach nag yr oedd yr un ohonyn nhw'n ei ddisgwyl.
Trabajó duro y aprendió tanto de François como de los otros perros.
Gweithiodd yn galed a dysgodd gan François a'r cŵn eraill.
Cuando regresaron, Buck ya conocía los comandos clave.
Erbyn iddyn nhw ddychwelyd, roedd Buck eisoes yn gwybod y gorchmynion allweddol.
Aprendió a detenerse al oír la palabra "ho" gracias a François.
Dysgodd stopio wrth sŵn "ho" gan François.
Aprendió cuando tenía que tirar del trineo y correr.
Dysgodd pan oedd yn rhaid iddo dynnu'r sled a rhedeg.
Aprendió a girar abiertamente en las curvas del camino sin problemas.
Dysgodd droi'n llydan ar droeon yn y llwybr heb drafferth.
También aprendió a evitar a Dave cuando el trineo descendía rápidamente.

Dysgodd hefyd osgoi Dave pan fyddai'r sled yn mynd i lawr yr allt yn gyflym.

"Son perros muy buenos", le dijo orgulloso François a Perrault.
"Maen nhw'n gŵn da iawn," meddai François wrth Perrault yn falch.

"Ese Buck tira como un demonio. Le enseño rapidísimo".
"Mae'r Buck yna'n tynnu fel uffern — dw i'n ei ddysgu mor gyflym â dim."

Más tarde ese día, Perrault regresó con dos perros husky más.
Yn ddiweddarach y diwrnod hwnnw, daeth Perrault yn ôl gyda dau gi husky arall.

Se llamaban Billee y Joe y eran hermanos.
Billee a Joe oedd eu henwau, ac roedden nhw'n frodyr.

Venían de la misma madre, pero no se parecían en nada.
Daethant o'r un fam, ond nid oeddent yn debyg o gwbl.

Billee era de carácter dulce y muy amigable con todos.
Roedd Billee yn garedig ac yn rhy gyfeillgar gyda phawb.

Joe era todo lo contrario: tranquilo, enojado y siempre gruñendo.
Roedd Joe yn groes i hynny — tawel, yn ddig, a bob amser yn chwyrnu.

Buck los saludó de manera amigable y se mostró tranquilo con ambos.
Cyfarchodd Buck nhw mewn ffordd gyfeillgar ac roedd yn dawel gyda'r ddau.

Dave no les prestó atención y permaneció en silencio como siempre.
Ni roddodd Dave unrhyw sylw iddynt ac arhosodd yn dawel fel arfer.

Spitz atacó primero a Billee, luego a Joe, para demostrar su dominio.
Ymosododd Spitz ar Billee yn gyntaf, yna Joe, i ddangos ei oruchafiaeth.

Billee movió la cola y trató de ser amigable con Spitz.

Ysgwydodd Billee ei gynffon a cheisiodd fod yn gyfeillgar â Spitz.
Cuando eso no funcionó, intentó huir.
Pan nad oedd hynny'n gweithio, ceisiodd redeg i ffwrdd yn lle hynny.
Lloró tristemente cuando Spitz lo mordió fuerte en el costado.
Crioodd yn drist pan frathodd Spitz ef yn galed ar yr ochr.
Pero Joe era muy diferente y se negaba a dejarse intimidar.
Ond roedd Joe yn wahanol iawn ac yn gwrthod cael ei fwlio.
Cada vez que Spitz se acercaba, Joe giraba rápidamente para enfrentarlo.
Bob tro y byddai Spitz yn agosáu, byddai Joe yn troi i'w wynebu'n gyflym.
Su pelaje se erizó, sus labios se curvaron y sus dientes chasquearon salvajemente.
Roedd ei ffwr yn blewog, ei wefusau'n cyrlio, a'i ddannedd yn cracio'n wyllt.
Los ojos de Joe brillaron de miedo y rabia, desafiando a Spitz a atacar.
Disgleiriodd llygaid Joe gydag ofn a chynddaredd, gan herio Spitz i ymosod.
Spitz abandonó la lucha y se alejó, humillado y enojado.
Rhoddodd Spitz y gorau i'r frwydr a throdd i ffwrdd, wedi'i gywilyddio a'i ddig.
Descargó su frustración en el pobre Billee y lo ahuyentó.
Tynnodd ei rwystredigaeth allan ar Billee druan a'i yrru i ffwrdd.
Esa noche, Perrault añadió un perro más al equipo.
Y noson honno, ychwanegodd Perrault un ci arall at y tîm.
Este perro era viejo, delgado y cubierto de cicatrices de batalla.
Roedd y ci hwn yn hen, yn fain, ac wedi'i orchuddio â chreithiau brwydr.
Le faltaba un ojo, pero el otro brillaba con poder.
Roedd un o'i lygaid ar goll, ond roedd y llall yn fflachio â nerth.

El nombre del nuevo perro era Solleks, que significaba "el enojado".
Enw'r ci newydd oedd Solleks, sy'n golygu'r Un Ddig.
Al igual que Dave, Solleks no pidió nada a los demás y no dio nada a cambio.
Fel Dave, ni ofynnodd Solleks ddim gan eraill, ac ni roddodd ddim yn ôl.
Cuando Solleks entró lentamente al campamento, incluso Spitz se mantuvo alejado.
Pan gerddodd Solleks yn araf i mewn i'r gwersyll, arhosodd hyd yn oed Spitz i ffwrdd.
Tenía un hábito extraño que Buck tuvo la mala suerte de descubrir.
Roedd ganddo arferiad rhyfedd na chafodd Buck ddigon o lwc i'w ddarganfod.
A Solleks le disgustaba que se acercaran a él por el lado donde estaba ciego.
Roedd Solleks yn casáu cael ei gysylltu ar yr ochr lle'r oedd yn ddall.
Buck no sabía esto y cometió ese error por accidente.
Doedd Buck ddim yn gwybod hyn a gwnaeth y camgymeriad hwnnw ar ddamwain.
Solleks se dio la vuelta y cortó el hombro de Buck profunda y rápidamente.
Trodd Solleks o gwmpas a sgrapio ysgwydd Buck yn ddwfn ac yn gyflym.
A partir de ese momento, Buck nunca se acercó al lado ciego de Solleks.
O'r foment honno ymlaen, ni ddaeth Buck byth yn agos at ochr dall Solleks.
Nunca volvieron a tener problemas durante el resto del tiempo que estuvieron juntos.
Ni chawsant drafferth eto am weddill eu hamser gyda'i gilydd.
Solleks sólo quería que lo dejaran solo, como el tranquilo Dave.

Dim ond cael ei adael ar ei ben ei hun oedd Solleks eisiau, fel
Dave tawel.

Pero Buck se enteraría más tarde de que cada uno tenía otro objetivo secreto.

Ond byddai Buck yn dysgu yn ddiweddarach fod gan bob un ohonyn nhw nod cyfrinachol arall.

Esa noche, Buck se enfrentó a un nuevo y preocupante desafío: cómo dormir.

Y noson honno wynebodd Buck her newydd a thrafferthus — sut i gysgu.

La tienda brillaba cálidamente con la luz de las velas en el campo nevado.

Roedd y babell yn tywynnu'n gynnes gyda golau cannwyll yn y cae eiraog.

Buck entró, pensando que podría descansar allí como antes.

Cerddodd Buck i mewn, gan feddwl y gallai orffwys yno fel o'r blaen.

Pero Perrault y François le gritaron y le lanzaron sartenes.

Ond gwaeddodd Perrault a François arno a thaflu sosbenni.

Sorprendido y confundido, Buck corrió hacia el frío helado.

Wedi synnu ac yn ddryslyd, rhedodd Buck allan i'r oerfel rhewllyd.

Un viento amargo le azotó el hombro herido y le congeló las patas.

Pigodd gwynt chwerw ei ysgwydd clwyfedig a rhewi ei bawennau.

Se tumbó en la nieve y trató de dormir al aire libre.

Gorweddodd i lawr yn yr eira a cheisiodd gysgu allan yn yr awyr agored.

Pero el frío pronto le obligó a levantarse de nuevo, temblando mucho.

Ond yn fuan fe'i gorfododd i godi'n ôl i fyny, gan grynu'n ofnadwy.

Deambuló por el campamento intentando encontrar un lugar más cálido.

Crwydrodd drwy'r gwersyll, gan geisio dod o hyd i fan cynhesach.

Pero cada rincón estaba tan frío como el anterior.
Ond roedd pob cornel yr un mor oer â'r un o'i flaen.
A veces, perros salvajes saltaban sobre él desde la oscuridad.
Weithiau byddai cŵn gwyllt yn neidio ato o'r tywyllwch.
Buck erizó su pelaje, mostró los dientes y gruñó en señal de advertencia.
Cododd Buck ei ffwr, dangosodd ei ddannedd, a chwyrnodd yn rhybuddiol.
Estaba aprendiendo rápido y los otros perros se alejaban rápidamente.
Roedd yn dysgu'n gyflym, ac fe giliai'r cŵn eraill yn ôl yn gyflym.
Aún así, no tenía dónde dormir ni idea de qué hacer.
Eto i gyd, nid oedd ganddo le i gysgu, a dim syniad beth i'w wneud.
Por fin se le ocurrió una idea: ver cómo estaban sus compañeros de equipo.
O'r diwedd, daeth syniad iddo—edrych ar ei gyd-chwaraewyr.
Regresó a su zona y se sorprendió al descubrir que habían desaparecido.
Dychwelodd i'w hardal ac fe'i synnwyd o'u gweld nhw wedi mynd.
Nuevamente buscó por todo el campamento, pero todavía no pudo encontrarlos.
Chwiliodd y gwersyll eto, ond methodd â'u canfod o hyd.
Sabía que ellos no podían estar en la tienda, o él también lo estaría.
Roedd e'n gwybod na allent fod yn y babell, neu byddai yntau hefyd.
Entonces ¿a dónde se habían ido todos los perros en este campamento helado?
Felly ble roedd yr holl gŵn wedi mynd yn y gwersyll rhewllyd hwn?
Buck, frío y miserable, caminó lentamente alrededor de la tienda.
Cylchodd Buck, yn oer ac yn drist, yn araf o amgylch y babell.

De repente, sus patas delanteras se hundieron en la nieve blanda y lo sobresaltó.
Yn sydyn, suddodd ei goesau blaen i mewn i eira meddal a'i ddychryn.
Algo se movió bajo sus pies y saltó hacia atrás asustado.
Symudodd rhywbeth o dan ei draed, a neidiodd yn ôl mewn ofn.
Gruñó y rugió sin saber qué había debajo de la nieve.
Grwgnachodd a chwyrnodd, heb wybod beth oedd o dan yr eira.
Entonces oyó un ladrido amistoso que alivió su miedo.
Yna clywodd gyfarth bach cyfeillgar a leddfu ei ofn.
Olfateó el aire y se acercó para ver qué estaba oculto.
Aroglodd yr awyr a daeth yn agosach i weld beth oedd wedi'i guddio.
Bajo la nieve, acurrucada en una bola cálida, estaba la pequeña Billee.
O dan yr eira, wedi'i gyrlio'n bêl gynnes, roedd Billee bach.
Billee movió la cola y lamió la cara de Buck para saludarlo.
Ysgwydodd Billee ei gynffon a llyfu wyneb Buck i'w gyfarch.
Buck vio cómo Billee había hecho un lugar para dormir en la nieve.
Gwelodd Buck sut roedd Billee wedi gwneud lle cysgu yn yr eira.
Había cavado y usado su propio calor para mantenerse caliente.
Roedd wedi cloddio i lawr ac wedi defnyddio ei wres ei hun i gadw'n gynnes.
Buck había aprendido otra lección: así era como dormían los perros.
Roedd Buck wedi dysgu gwers arall—dyma sut roedd y cŵn yn cysgu.
Eligió un lugar y comenzó a cavar su propio hoyo en la nieve.
Dewisodd fan a dechrau cloddio ei dwll ei hun yn yr eira.
Al principio, se movía demasiado y desperdiciaba energía.

Ar y dechrau, roedd yn symud o gwmpas gormod ac yn gwastraffu egni.

Pero pronto su cuerpo calentó el espacio y se sintió seguro.

Ond yn fuan cynhesodd ei gorff y gofod, ac roedd yn teimlo'n ddiogel.

Se acurrucó fuertemente y al poco tiempo estaba profundamente dormido.

Cyrliodd i fyny'n dynn, a chyn bo hir roedd yn cysgu'n drwm.

El día había sido largo y duro, y Buck estaba exhausto.

Roedd y diwrnod wedi bod yn hir ac yn galed, ac roedd Buck wedi blino'n lân.

Durmió profundamente y cómodamente, aunque sus sueños fueron salvajes.

Cysgodd yn ddwfn ac yn gyfforddus, er bod ei freuddwydion yn wyllt.

Gruñó y ladró mientras dormía, retorciéndose mientras soñaba.

Grwgnachodd a chyfarthodd yn ei gwsg, gan droelli wrth iddo freuddwydio.

Buck no se despertó hasta que el campamento ya estaba cobrando vida.

Ni ddeffrodd Buck nes bod y gwersyll eisoes yn dod yn fyw.

Al principio, no sabía dónde estaba ni qué había sucedido.

Ar y dechrau, doedd e ddim yn gwybod ble roedd e na beth oedd wedi digwydd.

Había nevado durante la noche y había enterrado completamente su cuerpo.

Roedd eira wedi disgyn dros nos ac wedi claddu ei gorff yn llwyr.

La nieve lo apretaba por todos lados.

Gwasgodd yr eira o'i gwmpas, yn dynn ar bob ochr.

De repente, una ola de miedo recorrió todo el cuerpo de Buck.

Yn sydyn rhuthrodd ton o ofn trwy gorff cyfan Buck.

Era el miedo a quedar atrapado, un miedo que provenía de instintos profundos.

Yr ofn o gael eich dal ydoedd, ofn o reddfau dwfn.
Aunque nunca había visto una trampa, el miedo vivía dentro de él.
Er nad oedd erioed wedi gweld trap, roedd yr ofn yn byw y tu mewn iddo.
Era un perro domesticado, pero ahora sus viejos instintos salvajes estaban despertando.
Ci dof oedd e, ond nawr roedd ei hen reddfau gwyllt yn deffro.
Los músculos de Buck se tensaron y se le erizó el pelaje por toda la espalda.
Tynhaodd cyhyrau Buck, a safodd ei ffwr i fyny dros ei gefn i gyd.
Gruñó ferozmente y saltó hacia arriba a través de la nieve.
Chwyrnodd yn ffyrnig a neidiodd yn syth i fyny drwy'r eira.
La nieve voló en todas direcciones cuando estalló la luz del día.
Hedfanodd eira i bob cyfeiriad wrth iddo ffrwydro i olau dydd.
Incluso antes de aterrizar, Buck vio el campamento extendido ante él.
Hyd yn oed cyn glanio, gwelodd Buck y gwersyll wedi'i ledaenu o'i flaen.
Recordó todo del día anterior, de repente.
Cofiodd bopeth o'r diwrnod cynt, i gyd ar unwaith.
Recordó pasear con Manuel y terminar en ese lugar.
Roedd yn cofio crwydro gyda Manuel a gorffen yn y lle hwn.
Recordó haber cavado el hoyo y haberse quedado dormido en el frío.
Roedd yn cofio cloddio'r twll a syrthio i gysgu yn yr oerfel.
Ahora estaba despierto y el mundo salvaje que lo rodeaba estaba claro.
Nawr roedd yn effro, a'r byd gwyllt o'i gwmpas yn glir.
Un grito de François saludó la repentina aparición de Buck.
Daeth gweiddi gan François yn cyhoeddi ymddangosiad sydyn Buck.

—¿Qué te dije? —gritó en voz alta el conductor del perro a Perrault.
"Beth ddywedais i?" gwaeddodd y gyrrwr ci yn uchel wrth Perrault.
"Ese Buck sin duda aprende muy rápido", añadió François.
"Mae'r Buck yna'n dysgu mor gyflym â dim byd yn sicr," ychwanegodd François.
Perrault asintió gravemente, claramente satisfecho con el resultado.
Nodiodd Perrault yn ddifrifol, yn amlwg yn falch o'r canlyniad.
Como mensajero del gobierno canadiense, transportaba despachos.
Fel negesydd i Lywodraeth Canada, roedd yn cludo anfonebau.
Estaba ansioso por encontrar los mejores perros para su importante misión.
Roedd yn awyddus i ddod o hyd i'r cŵn gorau ar gyfer ei genhadaeth bwysig.
Se sintió especialmente complacido ahora que Buck era parte del equipo.
Roedd yn teimlo'n arbennig o falch nawr bod Buck yn rhan o'r tîm.
Se agregaron tres huskies más al equipo en una hora.
Ychwanegwyd tri huski arall at y tîm o fewn awr.
Eso elevó el número total de perros en el equipo a nueve.
Daeth hynny â chyfanswm y cŵn yn y tîm i naw.
En quince minutos todos los perros estaban en sus arneses.
O fewn pymtheg munud roedd yr holl gŵn yn eu harneisiau.
El equipo de trineos avanzaba por el sendero hacia Dyea Cañón.
Roedd y tîm sled yn siglo i fyny'r llwybr tuag at Dyea Cañon.
Buck se sintió contento de partir, incluso si el trabajo que tenía por delante era duro.
Roedd Buck yn teimlo'n falch o fod yn gadael, hyd yn oed os oedd y gwaith o'i flaen yn galed.

Descubrió que no despreciaba especialmente el trabajo ni el frío.
Canfu nad oedd yn arbennig o ddirmygu'r llafur na'r oerfel.
Le sorprendió el entusiasmo que llenaba a todo el equipo.
Cafodd ei synnu gan yr awydd a lenwid y tîm cyfan.
Aún más sorprendente fue el cambio que se produjo en Dave y Solleks.
Yn fwy syndod fyth oedd y newid a oedd wedi dod dros Dave a Solleks.
Estos dos perros eran completamente diferentes cuando estaban enjaezados.
Roedd y ddau gi hyn yn hollol wahanol pan oeddent wedi'u harneisio.
Su pasividad y falta de preocupación habían desaparecido por completo.
Roedd eu goddefgarwch a'u diffyg pryder wedi diflannu'n llwyr.
Estaban alertas y activos, y ansiosos por hacer bien su trabajo.
Roeddent yn effro ac yn egnïol, ac yn awyddus i wneud eu gwaith yn dda.
Se irritaban ferozmente ante cualquier cosa que causara retraso o confusión.
Fe wnaethon nhw fynd yn flin iawn at unrhyw beth a achosodd oedi neu ddryswch.
El duro trabajo en las riendas era el centro de todo su ser.
Y gwaith caled ar yr awenau oedd canolbwynt eu bodolaeth gyfan.
Tirar del trineo parecía ser lo único que realmente disfrutaban.
Tynnu sled oedd yr unig beth roedden nhw wir yn ei fwynhau, i bob golwg.
Dave estaba en la parte de atrás del grupo, más cerca del trineo.
Roedd Dave yng nghefn y grŵp, agosaf at y sled ei hun.
Buck fue colocado delante de Dave, y Solleks se adelantó a Buck.

Gosodwyd Buck o flaen Dave, a thynnodd Solleks o flaen Buck.

El resto de los perros estaban dispersos adelante, en una sola fila.

Roedd gweddill y cŵn wedi'u hymestyn o'u blaenau mewn un rhes.

La posición de cabeza en la parte delantera quedó ocupada por Spitz.

Llenwyd y safle blaenllaw yn y blaen gan Spitz.

Buck había sido colocado entre Dave y Solleks para recibir instrucción.

Roedd Buck wedi cael ei osod rhwng Dave a Solleks i gael cyfarwyddyd.

Él aprendía rápido y sus profesores eran firmes y capaces.

Roedd yn ddysgwr cyflym, ac roedden nhw'n athrawon cadarn a galluog.

Nunca permitieron que Buck permaneciera en el error por mucho tiempo.

Ni wnaethant byth adael i Buck aros mewn camgymeriad am hir.

Enseñaron sus lecciones con dientes afilados cuando era necesario.

Roedden nhw'n dysgu eu gwersi â dannedd miniog pan oedd angen.

Dave era justo y mostraba un tipo de sabiduría tranquila y seria.

Roedd Dave yn deg ac yn dangos math tawel, difrifol o ddoethineb.

Él nunca mordió a Buck sin una buena razón para hacerlo.

Ni frathodd Buck erioed heb reswm da dros wneud hynny.

Pero nunca dejó de morder cuando Buck necesitaba corrección.

Ond ni fethodd byth â brathu pan oedd angen cywiriad ar Buck.

El látigo de Francisco estaba siempre listo y respaldaba su autoridad.

Roedd chwip François bob amser yn barod ac yn cefnogi eu hawdurdod.

Buck pronto descubrió que era mejor obedecer que defenderse.

Yn fuan, darganfu Buck ei bod hi'n well ufuddhau na ymladd yn ôl.

Una vez, durante un breve descanso, Buck se enredó en las riendas.

Unwaith, yn ystod gorffwys byr, aeth Buck yn sownd yn yr awenau.

Retrasó el inicio y confundió los movimientos del equipo.

Gohiriodd y dechrau a drysu symudiad y tîm.

Dave y Solleks se abalanzaron sobre él y le dieron una paliza brutal.

Hedfanodd Dave a Solleks ato a rhoi curiad garw iddo.

El enredo sólo empeoró, pero Buck aprendió bien la lección.

Dim ond gwaethygu wnaeth y dryswch, ond dysgodd Buck ei wers yn dda.

A partir de entonces, mantuvo las riendas tensas y trabajó con cuidado.

O hynny ymlaen, cadwodd yr awenau'n dynn, a gweithiodd yn ofalus.

Antes de que terminara el día, Buck había dominado gran parte de su tarea.

Cyn i'r diwrnod ddod i ben, roedd Buck wedi meistroli llawer o'i dasg.

Sus compañeros casi dejaron de corregirlo y morderlo.

Bu bron i'w gyd-chwaraewyr roi'r gorau i'w gywiro na'i frathu.

El látigo de François resonaba cada vez con menos frecuencia en el aire.

Roedd chwip François yn cracio drwy'r awyr yn llai ac yn llai aml.

Perrault incluso levantó los pies de Buck y examinó cuidadosamente cada pata.

Cododd Perrault draed Buck hyd yn oed ac archwiliodd bob pawen yn ofalus.

Había sido un día de carrera duro, largo y agotador para todos ellos.
Roedd wedi bod yn ddiwrnod caled o redeg, yn hir ac yn flinedig iddyn nhw i gyd.
Viajaron por el Cañón, atravesando Sheep Camp y pasando por Scales.
Teithiasant i fyny'r Cañon, trwy Wersyll y Defaid, a heibio'r Scales.
Cruzaron la línea de árboles, luego glaciares y bancos de nieve de muchos metros de profundidad.
Fe wnaethon nhw groesi'r llinell goed, yna rhewlifoedd a lluwchfeydd eira lawer troedfedd o ddyfnder.
Escalaron la gran, fría y prohibitiva divisoria de Chilkoot.
Dringon nhw'r Rhaniad Chilkoot mawr, oer a gwaharddedig.
Esa alta cresta se encontraba entre el agua salada y el interior helado.
Roedd y grib uchel honno'n sefyll rhwng dŵr hallt a'r tu mewn rhewllyd.
Las montañas custodiaban con hielo y empinadas subidas el triste y solitario Norte.
Roedd y mynyddoedd yn gwarchod y Gogledd trist ac unig gyda rhew a dringfeydd serth.
Avanzaron a buen ritmo por una larga cadena de lagos debajo de la divisoria.
Fe wnaethon nhw amser da i lawr cadwyn hir o lynnoedd islaw'r rhaniad.
Esos lagos llenaban los antiguos cráteres de volcanes extintos.
Llenwodd y llynnoedd hynny graterau hynafol llosgfynyddoedd diflanedig.
Tarde esa noche, llegaron a un gran campamento en el lago Bennett.
Yn hwyr y noson honno, cyrhaeddon nhw wersyll mawr yn Llyn Bennett.
Miles de buscadores de oro estaban allí, construyendo barcos para la primavera.

Roedd miloedd o geiswyr aur yno, yn adeiladu cychod ar gyfer y gwanwyn.
El hielo se rompería pronto y tenían que estar preparados.
Roedd yr iâ yn mynd i dorri'n fuan, ac roedd yn rhaid iddyn nhw fod yn barod.
Buck cavó su hoyo en la nieve y cayó en un sueño profundo.
Cloddiodd Buck ei dwll yn yr eira a syrthiodd i gwsg dwfn.
Durmió como un trabajador, exhausto por la dura jornada de trabajo.
Cysgodd fel dyn gweithiol, wedi blino'n lân ar ôl diwrnod caled o lafur.
Pero demasiado pronto, en la oscuridad, fue sacado del sueño.
Ond yn rhy gynnar yn y tywyllwch, cafodd ei lusgo o gwsg.
Fue enganchado nuevamente con sus compañeros y sujeto al trineo.
Cafodd ei harneisio gyda'i ffrindiau eto a'i gysylltu â'r sled.
Aquel día hicieron cuarenta millas, porque la nieve estaba muy pisoteada.
Y diwrnod hwnnw fe wnaethon nhw ddeugain milltir, oherwydd bod yr eira wedi'i sathru'n dda.
Al día siguiente, y durante muchos días más, la nieve estaba blanda.
Y diwrnod canlynol, ac am lawer o ddyddiau wedyn, roedd yr eira'n feddal.
Tuvieron que hacer el camino ellos mismos, trabajando más duro y moviéndose más lento.
Roedd yn rhaid iddyn nhw wneud y llwybr eu hunain, gan weithio'n galetach a symud yn arafach.
Por lo general, Perrault caminaba delante del equipo con raquetas de nieve palmeadas.
Fel arfer, byddai Perrault yn cerdded o flaen y tîm gydag esgidiau eira gweog.
Sus pasos compactaron la nieve, facilitando el movimiento del trineo.
Paciodd ei gamau'r eira, gan ei gwneud hi'n haws i'r sled symud.

François, que dirigía el barco desde la dirección, a veces tomaba el relevo.
Weithiau byddai François, a lywiodd o'r polyn gee, yn cymryd yr awenau.
Pero era raro que François tomara la iniciativa.
Ond prin oedd y byddai François yn cymryd yr awenau.
porque Perrault tenía prisa por entregar las cartas y los paquetes.
oherwydd bod Perrault ar frys i ddosbarthu'r llythyrau a'r parseli.
Perrault estaba orgulloso de su conocimiento de la nieve, y especialmente del hielo.
Roedd Perrault yn falch o'i wybodaeth am eira, ac yn enwedig iâ.
Ese conocimiento era esencial porque el hielo en otoño era peligrosamente delgado.
Roedd y wybodaeth honno'n hanfodol, oherwydd roedd iâ'r hydref yn beryglus o denau.
Allí donde el agua fluía rápidamente bajo la superficie, no había hielo en absoluto.
Lle roedd dŵr yn llifo'n gyflym o dan yr wyneb, nid oedd unrhyw iâ o gwbl.

Día tras día, la misma rutina se repetía sin fin.
Ddydd ar ôl dydd, yr un drefn yn ailadrodd heb ddiwedd.
Buck trabajó incansablemente en las riendas desde el amanecer hasta la noche.
Llafuriodd Buck yn ddiddiwedd yn yr awenau o wawr hyd nos.
Abandonaron el campamento en la oscuridad, mucho antes de que saliera el sol.
Gadawon nhw'r gwersyll yn y tywyllwch, ymhell cyn i'r haul godi.
Cuando amaneció, ya habían recorrido muchos kilómetros.
Erbyn i olau dydd ddod, roedd milltiroedd lawer eisoes y tu ôl iddyn nhw.

Acamparon después del anochecer, comieron pescado y excavaron en la nieve.
Fe wnaethon nhw wersylla ar ôl iddi nosi, gan fwyta pysgod a chloddio i mewn i'r eira.
Buck siempre tenía hambre y nunca estaba realmente satisfecho con su ración.
Roedd Buck bob amser yn llwglyd ac ni fyddai byth yn wirioneddol fodlon â'i ddogn.
Recibía una libra y media de salmón seco cada día.
Roedd yn derbyn punt a hanner o eog sych bob dydd.
Pero la comida parecía desaparecer dentro de él, dejando atrás el hambre.
Ond roedd yn ymddangos bod y bwyd yn diflannu y tu mewn iddo, gan adael newyn ar ôl.
Sufría constantes dolores de hambre y soñaba con más comida.
Roedd yn dioddef o newyn cyson, ac yn breuddwydio am fwy o fwyd.
Los otros perros sólo ganaron una libra, pero se mantuvieron fuertes.
Dim ond pwys o fwyd a gafodd y cŵn eraill, ond fe arhoson nhw'n gryf.
Eran más pequeños y habían nacido en la vida del norte.
Roedden nhw'n llai, ac wedi cael eu geni i fywyd y gogledd.
Perdió rápidamente la meticulosidad que había caracterizado su antigua vida.
Collodd yn gyflym y manylder a nodweddai ei hen fywyd.
Había sido un comensal delicado, pero ahora eso ya no era posible.
Roedd wedi bod yn fwytäwr blasus, ond nawr nid oedd hynny'n bosibl mwyach.
Sus compañeros terminaron primero y le robaron su ración sobrante.
Gorffennodd ei ffrindiau yn gyntaf a dwyn ei ddogn heb ei orffen oddi arno.
Una vez que empezaron, no había forma de defender su comida de ellos.

Unwaith iddyn nhw ddechrau doedd dim ffordd o amddiffyn ei fwyd rhagddyn nhw.

Mientras él luchaba contra dos o tres perros, los otros le robaron el resto.
Tra roedd e'n ymladd yn erbyn dau neu dri o gi, roedd y lleill yn dwyn y gweddill.

Para solucionar esto, comenzó a comer tan rápido como los demás.
I drwsio hyn, dechreuodd fwyta mor gyflym ag yr oedd y lleill yn bwyta.

El hambre lo empujó tan fuerte que incluso tomó comida que no era suya.
Roedd newyn yn ei wthio gymaint nes iddo hyd yn oed gymryd bwyd nad oedd yn eiddo iddo'i hun.

Observó a los demás y aprendió rápidamente de sus acciones.
Gwyliodd y lleill a dysgodd yn gyflym o'u gweithredoedd.

Vio a Pike, un perro nuevo, robarle una rebanada de tocino a Perrault.
Gwelodd Pike, ci newydd, yn dwyn sleisen o facwn gan Perrault.

Pike había esperado hasta que Perrault se dio la espalda para robarle el tocino.
Roedd Pike wedi aros nes bod cefn Perrault wedi'i droi i ddwyn y bacwn.

Al día siguiente, Buck copió a Pike y robó todo el trozo.
Y diwrnod canlynol, copïodd Buck Pike a dwyn y darn cyfan.

Se produjo un gran alboroto, pero no se sospechó de Buck.
Dilynodd cynnwrf mawr, ond ni amheuwyd Buck.

Dub, un perro torpe que siempre era atrapado, fue castigado.
Cafodd Dub, ci lletchwith a oedd bob amser yn cael ei ddal, ei gosbi yn lle hynny.

Ese primer robo marcó a Buck como un perro apto para sobrevivir en el Norte.
Roedd y lladrad cyntaf hwnnw'n nodi Buck fel ci addas i oroesi'r Gogledd.

Demostró que podía adaptarse a nuevas condiciones y aprender rápidamente.
Dangosodd ei fod yn gallu addasu i amodau newydd a dysgu'n gyflym.
Sin esa adaptabilidad, habría muerto rápida y gravemente.
Heb addasrwydd o'r fath, byddai wedi marw'n gyflym ac yn ddrwg.
También marcó el colapso de su naturaleza moral y de sus valores pasados.
Roedd hefyd yn nodi chwalfa ei natur foesol a'i werthoedd yn y gorffennol.
En el Sur, había vivido bajo la ley del amor y la bondad.
Yn y Deheudir, roedd wedi byw o dan gyfraith cariad a charedigrwydd.
Allí tenía sentido respetar la propiedad y los sentimientos de los otros perros.
Yno roedd yn gwneud synnwyr parchu eiddo a theimladau cŵn eraill.
Pero en el Norte se aplicaba la ley del garrote y la ley del colmillo.
Ond dilynodd y Northland gyfraith y clwb a chyfraith y fang.
Quienquiera que respetara los viejos valores aquí sería un tonto y fracasaría.
Pwy bynnag a barchai hen werthoedd yma oedd yn ffôl a byddai'n methu.
Buck no razonó todo esto en su mente.
Ni resymodd Buck hyn i gyd yn ei feddwl.
Estaba en forma y se adaptó sin necesidad de pensar.
Roedd yn ffit, ac felly addasodd heb orfod meddwl.
Durante toda su vida, nunca había huido de una pelea.
Drwy gydol ei oes, nid oedd erioed wedi rhedeg i ffwrdd o ymladd.
Pero el garrote de madera del hombre del suéter rojo cambió esa regla.
Ond newidiodd clwb pren y dyn yn y siwmper goch y rheol honno.

Ahora seguía un código más profundo y antiguo escrito en su ser.
Nawr roedd yn dilyn cod dyfnach, hŷn wedi'i ysgrifennu yn ei fodolaeth.
No robó por placer sino por el dolor del hambre.
Nid oedd yn lladrata allan o bleser, ond o boen newyn.
Él nunca robaba abiertamente, sino que hurtaba con astucia y cuidado.
Ni ladratodd erioed yn agored, ond lladratodd gyda chyfrwystra a gofal.
Actuó por respeto al garrote de madera y por miedo al colmillo.
Gweithredodd allan o barch at y clwb pren ac ofn y fang.
En resumen, hizo lo que era más fácil y seguro que no hacerlo.
Yn fyr, fe wnaeth yr hyn oedd yn haws ac yn fwy diogel na pheidio â'i wneud.
Su desarrollo —o quizás su regreso a los viejos instintos— fue rápido.
Roedd ei ddatblygiad—neu efallai ei ddychweliad at hen reddfau—yn gyflym.
Sus músculos se endurecieron hasta sentirse tan fuertes como el hierro.
Caledodd ei gyhyrau nes eu bod yn teimlo mor gryf â haearn.
Ya no le importaba el dolor, a menos que fuera grave.
Nid oedd yn poeni mwyach am boen, oni bai ei fod yn ddifrifol.
Se volvió eficiente por dentro y por fuera, sin desperdiciar nada.
Daeth yn effeithlon y tu mewn a'r tu allan, heb wastraffu dim o gwbl.
Podía comer cosas viles, podridas o difíciles de digerir.
Gallai fwyta pethau ffiaidd, pydredig, neu anodd eu treulio.
Todo lo que comía, su estómago aprovechaba hasta el último vestigio de valor.
Beth bynnag a fwytaodd, defnyddiodd ei stumog bob darn olaf o werth.

Su sangre transportaba los nutrientes a través de su poderoso cuerpo.
Roedd ei waed yn cludo'r maetholion ymhell trwy ei gorff pwerus.
Esto creó tejidos fuertes que le dieron una resistencia increíble.
Adeiladodd hyn feinweoedd cryf a roddodd ddygnwch anhygoel iddo.
Su vista y su olfato se volvieron mucho más sensibles que antes.
Daeth ei olwg a'i arogl yn llawer mwy sensitif nag o'r blaen.
Su audición se agudizó tanto que podía detectar sonidos débiles durante el sueño.
Tyfodd ei glyw mor finiog nes iddo allu canfod synau gwan yn ei gwsg.
Sabía en sueños si los sonidos significaban seguridad o peligro.
Roedd yn gwybod yn ei freuddwydion a oedd y synau'n golygu diogelwch neu berygl.
Aprendió a morder el hielo entre los dedos de los pies con los dientes.
Dysgodd frathu'r iâ rhwng ei fysedd traed â'i ddannedd.
Si un charco de agua se congelaba, rompía el hielo con las piernas.
Pe bai twll dŵr yn rhewi, byddai'n torri'r iâ â'i goesau.
Se encabritó y golpeó con fuerza el hielo con sus rígidas patas delanteras.
Cododd i fyny a tharo'r iâ yn galed â'i goesau blaen anystwyth.
Su habilidad más sorprendente era predecir los cambios del viento durante la noche.
Ei allu mwyaf trawiadol oedd rhagweld newidiadau yn y gwynt dros nos.
Incluso cuando el aire estaba quieto, elegía lugares protegidos del viento.
Hyd yn oed pan oedd yr awyr yn llonydd, dewisodd fannau wedi'u cysgodi rhag y gwynt.

Dondequiera que cavaba su nido, el viento del día siguiente lo pasaba de largo.
Lle bynnag y cloddiodd ei nyth, byddai gwynt y diwrnod canlynol yn mynd heibio iddo.
Siempre acababa abrigado y protegido, a sotavento de la brisa.
Byddai bob amser yn gorffen yn glyd ac yn amddiffynnol, i ochr gysgodol y gwynt.
Buck no sólo aprendió con la experiencia: sus instintos también regresaron.
Nid trwy brofiad yn unig y dysgodd Buck—dychwelodd ei reddfau hefyd.
Los hábitos de las generaciones domesticadas comenzaron a desaparecer.
Dechreuodd arferion cenedlaethau dof ddirywio.
De manera vaga, recordaba los tiempos antiguos de su raza.
Mewn ffyrdd amwys, cofiai hen amseroedd ei frîd.
Recordó cuando los perros salvajes corrían en manadas por los bosques.
Meddyliodd yn ôl i'r adeg pan oedd cŵn gwyllt yn rhedeg mewn heidiau trwy goedwigoedd.
Habían perseguido y matado a su presa mientras la perseguían.
Roedden nhw wedi erlid a lladd eu hysglyfaeth wrth ei rhedeg i lawr.
Para Buck fue fácil aprender a pelear con dientes y velocidad.
Roedd hi'n hawdd i Buck ddysgu sut i ymladd â dannedd a chyflymder.
Utilizaba cortes, tajos y chasquidos rápidos igual que sus antepasados.
Defnyddiodd doriadau, slaesau, a snapiau cyflym yn union fel ei hynafiaid.
Aquellos antepasados se agitaron dentro de él y despertaron su naturaleza salvaje.
Deffrodd yr hynafiaid hynny ynddo a deffrodd ei natur wyllt.

Sus antiguas habilidades habían pasado a él a través de la línea de sangre.
Roedd eu hen sgiliau wedi trosglwyddo iddo trwy'r llinach.
Sus trucos ahora eran suyos, sin necesidad de práctica ni esfuerzo.
Ei eiddo ef oedd eu triciau nawr, heb unrhyw angen ymarfer na ymdrech.

En las noches frías y quietas, Buck levantaba la nariz y aullaba.
Ar nosweithiau llonydd, oer, cododd Buck ei drwyn ac udo.
Aulló largo y profundamente, como lo hacían los lobos antaño.
Udodd yn hir ac yn ddwfn, fel yr oedd bleiddiaid wedi gwneud amser maith yn ôl.
A través de él, sus antepasados muertos apuntaron sus narices y aullaron.
Trwyddo ef, roedd ei hynafiaid marw yn pwyntio eu trwynau ac yn udo.
Aullaron a través de los siglos con su voz y su forma.
Roedden nhw'n udo i lawr trwy'r canrifoedd yn ei lais a'i siâp.
Sus cadencias eran las de ellos, viejos gritos que hablaban de dolor y frío.
Ei gadensau oedd yn eiddo iddynt, hen gri a adroddai alar ac oerfel.
Cantaron sobre la oscuridad, el hambre y el significado del invierno.
Canon nhw am dywyllwch, am newyn, ac ystyr y gaeaf.
Buck demostró cómo la vida está determinada por fuerzas ajenas a uno mismo.
Profodd Buck sut mae bywyd yn cael ei siapio gan rymoedd y tu hwnt i'r unigolyn,
La antigua canción se elevó a través de Buck y se apoderó de su alma.
cododd y gân hynafol trwy Buck a chymryd gafael yn ei enaid.

Se encontró a sí mismo porque los hombres habían encontrado oro en el Norte.
Daeth o hyd iddo'i hun oherwydd bod dynion wedi dod o hyd i aur yn y Gogledd.
Y se encontró porque Manuel, el ayudante del jardinero, necesitaba dinero.
Ac fe'i cafodd ei hun oherwydd bod angen arian ar Manuel, cynorthwyydd y garddwr.

La Bestia Primordial Dominante
Y Bwystfil Cyntefig Trechol

La bestia primordial dominante era tan fuerte como siempre en Buck.
Roedd y bwystfil cyntefig dominyddol mor gryf ag erioed yn Buck.

Pero la bestia primordial dominante yacía latente en él.
Ond roedd y bwystfil cyntefig dominyddol wedi gorwedd yn segur ynddo.

La vida en el camino era dura, pero fortalecía a la bestia que Buck llevaba dentro.
Roedd bywyd ar y llwybr yn galed, ond fe gryfhaodd yr anifail y tu mewn i Buck.

En secreto, la bestia se hacía cada día más fuerte.
Yn gyfrinachol, tyfodd y bwystfil yn gryfach ac yn gryfach bob dydd.

Pero ese crecimiento interior permaneció oculto para el mundo exterior.
Ond arhosodd y twf mewnol hwnnw'n gudd i'r byd y tu allan.

Una fuerza primordial, tranquila y calmada se estaba construyendo dentro de Buck.
Roedd grym cyntefig tawel a thawel yn adeiladu y tu mewn i Buck.

Una nueva astucia le proporcionó a Buck equilibrio, calma, control y aplomo.
Rhoddodd cyfrwystra newydd gydbwysedd, rheolaeth dawel, a hunanbwysedd i Buck.

Buck se concentró mucho en adaptarse, sin sentirse nunca totalmente relajado.
Canolbwyntiodd Buck yn galed ar addasu, heb deimlo byth yn gwbl ymlacio.

Él evitaba los conflictos, nunca iniciaba peleas ni buscaba problemas.
Roedd yn osgoi gwrthdaro, heb byth ddechrau ymladd, na cheisio trafferth.

Una reflexión lenta y constante moldeó cada movimiento de Buck.
Roedd meddylgarwch araf, cyson yn llywio pob symudiad gan Buck.
Evitó las elecciones precipitadas y las decisiones repentinas e imprudentes.
Osgoodd ddewisiadau brysiog a phenderfyniadau sydyn, dihid.
Aunque Buck odiaba profundamente a Spitz, no le mostró ninguna agresión.
Er bod Buck yn casáu Spitz yn fawr, ni ddangosodd unrhyw ymddygiad ymosodol iddo.
Buck nunca provocó a Spitz y mantuvo sus acciones moderadas.
Ni wnaeth Buck byth gythruddo Spitz, a chadwodd ei weithredoedd yn gyfyngedig.
Spitz, por otro lado, percibió el creciente peligro en Buck.
Ar y llaw arall, roedd Spitz yn teimlo'r perygl cynyddol yn Buck.
Él veía a Buck como una amenaza y un serio desafío a su poder.
Roedd yn gweld Buck fel bygythiad ac yn her ddifrifol i'w bŵer.
Aprovechó cada oportunidad para gruñir y mostrar sus afilados dientes.
Defnyddiodd bob cyfle i gwingo a dangos ei ddannedd miniog.
Estaba tratando de iniciar la pelea mortal que estaba por venir.
Roedd yn ceisio cychwyn yr ymladd angheuol a oedd yn rhaid iddo ddod.
Al principio del viaje casi se desató una pelea entre ellos.
Yn gynnar yn y daith, bu bron i ymladd ddechrau rhyngddynt.
Pero un accidente inesperado detuvo la pelea.
Ond fe wnaeth damwain annisgwyl atal y frwydr rhag digwydd.

Esa tarde acamparon en el gélido lago Le Barge.
Y noson honno fe wnaethon nhw sefydlu gwersyll ar Lyn Le Barge, sy'n chwerw o oer.
La nieve caía con fuerza y el viento cortaba como un cuchillo.
Roedd yr eira'n disgyn yn galed, a'r gwynt yn torri fel cyllell.
La noche había llegado demasiado rápido y la oscuridad los rodeaba.
Roedd y nos wedi dod yn rhy gyflym, ac roedd tywyllwch yn eu hamgylchynu.
Difícilmente podrían haber elegido un peor lugar para descansar.
Prin y gallent fod wedi dewis lle gwaeth i orffwys.
Los perros buscaban desesperadamente un lugar donde tumbarse.
Chwiliodd y cŵn yn daer am le i orwedd.
Detrás del pequeño grupo se alzaba una alta pared de roca.
Cododd wal graig dal yn serth y tu ôl i'r grŵp bach.
La tienda de campaña había sido abandonada en Dyea para aligerar la carga.
Roedd y babell wedi cael ei gadael ar ôl yn Dyea i ysgafnhau'r baich.
No les quedó más remedio que hacer el fuego sobre el propio hielo.
Nid oedd ganddyn nhw ddewis ond gwneud y tân ar y rhew ei hun.
Extendieron sus batas para dormir directamente sobre el lago helado.
Fe wnaethon nhw ledaenu eu gwisgoedd cysgu yn uniongyrchol ar y llyn wedi rhewi.
Unos cuantos palitos de madera flotante les dieron un poco de fuego.
Rhoddodd ychydig o ffyn o goed drifft ychydig o dân iddyn nhw.
Pero el fuego se construyó sobre el hielo y se descongeló a través de él.
Ond cafodd y tân ei gynnau ar y rhew, a dadmer drwyddo.

Al final, estaban comiendo su cena en la oscuridad.
Yn y diwedd roedden nhw'n bwyta eu swper yn y tywyllwch.
Buck se acurrucó junto a la roca, protegido del viento frío.
Cyrlodd Buck i fyny wrth ymyl y graig, wedi'i gysgodi rhag y gwynt oer.
El lugar era tan cálido y seguro que Buck odiaba mudarse.
Roedd y fan mor gynnes a diogel nes bod Buck yn casáu symud i ffwrdd.
Pero François había calentado el pescado y estaba repartiendo raciones.
Ond roedd François wedi cynhesu'r pysgod ac yn dosbarthu bwyd.
Buck terminó de comer rápidamente y regresó a su cama.
Gorffennodd Buck fwyta'n gyflym, a dychwelodd i'w wely.
Pero Spitz ahora estaba acostado donde Buck había hecho su cama.
Ond roedd Spitz bellach yn gorwedd lle roedd Buck wedi gwneud ei wely.
Un gruñido bajo advirtió a Buck que Spitz se negaba a moverse.
Rhybuddiodd grwgnach isel Buck fod Spitz yn gwrthod symud.
Hasta ahora, Buck había evitado esta pelea con Spitz.
Hyd yn hyn, roedd Buck wedi osgoi'r frwydr hon gyda Spitz.
Pero en lo más profundo de Buck la bestia finalmente se liberó.
Ond yn ddwfn y tu mewn i Buck torrodd y bwystfil yn rhydd o'r diwedd.
El robo de su lugar para dormir era algo demasiado difícil de tolerar.
Roedd lladrad ei le cysgu yn ormod i'w oddef.
Buck se lanzó hacia Spitz, lleno de ira y rabia.
Taflodd Buck ei hun at Spitz, yn llawn dicter a chynddaredd.
Hasta ahora Spitz había pensado que Buck era sólo un perro grande.
Hyd at hyn roedd Spitz wedi meddwl mai dim ond ci mawr oedd Buck.

No creía que Buck hubiera sobrevivido a través de su espíritu.
Doedd e ddim yn meddwl bod Buck wedi goroesi trwy ei ysbryd.
Esperaba miedo y cobardía, no furia y venganza.
Roedd yn disgwyl ofn a llwfrgi, nid cynddaredd a dial.
François se quedó mirando mientras los dos perros salían del nido en ruinas.
Syllodd François wrth i'r ddau gi ffrwydro o'r nyth adfeiliedig.
Comprendió de inmediato lo que había iniciado la salvaje lucha.
Deallodd ar unwaith beth oedd wedi cychwyn yr frwydr wyllt.
—¡Ah! —gritó François en apoyo del perro marrón.
"Aa-ah!" gwaeddodd François i gefnogi'r ci brown.
¡Dale una paliza! ¡Por Dios, castiga a ese ladrón astuto!
"Rhowch guro iddo! Wrth Dduw, cosbwch y lleidr cyfrwys yna!"
Spitz mostró la misma disposición y un entusiasmo salvaje por luchar.
Dangosodd Spitz yr un parodrwydd ac awydd gwyllt i ymladd.
Gritó de rabia mientras giraba rápidamente en busca de una abertura.
Gwaeddodd mewn cynddaredd wrth gylchu'n gyflym, yn chwilio am agoriad.
Buck mostró el mismo hambre de luchar y la misma cautela.
Dangosodd Buck yr un awydd i ymladd, a'r un gofal.
También rodeó a su oponente, intentando obtener la ventaja en la batalla.
Cylchodd ei wrthwynebydd hefyd, gan geisio cael y llaw uchaf yn y frwydr.
Entonces sucedió algo inesperado y lo cambió todo.
Yna digwyddodd rhywbeth annisgwyl a newidiodd bopeth.
Ese momento retrasó la eventual lucha por el liderazgo.

Gohiriodd y foment honno'r frwydr yn y pen draw am yr arweinyddiaeth.
Muchos kilómetros de camino y lucha aún nos esperaban antes del final.
Roedd milltiroedd lawer o lwybr a brwydr yn dal i aros cyn y diwedd.
Perrault gritó un juramento cuando un garrote impactó contra el hueso.
Gwaeddodd Perrault lw wrth i glwb daro yn erbyn asgwrn.
Se escuchó un agudo grito de dolor y luego el caos explotó por todas partes.
Dilynodd sgrech miniog o boen, yna ffrwydrodd anhrefn o gwmpas.
En el campamento se movían figuras oscuras: perros esquimales salvajes, hambrientos y feroces.
Symudodd siapiau tywyll yn y gwersyll; husgïau gwyllt, llwglyd a ffyrnig.
Cuatro o cinco docenas de perros esquimales habían olfateado el campamento desde lejos.
Roedd pedwar neu bum dwsin o husgiaid wedi arogli'r gwersyll o bell.
Se habían colado sigilosamente mientras los dos perros peleaban cerca.
Roedden nhw wedi sleifio i mewn yn dawel tra bod y ddau gi yn ymladd gerllaw.
François y Perrault atacaron con garrotes a los invasores.
Ymosododd François a Perrault, gan chwifio clybiau at y goresgynwyr.
Los perros esquimales hambrientos mostraron los dientes y contraatacaron frenéticamente.
Dangosodd yr hyscis newynog ddannedd ac ymladd yn ôl mewn cynddaredd.
El olor a carne y a pan les había hecho perder todo miedo.
Roedd arogl cig a bara wedi eu gyrru heibio i bob ofn.
Perrault golpeó a un perro que había enterrado su cabeza en el cajón de comida.

Curodd Perrault gi a oedd wedi claddu ei ben yn y blwch bwyd.

El golpe fue muy fuerte y la caja se volcó, derramándose comida.

Tarodd yr ergyd yn galed, a throwyd y blwch, gan ollwng bwyd allan.

En cuestión de segundos, una veintena de bestias salvajes destrozaron el pan y la carne.

Mewn eiliadau, rhwygodd sgôr o fwystfilod gwyllt y bara a'r cig.

Los garrotes de los hombres asestaron golpe tras golpe, pero ningún perro se apartó.

Glaniodd clybiau'r dynion ergyd ar ôl ergyd, ond ni throdd yr un ci i ffwrdd.

Aullaron de dolor, pero lucharon hasta que no quedó comida.

Uddon nhw mewn poen, ond ymladdon nhw nes nad oedd bwyd ar ôl.

Mientras tanto, los perros de trineo habían saltado de sus camas nevadas.

Yn y cyfamser, roedd y cŵn sled wedi neidio o'u gwelyau eiraog.

Fueron atacados instantáneamente por los feroces y hambrientos huskies.

Ymosodwyd arnyn nhw ar unwaith gan yr huskies llwglyd creulon.

Buck nunca había visto criaturas tan salvajes y hambrientas antes.

Nid oedd Buck erioed wedi gweld creaduriaid mor wyllt a newynog o'r blaen.

Su piel colgaba suelta, ocultando apenas sus esqueletos.

Roedd eu croen yn hongian yn llac, prin yn cuddio eu sgerbydau.

Había un fuego en sus ojos, de hambre y locura.

Roedd tân yn eu llygaid, o newyn a gwallgofrwydd

No había manera de detenerlos, de resistirse a su ataque salvaje.

Doedd dim modd eu hatal; dim modd gwrthsefyll eu rhuthr gwyllt.

Los perros de trineo fueron empujados hacia atrás y presionados contra la pared del acantilado.

Gwthiwyd y cŵn sled yn ôl, wedi'u gwasgu yn erbyn wal y clogwyn.

Tres perros esquimales atacaron a Buck a la vez, desgarrando su carne.

Ymosododd tri husg ar Buck ar unwaith, gan rwygo i'w gnawd.

La sangre le brotaba de la cabeza y de los hombros, donde había recibido el corte.

Llifodd gwaed o'i ben a'i ysgwyddau, lle'r oedd wedi cael ei dorri.

El ruido llenó el campamento: gruñidos, aullidos y gritos de dolor.

Llenwodd y sŵn y gwersyll; grwgnach, gweiddi, a llefain o boen.

Billee gritó fuerte, como siempre, atrapada en la pelea y el pánico.

Gwaeddodd Billee yn uchel, fel arfer, wedi'i dal yn y ffrae a'r panig.

Dave y Solleks estaban uno al lado del otro, sangrando pero desafiantes.

Safodd Dave a Solleks ochr yn ochr, yn gwaedu ond yn herfeiddiol.

Joe peleó como un demonio, mordiendo todo lo que se acercaba.

Ymladdodd Joe fel cythraul, gan frathu unrhyw beth a ddaeth yn agos.

Aplastó la pata de un husky con un brutal chasquido de sus mandíbulas.

Malodd goes huski gydag un snap creulon o'i ên.

Pike saltó sobre el husky herido y le rompió el cuello instantáneamente.

Neidiodd Pike ar yr husky clwyfedig a thorri ei wddf ar unwaith.

Buck agarró a un husky por el cuello y le arrancó la vena.
Gafaelodd Buck mewn ci bach wrth ei wddf a rhwygo drwyddo.
La sangre salpicó y el sabor cálido llevó a Buck al frenesí.
Taflodd gwaed, a gyrrodd y blas cynnes Buck i wallgofrwydd.
Se abalanzó sobre otro atacante sin dudarlo.
Taflodd ei hun at ymosodwr arall heb betruso.
En ese mismo momento, unos dientes afilados se clavaron en la garganta de Buck.
Ar yr un foment, cloddiodd dannedd miniog i wddf Buck ei hun.
Spitz había atacado desde un costado, sin previo aviso.
Roedd Spitz wedi taro o'r ochr, gan ymosod heb rybudd.
Perrault y François habían derrotado a los perros robando la comida.
Roedd Perrault a François wedi trechu'r cŵn oedd yn dwyn y bwyd.
Ahora se apresuraron a ayudar a sus perros a luchar contra los atacantes.
Nawr fe wnaethon nhw ruthro i helpu eu cŵn i ymladd yn ôl yr ymosodwyr.
Los perros hambrientos se retiraron mientras los hombres blandían sus garrotes.
Ciliodd y cŵn llwglyd wrth i'r dynion siglo eu clybiau.
Buck se liberó del ataque, pero el escape fue breve.
Torrodd Buck yn rhydd o'r ymosodiad, ond byr oedd y dihangfa.
Los hombres corrieron a salvar a sus perros, y los huskies volvieron a atacarlos.
Rhedodd y dynion i achub eu cŵn, a heidiodd yr hysgis eto.
Billee, aterrorizado y valiente, saltó hacia la jauría de perros.
Neidiodd Billee, wedi'i ddychryn nes iddo ddangos dewrder, i mewn i'r haid o gŵn.
Pero luego huyó a través del hielo, presa del terror y el pánico.
Ond yna ffodd ar draws yr iâ, mewn braw a phanig crai.

Pike y Dub los siguieron de cerca, corriendo para salvar sus vidas.
Dilynodd Pike a Dub yn agos ar eu hôl, gan redeg am eu bywydau.
El resto del equipo se separó y se dispersó, siguiéndolos.
Torrodd a gwasgarodd gweddill y tîm, gan eu dilyn ar eu hôl.
Buck reunió sus fuerzas para correr, pero entonces vio un destello.
Casglodd Buck ei nerth i redeg, ond yna gwelodd fflach.
Spitz se abalanzó sobre el costado de Buck, intentando derribarlo al suelo.
Neidiodd Spitz at ochr Buck, gan geisio ei daro i'r llawr.
Bajo esa turba de perros esquimales, Buck no habría tenido escapatoria.
O dan y dorf honno o huskies, ni fyddai gan Buck unrhyw ddihangfa.
Pero Buck se mantuvo firme y se preparó para el golpe de Spitz.
Ond safodd Buck yn gadarn ac yn paratoi am yr ergyd gan Spitz.
Luego se dio la vuelta y salió corriendo al hielo con el equipo que huía.
Yna trodd a rhedeg allan ar y rhew gyda'r tîm oedd yn ffoi.

Más tarde, los nueve perros de trineo se reunieron al abrigo del bosque.
Yn ddiweddarach, ymgasglodd y naw ci sled yng nghysgod y coed.
Ya nadie los perseguía, pero estaban maltratados y heridos.
Doedd neb yn eu hymlid mwyach, ond cawsant eu curo a'u hanafu.
Cada perro tenía heridas: cuatro o cinco cortes profundos en cada cuerpo.
Roedd gan bob ci glwyfau; pedwar neu bum toriad dwfn ar bob corff.
Dub tenía una pata trasera herida y ahora le costaba caminar.

Roedd gan Dub goes ôl wedi'i hanafu ac roedd yn ei chael hi'n anodd cerdded nawr.

Dolly, la perrita más nueva de Dyea, tenía la garganta cortada.

Roedd gan Dolly, y ci newydd o Dyea, wddf wedi'i dorri.

Joe había perdido un ojo y la oreja de Billee estaba cortada en pedazos.

Roedd Joe wedi colli llygad, ac roedd clust Billee wedi'i thorri'n ddarnau.

Todos los perros lloraron de dolor y derrota durante toda la noche.

Gwaeddodd yr holl gŵn mewn poen a threchu drwy gydol y nos.

Al amanecer regresaron al campamento doloridos y destrozados.

Gyda'r wawr fe sleifiasant yn ôl i'r gwersyll, yn ddolurus ac wedi torri.

Los perros esquimales habían desaparecido, pero el daño ya estaba hecho.

Roedd yr hysgi wedi diflannu, ond roedd y difrod wedi'i wneud.

Perrault y François estaban de mal humor ante las ruinas.

Safai Perrault a François mewn hwyliau drwg dros yr adfail.

La mitad de la comida había desaparecido, robada por los ladrones hambrientos.

Roedd hanner y bwyd wedi mynd, wedi'i gipio gan y lladron newynog.

Los perros esquimales habían destrozado las ataduras y la lona del trineo.

Roedd yr hyscis wedi rhwygo trwy rwymiadau sled a chynfas.

Todo lo que tenía olor a comida había sido devorado por completo.

Roedd unrhyw beth ag arogl bwyd wedi'i ddifa'n llwyr.

Se comieron un par de botas de viaje de piel de alce de Perrault.

Fe wnaethon nhw fwyta pâr o esgidiau teithio croen elc Perrault.

Masticaban correas de cuero y arruinaban las correas hasta dejarlas inservibles.
Fe wnaethon nhw gnoi reisiau lledr a difetha strapiau y tu hwnt i ddefnydd.
François dejó de mirar el látigo roto para revisar a los perros.
Stopiodd François syllu ar yr amrant wedi'i rhwygo i wirio'r cŵn.
—Ah, amigos míos —dijo en voz baja y llena de preocupación.
"A, fy ffrindiau," meddai, ei lais yn isel ac yn llawn pryder.
"Tal vez todas estas mordeduras os conviertan en bestias locas."
"Efallai y bydd yr holl frathiadau hyn yn eich troi'n fwystfilod gwallgof."
—¡Quizás todos sean perros rabiosos, sacredam! ¿Qué opinas, Perrault?
"Efallai pob cŵn gwallgof, cysegredig! Beth wyt ti'n ei feddwl, Perrault?"
Perrault meneó la cabeza; sus ojos estaban oscuros por la preocupación y el miedo.
Ysgwydodd Perrault ei ben, ei lygaid yn dywyll gyda phryder ac ofn.
Todavía había cuatrocientas millas entre ellos y Dawson.
Roedd pedwar cant milltir yn dal i fod rhyngddynt a Dawson.
La locura canina ahora podría destruir cualquier posibilidad de supervivencia.
Gallai gwallgofrwydd cŵn nawr ddinistrio unrhyw siawns o oroesi.
Pasaron dos horas maldiciendo y tratando de arreglar el engranaje.
Treulion nhw ddwy awr yn rhegi ac yn ceisio trwsio'r offer.
El equipo herido finalmente abandonó el campamento, destrozado y derrotado.
Gadawodd y tîm clwyfedig y gwersyll o'r diwedd, wedi torri ac wedi'u trechu.
Éste fue el camino más difícil hasta ahora y cada paso era doloroso.

Dyma oedd y llwybr anoddaf eto, ac roedd pob cam yn boenus.

El río Treinta Millas no se había congelado y su caudal corría con fuerza.

Nid oedd Afon Trideg Milltir wedi rhewi, ac roedd yn rhuthro'n wyllt.

Sólo en los lugares tranquilos y en los remolinos el hielo logró retenerse.

Dim ond mewn mannau tawel a throbyllau troellog y llwyddodd iâ i ddal.

Pasaron seis días de duro trabajo hasta recorrer las treinta millas.

Aeth chwe diwrnod o lafur caled heibio nes cwblhau'r tri deg milltir.

Cada kilómetro del camino traía consigo peligro y amenaza de muerte.

Roedd pob milltir o'r llwybr yn dod â pherygl a bygythiad marwolaeth.

Los hombres y los perros arriesgaban sus vidas con cada doloroso paso.

Risgiodd y dynion a'r cŵn eu bywydau gyda phob cam poenus.

Perrault rompió delgados puentes de hielo una docena de veces diferentes.

Torrodd Perrault trwy bontydd iâ tenau dwsin o weithiau gwahanol.

Llevó un palo y lo dejó caer sobre el agujero que había hecho su cuerpo.

Cariodd bolyn a'i adael i ddisgyn ar draws y twll a wnaeth ei gorff.

Más de una vez ese palo salvó a Perrault de ahogarse.

Mwy nag unwaith y gwnaeth y polyn hwnnw achub Perrault rhag boddi.

La ola de frío se mantuvo firme y el aire estaba a cincuenta grados bajo cero.

Parhaodd y cyfnod oer yn gadarn, roedd yr awyr yn hanner cant gradd islaw sero.

Cada vez que se caía, Perrault tenía que encender un fuego para sobrevivir.
Bob tro y byddai'n syrthio i mewn, roedd rhaid i Perrault gynnau tân i oroesi.
La ropa mojada se congelaba rápidamente, por lo que la secaba cerca del calor abrasador.
Roedd dillad gwlyb yn rhewi'n gyflym, felly fe'u sychodd ger gwres poeth.
Ningún miedo afectó jamás a Perrault, y eso lo convirtió en mensajero.
Ni chyffyrddodd unrhyw ofn â Perrault erioed, a dyna a'i gwnaeth yn negesydd.
Fue elegido para el peligro y lo afrontó con tranquila resolución.
Fe'i dewiswyd ar gyfer perygl, ac fe'i cyfarfu â phenderfyniad tawel.
Avanzó contra el viento, con el rostro arrugado y congelado.
Gwthiodd ymlaen i'r gwynt, ei wyneb crebachlyd wedi'i rewi.
Desde el amanecer hasta el anochecer, Perrault los condujo hacia adelante.
O wawr wan hyd fachlud nos, arweiniodd Perrault nhw ymlaen.
Caminó sobre un estrecho borde de hielo que se agrietaba con cada paso.
Cerddodd ar rew ymyl cul a oedd yn cracio gyda phob cam.
No se atrevieron a detenerse: cada pausa suponía el riesgo de un colapso mortal.
Ni feiddiodd y ddau stopio—roedd pob saib yn peryglu cwymp angheuol.
Una vez, el trineo se abrió paso y arrastró a Dave y Buck.
Un tro torrodd y sled drwodd, gan dynnu Dave a Buck i mewn.
Cuando los liberaron, ambos estaban casi congelados.
Erbyn iddyn nhw gael eu llusgo'n rhydd, roedd y ddau bron wedi rhewi.
Los hombres hicieron un fuego rápidamente para mantener con vida a Buck y Dave.

Cynhyrchodd y dynion dân yn gyflym i gadw Buck a Dave yn fyw.

Los perros estaban cubiertos de hielo desde la nariz hasta la cola, rígidos como madera tallada.

Roedd y cŵn wedi'u gorchuddio â iâ o'u trwyn i'w gynffon, mor stiff â phren cerfiedig.

Los hombres los hicieron correr en círculos cerca del fuego para descongelar sus cuerpos.

Rhedodd y dynion nhw mewn cylchoedd ger y tân i ddadmer eu cyrff.

Se acercaron tanto a las llamas que su pelaje se quemó.

Daethant mor agos at y fflamau nes i'w ffwr llosgi.

Luego Spitz rompió el hielo y arrastró al equipo detrás de él.

Torrodd Spitz drwy'r iâ nesaf, gan lusgo'r tîm y tu ôl iddo.

La ruptura llegó hasta donde Buck estaba tirando.

Cyrhaeddodd y toriad yr holl ffordd i fyny at ble roedd Buck yn tynnu.

Buck se reclinó con fuerza hacia atrás, sus patas resbalaron y temblaron en el borde.

Pwysodd Buck yn ôl yn galed, ei bawennau'n llithro ac yn crynu ar yr ymyl.

Dave también se esforzó hacia atrás, justo detrás de Buck en la línea.

Straeniodd Dave yn ôl hefyd, ychydig y tu ôl i Buck ar y llinell.

François tiró del trineo; sus músculos crujían por el esfuerzo.

Tynnodd François ar y sled, ei gyhyrau'n cracio gydag ymdrech.

En otra ocasión, el borde del hielo se agrietó delante y detrás del trineo.

Tro arall, craciodd iâ ar yr ymyl o flaen ac y tu ôl i'r sled.

No tenían otra salida que escalar una pared del acantilado congelado.

Doedd ganddyn nhw ddim ffordd allan heblaw dringo wal clogwyn wedi rhewi.

De alguna manera Perrault logró escalar el muro; un milagro lo mantuvo con vida.

Rywsut fe ddringodd Perrault y wal; cadwodd gwyrth ef yn fyw.

François se quedó abajo, rezando por tener la misma suerte.
Arhosodd François isod, gan weddïo am yr un math o lwc.

Ataron todas las correas, amarres y tirantes hasta formar una cuerda larga.
Fe wnaethon nhw glymu pob strap, clymu, ac ôl yn un rhaff hir.

Los hombres subieron cada perro, uno a uno, hasta la cima.
Llusgodd y dynion bob ci i fyny, un ar y tro i'r copa.

François subió el último, después del trineo y toda la carga.
Dringodd François olaf, ar ôl y sled a'r llwyth cyfan.

Entonces comenzó una larga búsqueda de un camino para bajar de los acantilados.
Yna dechreuodd chwiliad hir am lwybr i lawr o'r clogwyni.

Finalmente descendieron usando la misma cuerda que habían hecho.
Fe wnaethon nhw ddisgyn yn y diwedd gan ddefnyddio'r un rhaff yr oeddent wedi'i gwneud.

La noche cayó cuando regresaron al lecho del río, exhaustos y doloridos.
Syrthiodd y nos wrth iddynt ddychwelyd i wely'r afon, wedi blino'n lân ac yn ddolurus.

El día completo les había proporcionado sólo un cuarto de milla de ganancia.
Dim ond chwarter milltir o enillion yr oedd y diwrnod cyfan wedi'u hennill iddynt.

Cuando llegaron a Hootalinqua, Buck estaba agotado.
Erbyn iddyn nhw gyrraedd yr Hootalinqua, roedd Buck wedi blino'n lân.

Los demás perros sufrieron igual de mal las condiciones del sendero.
Dioddefodd y cŵn eraill yr un mor ddrwg o ganlyniad i amodau'r llwybr.

Pero Perrault necesitaba recuperar tiempo y los presionaba cada día.

Ond roedd angen i Perrault adennill amser, a'u gwthio ymlaen bob dydd.

El primer día viajaron treinta millas hasta Big Salmon.
Y diwrnod cyntaf fe deithiasant ddeg ar hugain milltir i Big Salmon.

Al día siguiente viajaron treinta y cinco millas hasta Little Salmon.
Y diwrnod canlynol teithion nhw bum milltir ar hugain i Little Salmon.

Al tercer día avanzaron a través de cuarenta largas y heladas millas.
Ar y trydydd diwrnod fe wthiasant trwy ddeugain milltir hir wedi rhewi.

Para entonces, se estaban acercando al asentamiento de Five Fingers.
Erbyn hynny, roedden nhw'n agosáu at anheddiad Five Fingers.

Los pies de Buck eran más suaves que los duros pies de los huskies nativos.
Roedd traed Buck yn feddalach na thraed caled yr huskïau brodorol.

Sus patas se habían vuelto tiernas a lo largo de muchas generaciones civilizadas.
Roedd ei bawennau wedi tyfu'n dyner dros lawer o genedlaethau gwaraidd.

Hace mucho tiempo, sus antepasados habían sido domesticados por hombres del río o cazadores.
Amser maith yn ôl, roedd ei hynafiaid wedi cael eu dofi gan ddynion afonydd neu helwyr.

Todos los días Buck cojeaba de dolor, caminando sobre sus patas doloridas y en carne viva.
Bob dydd roedd Buck yn cloffi mewn poen, gan gerdded ar bawennau crai, dolurus.

En el campamento, Buck cayó como un cuerpo sin vida sobre la nieve.
Yn y gwersyll, syrthiodd Buck fel ffurf ddifywyd ar yr eira.

Aunque estaba hambriento, Buck no se levantó a comer su cena.
Er ei fod yn llwgu, ni chododd Buck i fwyta ei bryd nos.
François le trajo a Buck su ración, poniendo pescado junto a su hocico.
Daeth François â'i ddogn i Buck, gan osod pysgod wrth ei drwyn.
Cada noche, el conductor frotaba los pies de Buck durante media hora.
Bob nos byddai'r gyrrwr yn rhwbio traed Buck am hanner awr.
François incluso cortó sus propios mocasines para hacer calzado para perros.
Roedd François hyd yn oed yn torri ei foccasinau ei hun i wneud esgidiau cŵn.
Cuatro zapatos cálidos le dieron a Buck un gran y bienvenido alivio.
Rhoddodd pedwar esgid gynnes ryddhad mawr a chroesawgar i Buck.
Una mañana, François olvidó los zapatos y Buck se negó a levantarse.
Un bore, anghofiodd François yr esgidiau, a gwrthododd Buck godi.
Buck yacía de espaldas, con los pies en el aire, agitándolos lastimeramente.
Gorweddodd Buck ar ei gefn, ei draed yn yr awyr, yn eu chwifio'n druenus.
Incluso Perrault sonrió al ver la dramática súplica de Buck.
Gwenodd hyd yn oed Perrault wrth weld deisyfiad dramatig Buck.
Pronto los pies de Buck se endurecieron y los zapatos pudieron desecharse.
Yn fuan caledodd traed Buck, a gellid taflu'r esgidiau.
En Pelly, durante el periodo de uso del arnés, Dolly emitió un aullido terrible.
Yn Pelly, yn ystod amser harnais, gollyngodd Dolly udo ofnadwy.

El grito fue largo y lleno de locura, sacudiendo a todos los perros.
Roedd y crio yn hir ac yn llawn gwallgofrwydd, gan ysgwyd pob ci.
Cada perro se erizaba de miedo sin saber el motivo.
Roedd pob ci yn byrlymu mewn ofn heb wybod y rheswm.
Dolly se volvió loca y se arrojó directamente hacia Buck.
Roedd Dolly wedi mynd yn wallgof ac wedi taflu ei hun yn syth at Buck.
Buck nunca había visto la locura, pero el horror llenó su corazón.
Nid oedd Buck erioed wedi gweld gwallgofrwydd, ond roedd arswyd yn llenwi ei galon.
Sin pensarlo, se dio la vuelta y huyó presa del pánico absoluto.
Heb unrhyw feddwl, trodd a ffodd mewn panig llwyr.
Dolly lo persiguió con los ojos desorbitados y la saliva saliendo de sus mandíbulas.
Roedd Dolly yn ei erlid, ei llygaid yn wyllt, poer yn hedfan o'i genau.
Ella se mantuvo justo detrás de Buck, sin ganar terreno ni quedarse atrás.
Cadwodd yn union y tu ôl i Buck, heb byth ennill a heb byth syrthio yn ôl.
Buck corrió a través del bosque, bajó por la isla y cruzó el hielo irregular.
Rhedodd Buck drwy goedwigoedd, i lawr yr ynys, ar draws iâ garw.
Cruzó hacia una isla, luego hacia otra, dando la vuelta nuevamente hasta el río.
Croesodd i ynys, yna un arall, gan gylchu yn ôl at yr afon.
Aún así Dolly lo persiguió, con su gruñido detrás de cada paso.
Roedd Dolly yn dal i'w erlid, ei grwgnach yn agos y tu ôl iddi ar bob cam.
Buck podía oír su respiración y su rabia, aunque no se atrevía a mirar atrás.

Gallai Buck glywed ei hanadl a'i chynddaredd, er na feiddiodd edrych yn ôl.

François gritó desde lejos y Buck se giró hacia la voz.

Gwaeddodd François o bell, a throdd Buck tuag at y llais.

Todavía jadeando en busca de aire, Buck pasó corriendo, poniendo toda su esperanza en François.

Yn dal i anadlu'n galed, rhedodd Buck heibio, gan roi pob gobaith yn François.

El conductor del perro levantó un hacha y esperó mientras Buck pasaba volando.

Cododd y gyrrwr ci fwyell ac aros wrth i Buck hedfan heibio.

El hacha cayó rápidamente y golpeó la cabeza de Dolly con una fuerza mortal.

Daeth y fwyell i lawr yn gyflym a tharo pen Dolly gyda grym angheuol.

Buck se desplomó cerca del trineo, jadeando e incapaz de moverse.

Cwympodd Buck ger y sled, yn gwichian ac yn methu symud.

Ese momento le dio a Spitz la oportunidad de golpear a un enemigo exhausto.

Rhoddodd y foment honno gyfle i Spitz daro gelyn blinedig.

Mordió a Buck dos veces, desgarrando la carne hasta el hueso blanco.

Brathodd Buck ddwywaith, gan rwygo cnawd i lawr hyd at yr asgwrn gwyn.

El látigo de François hizo chasquear el látigo y golpeó a Spitz con toda su fuerza y furia.

Craciodd chwip François, gan daro Spitz â nerth llawn, cynddeiriog.

Buck observó con alegría cómo Spitz recibía la paliza más dura que había recibido hasta entonces.

Gwyliodd Buck gyda llawenydd wrth i Spitz dderbyn ei guro mwyaf llym eto.

"Es un demonio ese Spitz", murmuró Perrault para sí mismo.

"Mae e'n ddiawl, y Spitz yna," sibrydodd Perrault yn dywyll wrtho'i hun.

"Algún día, ese maldito perro matará a Buck, lo juro".

"Rhyw ddiwrnod yn fuan, bydd y ci melltigedig hwnnw'n lladd Buck—dw i'n addo hynny."
—**Ese Buck tiene dos demonios dentro** —respondió François asintiendo.
"Mae gan y Buck yna ddau ddiawl ynddo," atebodd François gan nodio.
"Cuando veo a Buck, sé que algo feroz le aguarda dentro".
"Pan fydda i'n gwylio Buck, dwi'n gwybod bod rhywbeth ffyrnig yn aros ynddo."
"Un día se pondrá furioso y destrozará a Spitz".
"Rhyw ddiwrnod, bydd yn mynd yn wallgof fel tân ac yn rhwygo Spitz yn ddarnau."
"Masticará a ese perro y lo escupirá en la nieve congelada".
"Bydd e'n cnoi'r ci yna i fyny ac yn ei boeri ar yr eira wedi rhewi."
"Estoy seguro de que lo sé en lo más profundo de mi ser".
"Yn sicr fel unrhyw beth, rwy'n gwybod hyn yn ddwfn yn fy esgyrn."
A partir de ese momento los dos perros quedaron en guerra.
O'r foment honno ymlaen, roedd y ddau gi wedi'u clymu mewn rhyfel.
Spitz lideró al equipo y mantuvo el poder, pero Buck lo desafió.
Spitz oedd arweinydd y tîm ac yn dal y grym, ond heriodd Buck hynny.
Spitz vio su rango amenazado por este extraño extraño de Southland.
Gwelodd Spitz ei reng yn cael ei bygwth gan y dieithryn rhyfedd hwn o'r De.
Buck no se parecía a ningún otro perro sureño que Spitz hubiera conocido antes.
Roedd Buck yn wahanol i unrhyw gi deheuol yr oedd Spitz wedi'i adnabod o'r blaen.
La mayoría de ellos fracasaron: eran demasiado débiles para sobrevivir al frío y al hambre.
Methodd y rhan fwyaf ohonyn nhw—rhy wan i oroesi trwy oerfel a newyn.

Murieron rápidamente bajo el trabajo, las heladas y el lento ardor del hambre.
Buont farw'n gyflym dan lafur, rhew, a llosgiad araf newyn.
Buck se destacó: cada día más fuerte, más inteligente y más salvaje.
Safodd Buck ar wahân—yn gryfach, yn ddoethach, ac yn fwy gwyllt bob dydd.
Prosperó a pesar de las dificultades y creció hasta alcanzar el nivel de los perros esquimales del norte.
Ffynnodd ar galedi, gan dyfu i gyd-fynd â'r huskies gogleddol.
Buck tenía fuerza, habilidad salvaje y un instinto paciente y mortal.
Roedd gan Buck gryfder, sgil gwyllt, a greddf amyneddgar, farwol.
El hombre con el garrote había golpeado la temeridad de Buck.
Roedd y dyn gyda'r clwb wedi curo brysgrwydd allan o Buck.
La furia ciega desapareció y fue reemplazada por una astucia silenciosa y control.
Roedd cynddaredd dall wedi diflannu, wedi'i ddisodli gan gyfrwystra tawel a rheolaeth.
Esperó, tranquilo y primario, observando el momento adecuado.
Arhosodd, yn dawel ac yn gyntefig, yn gwylio am yr eiliad iawn.
Su lucha por el mando se hizo inevitable y clara.
Daeth eu brwydr am orchymyn yn anochel ac yn glir.
Buck deseaba el liderazgo porque su espíritu lo exigía.
Roedd Buck yn dymuno arweinyddiaeth oherwydd bod ei ysbryd yn mynnu hynny.
Lo impulsaba el extraño orgullo nacido del camino y del arnés.
Cafodd ei yrru gan y balchder rhyfedd a aned o lwybr a harnais.
Ese orgullo hizo que los perros tiraran hasta caer sobre la nieve.

Roedd y balchder hwnnw'n gwneud i gŵn dynnu nes iddyn nhw gwympo ar yr eira.
El orgullo los llevó a dar toda la fuerza que tenían.
Roedd balchder yn eu denu i roi'r holl nerth oedd ganddyn nhw.
El orgullo puede atraer a un perro de trineo incluso hasta el punto de la muerte.
Gall balchder ddenu ci sled hyd yn oed i'r pwynt o farwolaeth.
La pérdida del arnés dejó a los perros rotos y sin propósito.
Gadawodd colli'r harnais gŵn wedi torri a heb bwrpas.
El corazón de un perro de trineo puede quedar aplastado por la vergüenza cuando se retira.
Gall calon ci sled gael ei falu gan gywilydd pan fyddant yn ymddeol.
Dave vivió con ese orgullo mientras arrastraba el trineo desde atrás.
Roedd Dave yn byw yn ôl y balchder hwnnw wrth iddo lusgo'r sled o'r tu ôl.
Solleks también lo dio todo con fuerza y lealtad.
Rhoddodd Solleks, hefyd, ei bopeth gyda chryfder a theyrngarwch llwm.
Cada mañana, el orgullo los transformaba de amargados a decididos.
Bob bore, byddai balchder yn eu troi o chwerw i benderfynol.
Empujaron todo el día y luego se quedaron en silencio al final del campamento.
Fe wnaethon nhw wthio drwy'r dydd, yna mynd yn dawel ar ben y gwersyll.
Ese orgullo le dio a Spitz la fuerza para poner a raya a los evasores.
Rhoddodd y balchder hwnnw'r nerth i Spitz guro'r rhai oedd yn osgoi talu'r gorau i'r llinell.
Spitz temía a Buck porque Buck tenía ese mismo orgullo profundo.
Roedd Spitz yn ofni Buck oherwydd bod Buck yn cario'r un balchder dwfn hwnnw.

El orgullo de Buck ahora se agitó contra Spitz, y no se detuvo.
Cyffroodd balchder Buck yn erbyn Spitz nawr, ac ni pheidiodd.
Buck desafió el poder de Spitz y le impidió castigar a los perros.
Heriodd Buck bŵer Spitz a'i rwystro rhag cosbi cŵn.
Cuando otros fallaron, Buck se interpuso entre ellos y su líder.
Pan fethodd eraill, camodd Buck rhyngddynt a'u harweinydd.
Lo hizo con intención, dejando claro y abierto su desafío.
Gwnaeth hyn gyda bwriad, gan wneud ei her yn agored ac yn glir.
Una noche, una fuerte nevada cubrió el mundo con un profundo silencio.
Un noson roedd eira trwm yn gorchuddio'r byd mewn distawrwydd dwfn.
A la mañana siguiente, Pike, perezoso como siempre, no se levantó para ir a trabajar.
Y bore wedyn, ni chododd Pike, mor ddiog ag erioed, i fynd i weithio.
Se quedó escondido en su nido bajo una gruesa capa de nieve.
Arhosodd wedi'i guddio yn ei nyth o dan haen drwchus o eira.
François gritó y buscó, pero no pudo encontrar al perro.
Galwodd François allan a chwilio, ond methodd â dod o hyd i'r ci.
Spitz se puso furioso y atravesó furioso el campamento cubierto de nieve.
Cynddeiriogodd Spitz a rhuthrodd drwy'r gwersyll oedd wedi'i orchuddio ag eira.
Gruñó y olfateó, cavando frenéticamente con ojos llameantes.
Grwgnachodd a sniffian, gan gloddio'n wallgof â llygaid llachar.

Su rabia era tan feroz que Pike tembló de miedo bajo la nieve.
Roedd ei gynddaredd mor ffyrnig nes i Pike grynu o dan yr eira mewn ofn.
Cuando finalmente encontraron a Pike, Spitz se abalanzó sobre él para castigar al perro que estaba escondido.
Pan gafodd Pike ei ddarganfod o'r diwedd, rhuthrodd Spitz i gosbi'r ci oedd yn cuddio.
Pero Buck saltó entre ellos con una furia igual a la de Spitz.
Ond neidiodd Buck rhyngddynt â chynddaredd cyfartal â chynddaredd Spitz ei hun.
El ataque fue tan repentino e inteligente que Spitz cayó al suelo.
Roedd yr ymosodiad mor sydyn a chlyfar nes i Spitz syrthio oddi ar ei draed.
Pike, que estaba temblando, se animó ante este desafío.
Cymerodd Pike, a oedd wedi bod yn crynu, ddewrder o'r herfeiddiad hwn.
Saltó sobre el Spitz caído, siguiendo el audaz ejemplo de Buck.
Neidiodd ar y Spitz a syrthiodd, gan ddilyn esiampl feiddgar Buck.
Buck, que ya no estaba obligado por la justicia, se unió a la huelga de Spitz.
Ymunodd Buck, heb fod yn rhwym i degwch mwyach, â'r streic ar Spitz.
François, divertido pero firme en su disciplina, blandió su pesado látigo.
François, wedi'i ddiddanu ond yn gadarn ei ddisgyblaeth, siglodd ei chwipiad trwm.
Golpeó a Buck con todas sus fuerzas para acabar con la pelea.
Trawodd Buck â'i holl nerth i dorri'r frwydr i fyny.
Buck se negó a moverse y se quedó encima del líder caído.
Gwrthododd Buck symud ac arhosodd ar ben yr arweinydd a syrthiodd.

François entonces utilizó el mango del látigo y golpeó con fuerza a Buck.
Yna defnyddiodd François handlen y chwip, gan daro Buck yn galed.
Tambaleándose por el golpe, Buck cayó hacia atrás bajo el asalto.
Gan syfrdanu o'r ergyd, syrthiodd Buck yn ôl o dan yr ymosodiad.
François golpeó una y otra vez mientras Spitz castigaba a Pike.
Tarodd François dro ar ôl tro tra bod Spitz yn cosbi Pike.

Pasaron los días y Dawson City estaba cada vez más cerca.
Aeth dyddiau heibio, a daeth Dinas Dawson yn agosach ac yn agosach.
Buck seguía interfiriendo, interponiéndose entre Spitz y otros perros.
Daliodd Buck i ymyrryd, gan lithro rhwng Spitz a chŵn eraill.
Elegía bien sus momentos, esperando siempre que François se marchase.
Dewisodd ei fomentiau'n ddoeth, gan aros bob amser i François adael.
La rebelión silenciosa de Buck se extendió y el desorden se arraigó en el equipo.
Lledaenodd gwrthryfel tawel Buck, a gwreiddiodd anhrefn yn y tîm.
Dave y Solleks se mantuvieron leales, pero otros se volvieron rebeldes.
Arhosodd Dave a Solleks yn ffyddlon, ond daeth eraill yn afreolus.
El equipo empeoró: se volvió inquieto, pendenciero y fuera de lugar.
Aeth y tîm yn waeth—yn aflonydd, yn ffraeo, ac allan o drefn.
Ya nada funcionaba con fluidez y las peleas se volvieron algo habitual.
Doedd dim byd yn gweithio'n esmwyth mwyach, a daeth ymladd yn gyffredin.

Buck permaneció en el corazón del problema, provocando siempre malestar.
Arhosodd Buck yng nghanol y drafferth, gan ysgogi aflonyddwch bob amser.
François se mantuvo alerta, temeroso de la pelea entre Buck y Spitz.
Arhosodd François yn effro, yn ofni'r frwydr rhwng Buck a Spitz.
Cada noche, las peleas lo despertaban, temiendo que finalmente llegara el comienzo.
Bob nos, byddai ffraeo yn ei ddeffro, gan ofni bod y dechrau o'r diwedd wedi cyrraedd.
Saltó de su túnica, dispuesto a detener la pelea.
Neidiodd o'i wisg, yn barod i dorri'r frwydr i ben.
Pero el momento nunca llegó y finalmente llegaron a Dawson.
Ond ni ddaeth yr eiliad, ac fe gyrhaeddon nhw Dawson o'r diwedd.
El equipo entró en la ciudad una tarde sombría, tensa y silenciosa.
Daeth y tîm i mewn i'r dref un prynhawn llwm, yn llawn tyndra ac yn dawel.
La gran batalla por el liderazgo todavía estaba suspendida en el aire.
Roedd y frwydr fawr am arweinyddiaeth yn dal i hongian yn yr awyr wedi rhewi.
Dawson estaba lleno de hombres y perros de trineo, todos ocupados con el trabajo.
Roedd Dawson yn llawn dynion a chŵn sled, pob un yn brysur gyda gwaith.
Buck observó a los perros tirar cargas desde la mañana hasta la noche.
Gwyliodd Buck y cŵn yn tynnu llwythi o'r bore tan y nos.
Transportaban troncos y leña y transportaban suministros a las minas.
Roedden nhw'n cludo boncyffion a choed tân, ac yn cludo cyflenwadau i'r mwyngloddiau.

Donde antes trabajaban los caballos en las tierras del sur, ahora trabajaban los perros.
Lle roedd ceffylau ar un adeg yn gweithio yn y De, roedd cŵn bellach yn llafurio.
Buck vio algunos perros del sur, pero la mayoría eran huskies parecidos a lobos.
Gwelodd Buck rai cŵn o'r De, ond roedd y rhan fwyaf yn husgïau tebyg i fleiddiaid.
Por la noche, como un reloj, los perros alzaban sus voces cantando.
Yn y nos, fel clocwaith, cododd y cŵn eu lleisiau mewn cân.
A las nueve, a las doce y de nuevo a las tres, empezó el canto.
Am naw, am hanner nos, ac eto am dri, dechreuodd y canu.
A Buck le encantaba unirse a su canto misterioso, de sonido salvaje y antiguo.
Roedd Buck wrth ei fodd yn ymuno â'u siant brawychus, yn wyllt ac yn hynafol o ran sain.
La aurora llameó, las estrellas bailaron y la nieve cubrió la tierra.
Fflamiodd yr awrora, dawnsiodd y sêr, ac roedd eira yn gorchuddio'r tir.
El canto de los perros se elevó como un grito contra el silencio y el frío intenso.
Cododd cân y cŵn fel cri yn erbyn distawrwydd ac oerfel chwerw.
Pero su aullido contenía tristeza, no desafío, en cada larga nota.
Ond roedd eu udo yn cynnwys tristwch, nid herfeiddiad, ym mhob nodyn hir.
Cada grito lamentable estaba lleno de súplica: el peso de la vida misma.
Roedd pob llefain yn llawn erfyn; baich bywyd ei hun.
Esa canción era vieja, más vieja que las ciudades y más vieja que los incendios.
Roedd y gân honno'n hen—yn hŷn na threfi, ac yn hŷn na thanau

Aquella canción era más antigua incluso que las voces de los hombres.
Roedd y gân honno'n hynafol hyd yn oed na lleisiau dynion.
Era una canción del mundo joven, cuando todas las canciones eran tristes.
Cân o'r byd ifanc ydoedd, pan oedd pob cân yn drist.
La canción transportaba el dolor de incontables generaciones de perros.
Roedd y gân yn cario tristwch gan genedlaethau di-rif o gŵn.
Buck sintió la melodía profundamente, gimiendo por un dolor arraigado en los siglos.
Teimlodd Buck y alaw yn ddwfn, gan ochain o boen sydd â gwreiddiau yn yr oesoedd.
Sollozaba por un dolor tan antiguo como la sangre salvaje en sus venas.
Wynodd o alar mor hen â'r gwaed gwyllt yn ei wythiennau.
El frío, la oscuridad y el misterio tocaron el alma de Buck.
Cyffyrddodd yr oerfel, y tywyllwch, a'r dirgelwch ag enaid Buck.
Esa canción demostró hasta qué punto Buck había regresado a sus orígenes.
Profodd y gân honno pa mor bell yr oedd Buck wedi dychwelyd at ei wreiddiau.
Entre la nieve y los aullidos había encontrado el comienzo de su propia vida.
Drwy eira ac udo roedd wedi dod o hyd i ddechrau ei fywyd ei hun.

Siete días después de llegar a Dawson, partieron nuevamente.
Saith diwrnod ar ôl cyrraedd Dawson, fe gychwynnon nhw unwaith eto.
El equipo descendió del cuartel hasta el sendero Yukon.
Gollyngodd y tîm o'r Barics i lawr i Lwybr Yukon.
Comenzaron el viaje de regreso hacia Dyea y Salt Water.
Dechreuon nhw'r daith yn ôl tuag at Dyea a Dŵr Halen.
Perrault llevaba despachos aún más urgentes que antes.

Cludodd Perrault anfonebau hyd yn oed yn fwy brys nag o'r blaen.
También se sintió dominado por el orgullo por el sendero y se propuso establecer un récord.
Cafodd ei gipio gan falchder llwybr hefyd a'i anelu at osod record.
Esta vez, varias ventajas estaban del lado de Perrault.
Y tro hwn, roedd sawl mantais ar ochr Perrault.
Los perros habían descansado durante una semana entera y recuperaron su fuerza.
Roedd y cŵn wedi gorffwys am wythnos gyfan ac wedi adennill eu cryfder.
El camino que ellos habían abierto ahora estaba compactado por otros.
Roedd y llwybr yr oeddent wedi'i dorri bellach wedi'i bacio'n galed gan eraill.
En algunos lugares, la policía había almacenado comida tanto para perros como para hombres.
Mewn mannau, roedd yr heddlu wedi storio bwyd i gŵn a dynion fel ei gilydd.
Perrault viajaba ligero, moviéndose rápido y con poco que lo pesara.
Teithiodd Perrault yn ysgafn, gan symud yn gyflym heb fawr ddim i'w bwyso i lawr.
Llegaron a Sixty-Mile, un recorrido de cincuenta millas, en la primera noche.
Cyrhaeddon nhw Sixty-Mile, rhediad o bum deg milltir, erbyn y noson gyntaf.
El segundo día, se apresuraron a subir por el Yukón hacia Pelly.
Ar yr ail ddiwrnod, fe wnaethon nhw ruthro i fyny afon Yukon tuag at Pelly.
Pero estos grandes avances implicaron un gran esfuerzo para François.
Ond daeth cynnydd mor dda â llawer o straen i François.
La rebelión silenciosa de Buck había destrozado la disciplina del equipo.

Roedd gwrthryfel tawel Buck wedi chwalu disgyblaeth y tîm.
Ya no tiraban juntos como una sola bestia bajo las riendas.
Nid oeddent bellach yn tynnu at ei gilydd fel un bwystfil yn yr awenau.
Buck había llevado a otros al desafío mediante su valiente ejemplo.
Roedd Buck wedi arwain eraill i herfeiddiad trwy ei esiampl feiddgar.
La orden de Spitz ya no fue recibida con miedo ni respeto.
Ni chafodd gorchymyn Spitz ei gyfarfod â ofn na pharch mwyach.
Los demás perdieron el respeto que le tenían y se atrevieron a resistirse a su gobierno.
Collodd y lleill eu parch tuag ato a meiddiodd wrthsefyll ei reolaeth.
Una noche, Pike robó medio pescado y se lo comió bajo la mirada de Buck.
Un noson, lladratodd Pike hanner pysgodyn a'i fwyta o dan lygad Buck.
Otra noche, Dub y Joe pelearon contra Spitz y quedaron impunes.
Noson arall, ymladdodd Dub a Joe â Spitz ac aethant heb eu cosbi.
Incluso Billee se quejó con menos dulzura y mostró una nueva agudeza.
Roedd hyd yn oed Billee yn cwyno'n llai melys a dangosodd finiogrwydd newydd.
Buck le gruñó a Spitz cada vez que se cruzaban.
Byddai Buck yn gwingo ar Spitz bob tro bydden nhw'n croesi llwybrau.
La actitud de Buck se volvió audaz y amenazante, casi como la de un matón.
Tyfodd agwedd Buck yn feiddgar ac yn fygythiol, bron fel bwli.
Caminó delante de Spitz con arrogancia, lleno de amenaza burlona.

Cerddodd o flaen Spitz gyda braw, yn llawn bygythiad gwatwarus.

Ese colapso del orden se extendió también entre los perros de trineo.

Lledaenodd y cwymp trefn hwnnw ymhlith y cŵn sled hefyd.

Pelearon y discutieron más que nunca, llenando el campamento de ruido.

Fe wnaethon nhw ymladd a dadlau mwy nag erioed, gan lenwi'r gwersyll â sŵn.

La vida en el campamento se convertía cada noche en un caos salvaje y aullante.

Trodd bywyd y gwersyll yn anhrefn gwyllt, udo bob nos.

Sólo Dave y Solleks permanecieron firmes y concentrados.

Dim ond Dave a Solleks arhosodd yn gyson ac yn ffocws.

Pero incluso ellos se enojaron por las peleas constantes.

Ond hyd yn oed nhw a ddaeth yn fyr eu tymer oherwydd yr ymladd cyson.

François maldijo en lenguas extrañas y pisoteó con frustración.

Melltithiodd François mewn ieithoedd dieithr a sathrodd mewn rhwystredigaeth.

Se tiró del pelo y gritó mientras la nieve volaba bajo sus pies.

Rhwygodd ei wallt a gweiddi tra bod eira'n hedfan dan draed.

Su látigo azotó a la manada, pero apenas logró mantenerlos bajo control.

Crynhaodd ei chwip ar draws y pecyn ond prin y cadwodd nhw yn y llinell.

Cada vez que él le daba la espalda, la lucha estallaba de nuevo.

Pryd bynnag y trodd ei gefn, byddai'r ymladd yn dechrau eto.

François utilizó el látigo para azotar a Spitz, mientras Buck lideraba a los rebeldes.

Defnyddiodd François y chwipiad i Spitz, tra bod Buck yn arwain y gwrthryfelwyr.

Cada uno conocía el papel del otro, pero Buck evitó cualquier culpa.

Roedd pob un yn gwybod rôl y llall, ond roedd Buck yn osgoi unrhyw fai.

François nunca sorprendió a Buck iniciando una pelea o eludiendo su trabajo.

Ni ddaliodd François Buck erioed yn dechrau ymladd nac yn osgoi ei swydd.

Buck trabajó duro con el arnés; el trabajo ahora emocionaba su espíritu.

Gweithiodd Buck yn galed mewn harnais—roedd y llafur bellach yn cyffroi ei ysbryd.

Pero encontró aún más alegría al provocar peleas y caos en el campamento.

Ond cafodd hyd yn oed mwy o lawenydd wrth ysgogi ymladd ac anhrefn yn y gwersyll.

Una noche, en la desembocadura del Tahkeena, Dub asustó a un conejo.

Wrth geg y Tahkeena un noson, dychrynodd Dub gwningen.

Falló el tiro y el conejo con raquetas de nieve saltó lejos.

Collodd y dalfa, a neidiodd y gwningen esgidiau eira i ffwrdd.

En cuestión de segundos, todo el equipo de trineo los persiguió con gritos salvajes.

Mewn eiliadau, rhoddodd y tîm sled cyfan ar eu hôl gyda sgrechiadau gwyllt.

Cerca de allí, un campamento de la Policía del Noroeste albergaba cincuenta perros husky.

Gerllaw, roedd gwersyll Heddlu'r Gogledd-orllewin yn gartref i hanner cant o gŵn husky.

Se unieron a la caza y navegaron juntos por el río helado.

Ymunon nhw â'r helfa, gan lifo i lawr yr afon rewllyd gyda'i gilydd.

El conejo se desvió del río y huyó hacia el lecho congelado del arroyo.

Trodd y gwningen oddi ar yr afon, gan ffoi i fyny gwely nant wedi rhewi.

El conejo saltaba suavemente sobre la nieve mientras los perros se abrían paso con dificultad.

Neidiodd y gwningen yn ysgafn dros yr eira tra bod y cŵn yn ymdrechu drwodd.

Buck lideró la enorme manada de sesenta perros en cada curva.

Arweiniodd Buck y criw enfawr o drigain o gŵn o amgylch pob tro troellog.

Avanzó lentamente y con entusiasmo, pero no pudo ganar terreno.

Gwthiodd ymlaen, yn isel ac yn awyddus, ond ni allai ennill tir.

Su cuerpo brillaba bajo la pálida luna con cada poderoso salto.

Fflachiodd ei gorff o dan y lleuad welw gyda phob naid bwerus.

Más adelante, el conejo se movía como un fantasma, silencioso y demasiado rápido para atraparlo.

O'i flaen, symudodd y gwningen fel ysbryd, yn dawel ac yn rhy gyflym i'w dal.

Todos esos viejos instintos —el hambre, la emoción— se apoderaron de Buck.

Rhuthrodd yr holl hen reddfau hynny—y newyn, y wefr—trwy Buck.

Los humanos a veces sienten este instinto y se ven impulsados a cazar con armas de fuego y balas.

Mae bodau dynol yn teimlo'r reddf hon ar brydiau, wedi'u gyrru i hela gyda gwn a bwled.

Pero Buck sintió este sentimiento a un nivel más profundo y personal.

Ond roedd Buck yn teimlo'r teimlad hwn ar lefel ddyfnach a mwy personol.

No podían sentir lo salvaje en su sangre como Buck podía sentirlo.

Ni allent deimlo'r gwyllt yn eu gwaed fel y gallai Buck ei deimlo.

Persiguió carne viva, dispuesto a matar con los dientes y saborear la sangre.

Roedd yn erlid cig byw, yn barod i ladd â'i ddannedd a blasu gwaed.

Su cuerpo se tensó de alegría, queriendo bañarse en la cálida vida roja.

Roedd ei gorff yn straenio gan lawenydd, eisiau ymdrochi mewn bywyd coch cynnes.

Una extraña alegría marca el punto más alto que la vida puede alcanzar.

Mae llawenydd rhyfedd yn nodi'r pwynt uchaf y gall bywyd ei gyrraedd erioed.

La sensación de una cima donde los vivos olvidan que están vivos.

Y teimlad o uchafbwynt lle mae'r byw yn anghofio eu bod nhw hyd yn oed yn fyw.

Esta alegría profunda conmueve al artista perdido en una inspiración ardiente.

Mae'r llawenydd dwfn hwn yn cyffwrdd â'r artist sydd ar goll mewn ysbrydoliaeth danbaid.

Esta alegría se apodera del soldado que lucha salvajemente y no perdona a ningún enemigo.

Mae'r llawenydd hwn yn gafael yn y milwr sy'n ymladd yn wyllt ac nad yw'n arbed unrhyw elyn.

Esta alegría ahora se apoderó de Buck mientras lideraba la manada con hambre primaria.

Hawliodd y llawenydd hwn Buck nawr wrth iddo arwain y pecyn mewn newyn cyntefig.

Aulló con el antiguo grito del lobo, emocionado por la persecución en vida.

Udodd gyda chri'r blaidd hynafol, wedi'i gyffroi gan yr helfa fyw.

Buck recurrió a la parte más antigua de sí mismo, perdida en la naturaleza.

Tapiodd Buck i mewn i'r rhan hynaf ohono'i hun, ar goll yn y gwyllt.

Llegó a lo más profundo, más allá de la memoria, al tiempo crudo y antiguo.

Cyrhaeddodd yn ddwfn i'w fewn, atgofion y gorffennol, i amser crai, hynafol.
Una ola de vida pura recorrió cada músculo y tendón.
Llifodd ton o fywyd pur trwy bob cyhyr a thendon.
Cada salto gritaba que vivía, que avanzaba a través de la muerte.
Gwaeddodd pob naid ei fod wedi byw, ei fod wedi symud trwy farwolaeth.
Su cuerpo se elevaba alegremente sobre una tierra quieta y fría que nunca se movía.
Hedfanodd ei gorff yn llawen dros dir llonydd, oer nad oedd byth yn symud.
Spitz se mantuvo frío y astuto, incluso en sus momentos más salvajes.
Arhosodd Spitz yn oer ac yn gyfrwys, hyd yn oed yn ei eiliadau mwyaf gwyllt.
Dejó el sendero y cruzó el terreno donde el arroyo se curvaba ampliamente.
Gadawodd y llwybr a chroesi tir lle'r oedd y nant yn troi'n llydan.
Buck, sin darse cuenta de esto, permaneció en el sinuoso camino del conejo.
Arhosodd Buck, heb fod yn ymwybodol o hyn, ar lwybr troellog y gwningen.
Entonces, cuando Buck dobló una curva, el conejo fantasmal estaba frente a él.
Yna, wrth i Buck droi tro, roedd y gwningen debyg i ysbryd o'i flaen.
Vio una segunda figura saltar desde la orilla delante de la presa.
Gwelodd ail ffigur yn neidio o'r lan o flaen yr ysglyfaeth.
La figura era Spitz, aterrizando justo en el camino del conejo que huía.
Spitz oedd y ffigur, yn glanio yn union yn llwybr y gwningen oedd yn ffoi.
El conejo no pudo girar y se encontró con las fauces de Spitz en el aire.

Ni allai'r gwningen droi a chyfarfu â genau Spitz yng nghanol yr awyr.

La columna vertebral del conejo se rompió con un chillido tan agudo como el grito de un humano moribundo.

Torrodd asgwrn cefn y gwningen gyda sgrech mor finiog â chri bod dynol yn marw.

Ante ese sonido, la caída de la vida a la muerte, la manada aulló fuerte.

Wrth y sŵn hwnnw—y cwymp o fywyd i farwolaeth—udodd y pecyn yn uchel.

Un coro salvaje se elevó detrás de Buck, lleno de oscuro deleite.

Cododd côr gwyllt o y tu ôl i Buck, yn llawn hyfrydwch tywyll.

Buck no emitió ningún grito ni sonido y se lanzó directamente hacia Spitz.

Ni roddodd Buck unrhyw waedd, dim sain, a rhuthrodd yn syth i Spitz.

Apuntó a la garganta, pero en lugar de eso golpeó el hombro.

Anelodd at y gwddf, ond trawodd yr ysgwydd yn lle hynny.

Cayeron sobre la nieve blanda; sus cuerpos trabados en combate.

Fe syrthiasant drwy eira meddal; eu cyrff wedi'u cloi mewn brwydr.

Spitz se levantó rápidamente, como si nunca lo hubieran derribado.

Neidiodd Spitz i fyny'n gyflym, fel pe na bai erioed wedi'i daro i lawr o gwbl.

Cortó el hombro de Buck y luego saltó para alejarse de la pelea.

Torrodd ysgwydd Buck, yna neidiodd i ffwrdd o'r frwydr.

Sus dientes chasquearon dos veces como trampas de acero y sus labios se curvaron y fueron feroces.

Ddwywaith torrodd ei ddannedd fel trapiau dur, ei wefusau'n cyrliog ac yn ffyrnig.

Retrocedió lentamente, buscando terreno firme bajo sus pies.

Ciliodd yn araf, gan chwilio am dir cadarn dan ei draed.
Buck comprendió el momento instantánea y completamente.
Deallodd Buck y foment ar unwaith ac yn llwyr.
Había llegado el momento; la lucha iba a ser una lucha a muerte.
Roedd yr amser wedi dod; roedd yr ymladd yn mynd i fod yn ymladd hyd at farwolaeth.
Los dos perros daban vueltas, gruñendo, con las orejas planas y los ojos entrecerrados.
Cylchodd y ddau gi, yn grwgnach, clustiau'n fflat, llygaid wedi'u culhau.
Cada perro esperaba que el otro mostrara debilidad o un paso en falso.
Roedd pob ci yn aros i'r llall ddangos gwendid neu gamgymeriad.
Para Buck, la escena era inquietantemente conocida y recordada profundamente.
I Buck, roedd yr olygfa'n teimlo'n adnabyddus yn rhyfeddol ac yn cael ei chofio'n ddwfn.
El bosque blanco, la tierra fría, la batalla bajo la luz de la luna.
Y coed gwyn, y ddaear oer, y frwydr dan y lleuad.
Un pesado silencio llenó la tierra, profundo y antinatural.
Llenwodd distawrwydd trwm y tir, yn ddwfn ac yn annaturiol.
Ningún viento se agitó, ninguna hoja se movió, ningún sonido rompió la quietud.
Ni chyffroodd gwynt, ni symudodd dail, ni thorrodd sŵn y llonyddwch.
El aliento de los perros se elevaba como humo en el aire helado y silencioso.
Cododd anadliadau'r cŵn fel mwg yn yr awyr rewedig, dawel.
El conejo fue olvidado hace mucho tiempo por la manada de bestias salvajes.
Anghofiwyd y gwningen ers tro gan y haid o anifeiliaid gwyllt.

Estos lobos medio domesticados ahora permanecían quietos formando un amplio círculo.
Roedd y bleiddiaid hanner-dof hyn bellach yn sefyll yn llonydd mewn cylch eang.
Estaban en silencio, sólo sus ojos brillantes revelaban su hambre.
Roedden nhw'n dawel, dim ond eu llygaid disglair a ddatgelodd eu newyn.
Su respiración se elevó mientras observaban cómo comenzaba la pelea final.
Drifftiodd eu hanadl i fyny, gan wylio'r frwydr olaf yn dechrau.
Para Buck, esta batalla era vieja y esperada, nada extraña.
I Buck, roedd y frwydr hon yn hen ac yn ddisgwyliedig, ddim yn rhyfedd o gwbl.
Parecía el recuerdo de algo que siempre estuvo destinado a suceder.
Roedd yn teimlo fel atgof o rywbeth a oedd i fod i ddigwydd erioed.
Spitz era un perro de pelea entrenado, perfeccionado por innumerables peleas salvajes.
Ci ymladd hyfforddedig oedd Spitz, wedi'i hogi gan ymladdfeydd gwyllt dirifedi.
Desde Spitzbergen hasta Canadá, había vencido a muchos enemigos.
O Spitzbergen i Ganada, roedd wedi gorchfygu llawer o elynion.
Estaba lleno de furia, pero nunca dejó controlar la rabia.
Roedd yn llawn cynddaredd, ond ni roddodd reolaeth erioed i'w gynddaredd.
Su pasión era aguda, pero siempre templada por un duro instinto.
Roedd ei angerdd yn finiog, ond bob amser wedi'i dymheru gan reddf galed.
Nunca atacó hasta que su propia defensa estuvo en su lugar.
Ni ymosododd erioed nes bod ei amddiffyniad ei hun yn ei le.

Buck intentó una y otra vez alcanzar el vulnerable cuello de Spitz.
Ceisiodd Buck dro ar ôl tro gyrraedd gwddf bregus Spitz.
Pero cada golpe era correspondido con un corte de los afilados dientes de Spitz.
Ond cafodd pob ergyd ei hatal gan ddannedd miniog Spitz.
Sus colmillos chocaron y ambos perros sangraron por los labios desgarrados.
Gwrthdarodd eu dannedd, a gwaedodd y ddau gi o wefusau wedi'u rhwygo.
No importaba cuánto se lanzara Buck, no podía romper la defensa.
Ni waeth faint y rhuthrodd Buck, ni allai dorri'r amddiffyniad.
Se puso más furioso y se abalanzó con salvajes ráfagas de poder.
Tyfodd yn fwy cynddeiriog, gan ruthro i mewn gyda ffrwydradau gwyllt o rym.
Una y otra vez, Buck atacó la garganta blanca de Spitz.
Dro ar ôl tro, trawodd Buck am wddf gwyn Spitz.
Cada vez que Spitz esquivaba el ataque, contraatacaba con un mordisco cortante.
Bob tro roedd Spitz yn osgoi ac yn taro'n ôl gyda brathiad sleisio.
Entonces Buck cambió de táctica y se abalanzó nuevamente hacia la garganta.
Yna newidiodd Buck ei dactegau, gan ruthro fel pe bai am y gwddf eto.
Pero él retrocedió a mitad del ataque y se giró para atacar desde un costado.
Ond fe dynnodd yn ôl yng nghanol ymosodiad, gan droi i ymosod o'r ochr.
Le lanzó el hombro a Spitz con la intención de derribarlo.
Taflodd ei ysgwydd i Spitz, gan anelu at ei daro i lawr.
Cada vez que lo intentaba, Spitz lo esquivaba y contraatacaba con un corte.
Bob tro y ceisiodd, byddai Spitz yn osgoi ac yn gwrthweithio gyda slaes.

El hombro de Buck se enrojeció cuando Spitz saltó después de cada golpe.
Aeth ysgwydd Buck yn amrwd wrth i Spitz neidio'n glir ar ôl pob ergyd.
Spitz no había sido tocado, mientras que Buck sangraba por muchas heridas.
Nid oedd Spitz wedi cael ei gyffwrdd, tra bod Buck yn gwaedu o lawer o glwyfau.
La respiración de Buck era rápida y pesada y su cuerpo estaba cubierto de sangre.
Daeth anadl Buck yn gyflym ac yn drwm, ei gorff yn llithrig â gwaed.
La pelea se volvió más brutal con cada mordisco y embestida.
Trodd yr ymladd yn fwy creulon gyda phob brathiad a gwefr.
A su alrededor, sesenta perros silenciosos esperaban que cayera el primero.
O'u cwmpas, roedd chwe deg o gŵn tawel yn aros i'r cyntaf syrthio.
Si un perro caía, la manada terminaría la pelea.
Pe bai un ci yn cwympo, byddai'r heid yn gorffen yr ymladd.
Spitz vio que Buck se estaba debilitando y comenzó a presionar para atacar.
Gwelodd Spitz Buck yn gwanhau, a dechreuodd bwyso ar yr ymosodiad.
Mantuvo a Buck fuera de equilibrio, obligándolo a luchar para mantener el equilibrio.
Cadwodd Buck allan o gydbwysedd, gan ei orfodi i ymladd am ei droedle.
Una vez Buck tropezó y cayó, y todos los perros se levantaron.
Unwaith, baglodd Buck a syrthiodd, a chododd yr holl gŵn i fyny.
Pero Buck se enderezó a mitad de la caída y todos volvieron a caer.
Ond unionodd Buck ei hun yng nghanol y cwymp, a suddodd pawb yn ôl i lawr.

Buck tenía algo poco común: una imaginación nacida de un instinto profundo.
Roedd gan Buck rywbeth prin—dychymyg wedi'i eni o reddf ddofn.
Peleó con impulso natural, pero también peleó con astucia.
Ymladdodd trwy ysgogiad naturiol, ond ymladdodd hefyd â chyfrwystra.
Cargó de nuevo como si repitiera su truco de ataque con el hombro.
Ymosododd eto fel pe bai'n ailadrodd ei dric ymosod ar ei ysgwydd.
Pero en el último segundo, se agachó y pasó por debajo de Spitz.
Ond ar yr eiliad olaf, gostyngodd yn isel a sgubo o dan Spitz.
Sus dientes se clavaron en la pata delantera izquierda de Spitz con un chasquido.
Clodd ei ddannedd ar goes chwith flaen Spitz gyda chlec.
Spitz ahora estaba inestable, con su peso sobre sólo tres patas.
Safodd Spitz yn ansicr nawr, ei bwysau ar dair coes yn unig.
Buck atacó de nuevo e intentó derribarlo tres veces.
Tarodd Buck eto, a cheisiodd dair gwaith ei daflu i lawr.
En el cuarto intento utilizó el mismo movimiento con éxito.
Ar y bedwaredd ymgais defnyddiodd yr un symudiad yn llwyddiannus.
Esta vez Buck logró morder la pata derecha de Spitz.
Y tro hwn llwyddodd Buck i frathu coes dde Spitz.
Spitz, aunque lisiado y en agonía, siguió luchando por sobrevivir.
Er ei fod yn anabl ac mewn poen ofnadwy, parhaodd Spitz i frwydro i oroesi.
Vio que el círculo de huskies se estrechaba, con las lenguas afuera y los ojos brillantes.
Gwelodd gylch yr hysgi yn tynhau, eu tafodau allan, eu llygaid yn tywynnu.
Esperaron para devorarlo, tal como habían hecho con los otros.

Fe wnaethon nhw aros i'w ddifa, yn union fel yr oedden nhw wedi'i wneud i eraill.

Esta vez, él estaba en el centro; derrotado y condenado.

Y tro hwn, safodd yn y canol; wedi'i drechu a'i dynghedu.

Ya no había opción de escapar para el perro blanco.

Doedd dim opsiwn i'r ci gwyn ddianc nawr.

Buck no mostró piedad, porque la piedad no pertenecía a la naturaleza.

Ni ddangosodd Buck unrhyw drugaredd, oherwydd nid oedd trugaredd yn perthyn i'r gwyllt.

Buck se movió con cuidado, preparándose para la carga final.

Symudodd Buck yn ofalus, gan baratoi ar gyfer yr ymosodiad olaf.

El círculo de perros esquimales se cerró; sintió sus respiraciones cálidas.

Caeodd cylch y cŵn husg i mewn; teimlodd eu hanadl gynnes.

Se agacharon, preparados para saltar cuando llegara el momento.

Plygasant yn isel, yn barod i neidio pan ddeuai'r foment.

Spitz temblaba en la nieve, gruñendo y cambiando su postura.

Crynodd Spitz yn yr eira, gan grwgnach a newid ei ystum.

Sus ojos brillaban, sus labios se curvaron y sus dientes brillaron en una amenaza desesperada.

Roedd ei lygaid yn disgleirio, ei wefusau'n cyrlio, ei ddannedd yn fflachio mewn bygythiad anobeithiol.

Se tambaleó, todavía intentando contener el frío mordisco de la muerte.

Stagiodd, yn dal i geisio atal brathiad oer marwolaeth.

Ya había visto esto antes, pero siempre desde el lado ganador.

Roedd wedi gweld hyn o'r blaen, ond bob amser o'r ochr fuddugol.

Ahora estaba en el bando perdedor; el derrotado; la presa; la muerte.

Nawr roedd ar yr ochr goll; y trechedig; yr ysglyfaeth; marwolaeth.

Buck voló en círculos para asestar el golpe final, mientras el círculo de perros se acercaba cada vez más.

Cylchodd Buck am yr ergyd olaf, a gwasgodd y cylch o gŵn yn nes.

Podía sentir sus respiraciones calientes; listas para matar.

Gallai deimlo eu hanadl boeth; yn barod i'w lladd.

Se hizo un silencio absoluto, todo estaba en su lugar, el tiempo se había detenido.

Daeth llonyddwch; roedd popeth yn ei le; roedd amser wedi stopio.

Incluso el aire frío entre ellos se congeló por un último momento.

Rhewodd hyd yn oed yr aer oer rhyngddynt am un eiliad olaf.

Sólo Spitz se movió, intentando contener su amargo final.

Dim ond Spitz a symudodd, gan geisio atal ei ddiwedd chwerw.

El círculo de perros se iba cerrando a su alrededor, tal como era su destino.

Roedd cylch y cŵn yn cau o'i gwmpas, fel yr oedd ei dynged.

Ahora estaba desesperado, sabiendo lo que estaba a punto de suceder.

Roedd mewn anobaith nawr, gan wybod beth oedd ar fin digwydd.

Buck saltó y hombro con hombro chocó una última vez.

Neidiodd Buck i mewn, ysgwydd wrth ysgwydd am y tro olaf.

Los perros se lanzaron hacia adelante, cubriendo a Spitz en la oscuridad nevada.

Rhuthrodd y cŵn ymlaen, gan orchuddio Spitz yn y tywyllwch eiraog.

Buck observaba, erguido, vencedor en un mundo salvaje.

Gwyliodd Buck, yn sefyll yn dal; y buddugwr mewn byd gwyllt.

La bestia primordial dominante había cometido su asesinato, y fue bueno.

Roedd y bwystfil cyntefig dominyddol wedi gwneud ei
laddfa, ac roedd yn dda.

Aquel que ha alcanzado la maestría
Efe, yr hwn sydd wedi ennill i feistrolaeth

¿Eh? ¿Qué dije? Digo la verdad cuando digo que Buck es un demonio.
"E? Beth ddywedais i? Rwy'n dweud y gwir pan ddywedaf fod Buck yn ddiawl."
François dijo esto a la mañana siguiente después de descubrir que Spitz había desaparecido.
Dywedodd François hyn y bore canlynol ar ôl canfod Spitz ar goll.
Buck permaneció allí, cubierto de heridas por la feroz pelea.
Safodd Buck yno, wedi'i orchuddio â chlwyfau o'r frwydr greulon.
François acercó a Buck al fuego y señaló las heridas.
Tynnodd François Buck yn agos at y tân a phwyntio at yr anafiadau.
"Ese Spitz peleó como Devik", dijo Perrault, mirando los profundos cortes.
"Ymladdodd y Spitz yna fel y Devik," meddai Perrault, gan syllu ar y clwyfau dwfn.
—Y ese Buck peleó como dos demonios —respondió François inmediatamente.
"Ac ymladdodd Buck fel dau ddiawl," atebodd François ar unwaith.
"Ahora iremos a buen ritmo; no más Spitz, no más problemas".
"Nawr byddwn ni'n gwneud amser da; dim mwy o Spitz, dim mwy o drafferth."
Perrault estaba empacando el equipo y cargando el trineo con cuidado.

Roedd Perrault yn pacio'r offer ac yn llwytho'r sled yn ofalus.
François enjaezó a los perros para prepararlos para la carrera del día.
Harneisiodd François y cŵn i baratoi ar gyfer rhediad y dydd.
Buck trotó directamente a la posición de liderazgo que alguna vez ocupó Spitz.
Trotiodd Buck yn syth i'r safle blaenllaw a oedd unwaith yn nwylo Spitz.
Pero François, sin darse cuenta, condujo a Solleks hacia el frente.
Ond François, heb sylwi, arweiniodd Solleks ymlaen i'r blaen.
A juicio de François, Solleks era ahora el mejor perro guía.
Ym marn François, Solleks oedd y ci arweiniol gorau bellach.
Buck se abalanzó furioso sobre Solleks y lo hizo retroceder en protesta.
Neidiodd Buck at Solleks mewn cynddaredd a'i yrru'n ôl mewn protest.
Se situó en el mismo lugar que una vez estuvo Spitz, ocupando la posición de liderazgo.
Safodd lle roedd Spitz wedi sefyll ar un adeg, gan hawlio'r safle blaenllaw.
—¿Eh? ¿Eh? —gritó François, dándose palmadas en los muslos, divertido.
"E? E?" gwaeddodd François, gan slapio'i gluniau mewn difyrrwch.
—Mira a Buck. Mató a Spitz y ahora quiere aceptar el trabajo.
"Edrychwch ar Buck—lladdodd Spitz, nawr mae eisiau cymryd y swydd!"
—¡Vete, Chook! —gritó, intentando ahuyentar a Buck.
"Dos i ffwrdd, Chook!" gwaeddodd, gan geisio gyrru Buck i ffwrdd.
Pero Buck se negó a moverse y se mantuvo firme en la nieve.
Ond gwrthododd Buck symud a safodd yn gadarn yn yr eira.
François agarró a Buck por la nuca y lo arrastró a un lado.
Gafaelodd François yn ei ysgwydd Buck, gan ei lusgo i'r ochr.
Buck gruñó bajo y amenazante, pero no atacó.

Grwgnachodd Buck yn isel ac yn fygythiol ond ni ymosododd.

François puso a Solleks de nuevo en cabeza, intentando resolver la disputa.

Rhoddodd François Solleks yn ôl ar y blaen, gan geisio datrys yr anghydfod.

El perro viejo mostró miedo de Buck y no quería quedarse.

Dangosodd yr hen gi ofn Buck ac nid oedd am aros.

Cuando François le dio la espalda, Buck expulsó nuevamente a Solleks.

Pan drodd François ei gefn, gyrrodd Buck Solleks allan eto.

Solleks no se resistió y se hizo a un lado silenciosamente una vez más.

Ni wrthwynebodd Solleks a chamodd o'r neilltu'n dawel unwaith eto.

François se enojó y gritó: "¡Por Dios, te arreglo!"

Daeth François yn flin a gweiddi, "Wrth Dduw, dw i'n dy drwsio di!"

Se acercó a Buck sosteniendo un pesado garrote en su mano.

Daeth tuag at Buck gan ddal clwb trwm yn ei law.

Buck recordaba bien al hombre del suéter rojo.

Roedd Buck yn cofio'r dyn yn y siwmper goch yn dda.

Se retiró lentamente, observando a François, pero gruñendo profundamente.

Ciliodd yn araf, gan gwylio François, ond yn grwgnach yn ddwfn.

No se apresuró a regresar, incluso cuando Solleks ocupó su lugar.

Ni frysiodd yn ôl, hyd yn oed pan safodd Solleks yn ei le.

Buck voló en círculos fuera de su alcance, gruñendo con furia y protesta.

Cylchodd Buck ychydig y tu hwnt i gyrraedd, gan gwingo mewn cynddaredd a phrotest.

Mantuvo la vista fija en el palo, dispuesto a esquivarlo si François lanzaba.

Cadwodd ei lygaid ar y clwb, yn barod i osgoi pe bai François yn taflu.

Se había vuelto sabio y cauteloso en cuanto a las costumbres de los hombres con armas.
Roedd wedi tyfu'n ddoeth ac yn wyliadwrus yn ffyrdd dynion ag arfau.
François se dio por vencido y llamó a Buck nuevamente a su antiguo lugar.
Rhoddodd François y gorau iddi a galwodd Buck i'w hen le eto.
Pero Buck retrocedió con cautela, negándose a obedecer la orden.
Ond camodd Buck yn ôl yn ofalus, gan wrthod ufuddhau i'r gorchymyn.
François lo siguió, pero Buck sólo retrocedió unos pasos más.
Dilynodd François, ond dim ond ychydig gamau pellach a giliai Buck.
Después de un tiempo, François arrojó el arma al suelo, frustrado.
Ar ôl peth amser, taflodd François yr arf i lawr mewn rhwystredigaeth.
Pensó que Buck tenía miedo de que le dieran una paliza y que iba a venir sin hacer mucho ruido.
Roedd yn meddwl bod Buck yn ofni cael ei guro ac roedd yn mynd i ddod yn dawel.
Pero Buck no estaba evitando el castigo: estaba luchando por su rango.
Ond nid oedd Buck yn osgoi cosb—roedd yn ymladd am reng.
Se había ganado el puesto de perro líder mediante una pelea a muerte.
Roedd wedi ennill y lle fel ci arweiniol trwy ymladd hyd farwolaeth
No iba a conformarse con nada menos que ser el líder.
nid oedd yn mynd i setlo am unrhyw beth llai na bod yn arweinydd.

Perrault participó en la persecución para ayudar a atrapar al rebelde Buck.

Cymerodd Perrault ran yn yr helfa i helpu i ddal y Buck gwrthryfelgar.

Juntos lo hicieron correr alrededor del campamento durante casi una hora.

Gyda'i gilydd, fe'i rhedegon nhw o amgylch y gwersyll am bron i awr.

Le lanzaron garrotes, pero Buck los esquivó hábilmente.

Fe wnaethon nhw daflu clybiau ato, ond osgoiodd Buck bob un yn fedrus.

Lo maldijeron a él, a sus padres, a sus descendientes y a cada cabello que tenía.

Melltithiasant ef, ei hynafiaid, ei ddisgynyddion, a phob gwallt arno.

Pero Buck sólo gruñó y se quedó fuera de su alcance.

Ond dim ond gwingo'n ôl a wnaeth Buck ac arhosodd ychydig allan o'u cyrraedd.

Nunca intentó huir, sino que rodeó el campamento deliberadamente.

Ni cheisiodd byth redeg i ffwrdd ond cylchodd y gwersyll yn fwriadol.

Dejó claro que obedecería una vez que le dieran lo que quería.

Gwnaeth yn glir ei fod yn mynd i ufuddhau unwaith y byddent yn rhoi iddo yr hyn yr oedd ei eisiau.

François finalmente se sentó y se rascó la cabeza con frustración.

O'r diwedd, eisteddodd François i lawr a chrafu ei ben mewn rhwystredigaeth.

Perrault miró su reloj, maldijo y murmuró algo sobre el tiempo perdido.

Edrychodd Perrault ar ei oriawr, rhegodd, a sibrydodd am amser coll.

Ya había pasado una hora cuando debían estar en el sendero.

Roedd awr eisoes wedi mynd heibio pan ddylent fod wedi bod ar y llwybr.

François se encogió de hombros tímidamente y miró al mensajero, quien suspiró derrotado.

Cododd François ei ysgwyddau'n swil at y negesydd, a ochneidiodd mewn trechu.

Entonces François se acercó a Solleks y llamó a Buck una vez más.

Yna cerddodd François at Solleks a galwodd ar Buck unwaith eto.

Buck se rió como se ríe un perro, pero mantuvo una distancia cautelosa.

Chwarddodd Buck fel chwerthin ci, ond cadwodd ei bellter gofalus.

François le quitó el arnés a Solleks y lo devolvió a su lugar.

Tynnodd François harnais Solleks a'i ddychwelyd i'w fan.

El equipo de trineo estaba completamente arneses y solo había un lugar libre.

Roedd tîm y slediau yn sefyll wedi'u harneisio'n llawn, gyda dim ond un lle gwag.

La posición de liderazgo quedó vacía, claramente destinada solo para Buck.

Arhosodd y safle arweiniol yn wag, yn amlwg wedi'i fwriadu ar gyfer Buck yn unig.

François volvió a llamar, y nuevamente Buck rió y se mantuvo firme.

Galwodd François eto, ac unwaith eto chwarddodd Buck a dal ei dir.

—Tira el garrote —ordenó Perrault sin dudarlo.

"Taflwch y clwb i lawr," gorchmynnodd Perrault heb betruso.

François obedeció y Buck inmediatamente trotó hacia adelante orgulloso.

Ufuddhaodd François, a throtiodd Buck ymlaen yn falch ar unwaith.

Se rió triunfante y asumió la posición de líder.

Chwarddodd yn fuddugoliaethus a chamodd i'r safle arwain.

François aseguró sus correajes y el trineo se soltó.

Sicrhaodd François ei olion, a thorrwyd y sled yn rhydd.

Ambos hombres corrieron al lado del equipo mientras corrían hacia el sendero del río.

Rhedodd y ddau ddyn ochr yn ochr wrth i'r tîm rasio ar lwybr yr afon.

François tenía en alta estima a los "dos demonios" de Buck.
Roedd gan François feddwl uchel o "ddau ddiawl" Buck,
Pero pronto se dio cuenta de que en realidad había subestimado al perro.
ond sylweddolodd yn fuan ei fod wedi tanamcangyfrif y ci mewn gwirionedd.
Buck asumió rápidamente el liderazgo y trabajó con excelencia.
Cymerodd Buck arweinyddiaeth yn gyflym a pherfformiodd gyda rhagoriaeth.
En juicio, pensamiento rápido y acción veloz, Buck superó a Spitz.
Mewn barn, meddwl cyflym, a gweithredu cyflym, rhagorodd Buck ar Spitz.
François nunca había visto un perro igual al que Buck mostraba ahora.
Nid oedd François erioed wedi gweld ci cystal â'r hyn a ddangosai Buck nawr.
Pero Buck realmente sobresalía en imponer el orden e imponer respeto.
Ond roedd Buck yn rhagori'n wironeddol wrth orfodi trefn a hawlio parch.
Dave y Solleks aceptaron el cambio sin preocupación ni protesta.
Derbyniodd Dave a Solleks y newid heb bryder na phrotest.
Se concentraron únicamente en el trabajo y en tirar con fuerza de las riendas.
Dim ond ar waith a thynnu'n galed yn yr awenau yr oeddent yn canolbwyntio.
A ellos les importaba poco quién iba delante, siempre y cuando el trineo siguiera moviéndose.
Doedden nhw ddim yn malio llawer pwy oedd yn arwain, cyn belled â bod y sled yn parhau i symud.
Billee, la alegre, podría haber liderado todo lo que a ellos les importaba.

Gallai Billee, yr un llawen, fod wedi arwain er gwaethaf yr hyn a oedd o bwys iddyn nhw.
Lo que les importaba era la paz y el orden en las filas.
Yr hyn oedd yn bwysig iddyn nhw oedd heddwch a threfn yn y rhengoedd.

El resto del equipo se había vuelto rebelde durante la decadencia de Spitz.
Roedd gweddill y tîm wedi tyfu'n afreolus yn ystod dirywiad Spitz.
Se sorprendieron cuando Buck inmediatamente los puso en orden.
Cawsant sioc pan ddaeth Buck â nhw i drefn ar unwaith.
Pike siempre había sido perezoso y arrastraba los pies detrás de Buck.
Roedd Pike wedi bod yn ddiog erioed ac yn llusgo'i draed ar ôl Buck.
Pero ahora el nuevo liderazgo lo ha disciplinado severamente.
Ond nawr cafodd ei ddisgyblu'n llym gan yr arweinyddiaeth newydd.
Y rápidamente aprendió a aportar su granito de arena en el equipo.
Ac fe ddysgodd yn gyflym i dynnu ei bwysau yn y tîm.
Al final del día, Pike trabajó más duro que nunca.
Erbyn diwedd y dydd, roedd Pike wedi gweithio'n galetach nag erioed o'r blaen.
Esa noche en el campamento, Joe, el perro amargado, finalmente fue sometido.
Y noson honno yn y gwersyll, cafodd Joe, y ci sur, ei dawelu o'r diwedd.
Spitz no logró disciplinarlo, pero Buck no falló.
Roedd Spitz wedi methu â'i ddisgyblu, ond ni fethodd Buck.
Utilizando su mayor peso, Buck superó a Joe en segundos.
Gan ddefnyddio ei bwysau mwy, gorchfygodd Buck Joe mewn eiliadau.
Mordió y golpeó a Joe hasta que gimió y dejó de resistirse.

Brathodd a churo Joe nes iddo griddfan a rhoi'r gorau i wrthsefyll.

Todo el equipo mejoró a partir de ese momento.
Gwellodd y tîm cyfan o'r foment honno ymlaen.

Los perros recuperaron su antigua unidad y disciplina.
Adferodd y cŵn eu hen undod a'u disgyblaeth.

En Rink Rapids, se unieron dos nuevos huskies nativos, Teek y Koona.
Yn Rink Rapids, ymunodd dau huski brodorol newydd, Teek a Koona.

El rápido entrenamiento que Buck les dio sorprendió incluso a François.
Synnodd hyfforddiant cyflym Buck ohonyn nhw hyd yn oed François.

"¡Nunca hubo un perro como ese Buck!" gritó con asombro.
"Ni fu erioed gi fel y Bwch yna!" gwaeddodd mewn syndod.

¡No, jamás! ¡Vale mil dólares, por Dios!
"Na, byth! Mae o werth mil o ddoleri, wrth Dduw!"

—¿Eh? ¿Qué dices, Perrault? —preguntó con orgullo.
"E? Beth wyt ti'n ei ddweud, Perrault?" gofynnodd gyda balchder.

Perrault asintió en señal de acuerdo y revisó sus notas.
Nodiodd Perrault mewn cytundeb a gwiriodd ei nodiadau.

Ya vamos por delante del cronograma y ganamos más cada día.
Rydym eisoes ar y blaen i'r amserlen ac yn ennill mwy bob dydd.

El sendero estaba duro y liso, sin nieve fresca.
Roedd y llwybr yn galed ac yn llyfn, heb unrhyw eira ffres.

El frío era constante, rondando los cincuenta grados bajo cero durante todo el tiempo.
Roedd yr oerfel yn gyson, yn hofran ar hanner cant islaw sero drwyddo draw.

Los hombres cabalgaban y corrían por turnos para entrar en calor y ganar tiempo.
Roedd y dynion yn marchogaeth ac yn rhedeg yn eu tro i gadw'n gynnes a gwneud amser.

Los perros corrían rápido, con pocas paradas y siempre avanzando.
Rhedodd y cŵn yn gyflym heb fawr o stopiau, gan wthio ymlaen bob amser.
El río Thirty Mile estaba casi congelado y era fácil cruzarlo.
Roedd Afon Thirty Mile wedi rhewi i raddau helaeth ac yn hawdd teithio ar ei chroesi.
Salieron en un día lo que habían tardado diez días en llegar.
Aethant allan mewn un diwrnod yr hyn a gymerodd ddeng diwrnod i ddod i mewn.
Hicieron una carrera de sesenta millas desde el lago Le Barge hasta White Horse.
Gwnaethon nhw ras o chwe deg milltir o Lyn Le Barge i White Horse.
A través de los lagos Marsh, Tagish y Bennett se movieron increíblemente rápido.
Ar draws Llynnoedd Marsh, Tagish, a Bennett fe symudon nhw'n anhygoel o gyflym.
El hombre corriendo remolcado detrás del trineo por una cuerda.
Roedd y dyn rhedeg yn tynnu y tu ôl i'r sled ar raff.
En la última noche de la segunda semana llegaron a su destino.
Ar noson olaf wythnos dau fe gyrhaeddon nhw eu cyrchfan.
Habían llegado juntos a la cima del Paso Blanco.
Roedden nhw wedi cyrraedd copa Bwlch Gwyn gyda'i gilydd.
Descendieron al nivel del mar con las luces de Skaguay debajo de ellos.
Fe wnaethon nhw ddisgyn i lawr i lefel y môr gyda goleuadau Skaguay oddi tanyn nhw.
Había sido una carrera que estableció un récord a través de kilómetros de desierto frío.
Roedd wedi bod yn rhediad a dorrodd record ar draws milltiroedd o anialwch oer.
Durante catorce días seguidos, recorrieron un promedio de cuarenta millas.

Am bedwar diwrnod ar ddeg yn olynol, fe wnaethon nhw gyfartaledd o ddeugain milltir.

En Skaguay, Perrault y François transportaban mercancías por la ciudad.
Yn Skaguay, symudodd Perrault a François gargo drwy'r dref.

Fueron aplaudidos y la multitud admirada les ofreció muchas bebidas.
Cawsant eu cymeradwyo a chynigiwyd llawer o ddiodydd iddynt gan dyrfaoedd edmygol.

Los cazadores de perros y los trabajadores se reunieron alrededor del famoso equipo de perros.
Ymgasglodd diarddelwyr cŵn a gweithwyr o amgylch y tîm cŵn enwog.

Luego, los forajidos del oeste llegaron a la ciudad y sufrieron una derrota violenta.
Yna daeth alltudion y gorllewin i'r dref a chael eu trechu'n dreisgar.

La gente pronto se olvidó del equipo y se centró en un nuevo drama.
Yn fuan iawn, anghofiodd y bobl y tîm a chanolbwyntio ar ddrama newydd.

Luego vinieron las nuevas órdenes que cambiaron todo de golpe.
Yna daeth y gorchmynion newydd a newidiodd bopeth ar unwaith.

François llamó a Buck y lo abrazó con orgullo entre lágrimas.
Galwodd François Buck ato a'i gofleidio â balchder dagreuol.

Ese momento fue la última vez que Buck volvió a ver a François.
Dyna oedd y tro olaf i Buck weld François eto.

Como muchos hombres antes, tanto François como Perrault se habían ido.
Fel llawer o ddynion o'r blaen, roedd François a Perrault ill dau wedi mynd.

Un mestizo escocés se hizo cargo de Buck y sus compañeros de equipo de perros de trineo.

Cymerodd hanner brid Albanaidd reolaeth dros Buck a'i gyd-chwaraewyr cŵn sled.

Con una docena de otros equipos de perros, regresaron por el sendero hasta Dawson.

Gyda dwsin o dimau cŵn eraill, dychwelasant ar hyd y llwybr i Dawson.

Ya no era una carrera rápida, solo un trabajo duro con una carga pesada cada día.

Nid rhediad cyflym oedd hi bellach—dim ond llafur trwm gyda llwyth trwm bob dydd.

Éste era el tren correo que llevaba noticias a los buscadores de oro cerca del Polo.

Dyma oedd y trên post, yn dod â gair i helwyr aur ger y Pegwn.

A Buck no le gustaba el trabajo, pero lo soportaba bien y se enorgullecía de su esfuerzo.

Nid oedd Buck yn hoffi'r gwaith ond roedd yn ei ddioddef yn dda, gan ymfalchïo yn ei ymdrech.

Al igual que Dave y Solleks, Buck mostró devoción por cada tarea diaria.

Fel Dave a Solleks, dangosodd Buck ymroddiad i bob tasg ddyddiol.

Se aseguró de que cada uno de sus compañeros hiciera su parte.

Gwnaeth yn siŵr bod ei gyd-chwaraewyr i gyd yn gwneud eu gorau glas.

La vida en el sendero se volvió aburrida, repetida con la precisión de una máquina.

Daeth bywyd y llwybr yn ddiflas, yn cael ei ailadrodd â chywirdeb peiriant.

Cada día parecía igual, una mañana se fundía con la siguiente.

Roedd pob diwrnod yn teimlo'r un peth, un bore yn cymysgu i'r nesaf.

A la misma hora, los cocineros se levantaron para hacer fogatas y preparar la comida.

Ar yr un awr, cododd y cogyddion i gynnau tanau a pharatoi bwyd.
Después del desayuno, algunos abandonaron el campamento mientras otros enjaezaron los perros.
Ar ôl brecwast, gadawodd rhai y gwersyll tra bod eraill yn harneisio'r cŵn.
Se pusieron en marcha antes de que la tenue señal del amanecer tocara el cielo.
Fe wnaethon nhw gyrraedd y llwybr cyn i rybudd gwan y wawr gyffwrdd â'r awyr.
Por la noche se detenían para acampar, cada hombre con una tarea determinada.
Yn y nos, fe wnaethon nhw stopio i wersylla, pob dyn â dyletswydd benodol.
Algunos montaron tiendas de campaña, otros cortaron leña y recogieron ramas de pino.
Cododd rhai y pebyll, torrodd eraill goed tân a chasglodd ganghennau pinwydd.
Se llevaba agua o hielo a los cocineros para la cena.
Byddai dŵr neu iâ yn cael eu cario yn ôl at y cogyddion ar gyfer y pryd gyda'r nos.
Los perros fueron alimentados y esta fue la mejor parte del día para ellos.
Cafodd y cŵn eu bwydo, a dyma oedd rhan orau'r diwrnod iddyn nhw.
Después de comer pescado, los perros se relajaron y descansaron cerca del fuego.
Ar ôl bwyta pysgod, ymlaciodd y cŵn a gorwedd ger y tân.
Había otros cien perros en el convoy con los que mezclarse.
Roedd cant o gŵn eraill yn y confoi i gymysgu â nhw.
Muchos de esos perros eran feroces y rápidos para pelear sin previo aviso.
Roedd llawer o'r cŵn hynny'n ffyrnig ac yn gyflym i ymladd heb rybudd.
Pero después de tres victorias, Buck dominó incluso a los luchadores más feroces.

Ond ar ôl tair buddugoliaeth, meistrolodd Buck hyd yn oed yr ymladdwyr mwyaf ffyrnig.

Cuando Buck gruñó y mostró los dientes, se hicieron a un lado.

Nawr pan grwgnachodd Buck a dangos ei ddannedd, camon nhw o'r neilltu.

Quizás lo mejor de todo es que a Buck le encantaba tumbarse cerca de la fogata parpadeante.

Efallai yn bwysicaf oll, roedd Buck wrth ei fodd yn gorwedd ger y tân gwersyll yn fflachio.

Se agachó con las patas traseras dobladas y las patas delanteras estiradas hacia adelante.

Plygodd yn sydyn gyda'i goesau ôl wedi'u plygu a'i goesau blaen wedi'u hymestyn ymlaen.

Levantó la cabeza mientras parpadeaba suavemente ante las llamas brillantes.

Codwyd ei ben wrth iddo blincio'n feddal at y fflamau'n tywynnu.

A veces recordaba la gran casa del juez Miller en Santa Clara.

Weithiau byddai'n cofio tŷ mawr y Barnwr Miller yn Santa Clara.

Pensó en la piscina de cemento, en Ysabel y en el pug llamado Toots.

Meddyliodd am y pwll sment, am Ysabel, a'r ci pug o'r enw Toots.

Pero más a menudo recordaba el garrote del hombre del suéter rojo.

Ond yn amlach byddai'n cofio clwb y dyn â'r siwmper goch.

Recordó la muerte de Curly y su feroz batalla con Spitz.

Cofiai farwolaeth Curly a'i frwydr ffyrnig â Spitz.

También recordó la buena comida que había comido o con la que aún soñaba.

Roedd hefyd yn cofio'r bwyd da yr oedd wedi'i fwyta neu'n dal i freuddwydio amdano.

Buck no sentía nostalgia: el cálido valle era distante e irreal.

Nid oedd Buck yn hiraethu am adref—roedd y dyffryn cynnes yn bell ac yn afreal.

Los recuerdos de California ya no ejercían ninguna atracción sobre él.

Nid oedd atgofion o California yn ei atynnu'n wirioneddol mwyach.

Más fuertes que la memoria eran los instintos profundos en su linaje.

Yn gryfach na'r cof roedd greddfau yn ddwfn yn ei linach waed.

Los hábitos que una vez se habían perdido habían regresado, revividos por el camino y la naturaleza.

Roedd arferion a gollwyd unwaith wedi dychwelyd, wedi'u hadfywio gan y llwybr a'r gwyllt.

Mientras Buck observaba la luz del fuego, a veces se convertía en otra cosa.

Wrth i Buck wylio golau'r tân, weithiau byddai'n troi'n rhywbeth arall.

Vio a la luz del fuego otro fuego, más antiguo y más profundo que el actual.

Gwelodd yng ngolau'r tân dân arall, hŷn a dyfnach na'r un presennol.

Junto a ese otro fuego se agazapaba un hombre que no se parecía en nada al cocinero mestizo.

Wrth ymyl y tân arall hwnnw roedd dyn yn gwrcwd, yn wahanol i'r cogydd hanner brid.

Esta figura tenía piernas cortas, brazos largos y músculos duros y anudados.

Roedd gan y ffigur hwn goesau byr, breichiau hir, a chyhyrau caled, clymog.

Su cabello era largo y enmarañado, y caía hacia atrás desde los ojos.

Roedd ei wallt yn hir ac yn gleision, yn gogwyddo yn ôl o'r llygaid.

Hizo ruidos extraños y miró con miedo hacia la oscuridad.

Gwnaeth synau rhyfedd a syllu allan mewn ofn ar y tywyllwch.

Sostenía agachado un garrote de piedra, firmemente agarrado con su mano larga y áspera.
Daliodd glwb carreg yn isel, wedi'i afael yn dynn yn ei law hir, garw.
El hombre vestía poco: sólo una piel carbonizada que le colgaba por la espalda.
Ychydig oedd y dyn yn ei wisgo; dim ond croen wedi'i losgi oedd yn hongian i lawr ei gefn.
Su cuerpo estaba cubierto de espeso vello en los brazos, el pecho y los muslos.
Roedd ei gorff wedi'i orchuddio â gwallt trwchus ar draws ei freichiau, ei frest a'i gluniau.
Algunas partes del cabello estaban enredadas en parches de pelaje áspero.
Roedd rhai rhannau o'r gwallt wedi'u cysylltu'n glytiau o ffwr garw.
No se mantenía erguido, sino inclinado hacia delante desde las caderas hasta las rodillas.
Ni safodd yn syth ond plygodd ymlaen o'r cluniau i'r pengliniau.
Sus pasos eran elásticos y felinos, como si estuviera siempre dispuesto a saltar.
Roedd ei gamau'n sbringlyd ac fel cath, fel pe bai bob amser yn barod i neidio.
Había un estado de alerta agudo, como si viviera con miedo constante.
Roedd yna rybudd llym, fel pe bai'n byw mewn ofn cyson.
Este hombre anciano parecía esperar el peligro, ya sea que lo viera o no.
Roedd yn ymddangos bod y dyn hynafol hwn yn disgwyl perygl, boed y perygl yn cael ei weld ai peidio.
A veces, el hombre peludo dormía junto al fuego, con la cabeza metida entre las piernas.
Ar adegau byddai'r dyn blewog yn cysgu wrth y tân, a'i ben wedi'i guddio rhwng ei goesau.
Sus codos descansaban sobre sus rodillas, sus manos entrelazadas sobre su cabeza.

Gorffwysodd ei benelinoedd ar ei ben-gliniau, ei ddwylo wedi'u clymu uwchben ei ben.

Como un perro, usó sus brazos peludos para protegerse de la lluvia que caía.

Fel ci, defnyddiodd ei freichiau blewog i gael gwared â'r glaw oedd yn disgyn.

Más allá de la luz del fuego, Buck vio dos brasas brillando en la oscuridad.

Y tu hwnt i olau'r tân, gwelodd Buck lo deuol yn tywynnu yn y tywyllwch.

Siempre de dos en dos, eran los ojos de las bestias rapaces al acecho.

Bob amser yn ddau wrth ddau, llygaid anifeiliaid ysglyfaethus yn stelcio oedden nhw.

Escuchó cuerpos chocando contra la maleza y ruidos en la noche.

Clywodd gyrff yn torri trwy llwyni a synau a wnaed yn y nos.

Acostado en la orilla del Yukón, parpadeando, Buck soñaba junto al fuego.

Yn gorwedd ar lan Yukon, yn blincio, breuddwydiodd Buck wrth y tân.

Las vistas y los sonidos de ese mundo salvaje le ponían los pelos de punta.

Gwnaeth golygfeydd a synau'r byd gwyllt hwnnw i'w wallt sefyll i fyny.

El pelaje se le subió por la espalda, los hombros y el cuello.

Cododd y ffwr ar hyd ei gefn, ei ysgwyddau, ac i fyny ei wddf.

Él gimió suavemente o emitió un gruñido bajo y profundo en su pecho.

Gwichiodd yn ysgafn neu grwgnachodd yn isel yn ddwfn yn ei frest.

Entonces el cocinero mestizo gritó: "¡Oye, Buck, despierta!"

Yna gwaeddodd y cogydd hanner brid, "Hei, ti Buck, deffro!"

El mundo de los sueños desapareció y la vida real regresó a los ojos de Buck.

Diflannodd byd y breuddwydion, a dychwelodd bywyd go iawn i lygaid Buck.

Iba a levantarse, estirarse y bostezar, como si acabara de despertar de una siesta.

Roedd yn mynd i godi, ymestyn, a gwên, fel pe bai wedi deffro o gwsg.

El viaje fue duro, con el trineo del correo arrastrándose detrás de ellos.

Roedd y daith yn galed, gyda'r sled post yn llusgo ar eu hôl.

Las cargas pesadas y el trabajo duro agotaban a los perros cada largo día.

Roedd llwythi trwm a gwaith caled yn blino'r cŵn bob diwrnod hir.

Llegaron a Dawson delgados, cansados y necesitando más de una semana de descanso.

Cyrhaeddon nhw Dawson yn denau, yn flinedig, ac angen dros wythnos o orffwys.

Pero sólo dos días después, emprendieron nuevamente el descenso por el Yukón.

Ond dim ond dau ddiwrnod yn ddiweddarach, fe gychwynnon nhw i lawr afon Yukon eto.

Estaban cargados con más cartas destinadas al mundo exterior.

Roedden nhw wedi'u llwytho â mwy o lythyrau yn mynd i'r byd y tu allan.

Los perros estaban exhaustos y los hombres se quejaban constantemente.

Roedd y cŵn wedi blino'n lân ac roedd y dynion yn cwyno'n gyson.

La nieve caía todos los días, suavizando el camino y ralentizando los trineos.

Roedd eira'n disgyn bob dydd, gan feddalu'r llwybr ac arafu'r slediau.

Esto provocó que el tirón fuera más difícil y hubo más resistencia para los corredores.

Gwnaeth hyn dynnu'n galetach a mwy o lusgo ar y rhedwyr.

A pesar de eso, los pilotos fueron justos y se preocuparon por sus equipos.
Er hynny, roedd y gyrwyr yn deg ac yn gofalu am eu timau.
Cada noche, los perros eran alimentados antes de que los hombres pudieran comer.
Bob nos, byddai'r cŵn yn cael eu bwydo cyn i'r dynion gael bwyta.
Ningún hombre duerme sin antes revisar las patas de su propio perro.
Ni chysgodd unrhyw ddyn cyn gwirio traed ei gi ei hun.
Aún así, los perros se fueron debilitando a medida que los kilómetros iban desgastando sus cuerpos.
Serch hynny, gwanhaodd y cŵn wrth i'r milltiroedd wisgo ar eu cyrff.
Habían viajado mil ochocientas millas durante el invierno.
Roedden nhw wedi teithio deunaw cant o filltiroedd drwy'r gaeaf.
Tiraron de trineos a lo largo de cada milla de esa brutal distancia.
Fe wnaethon nhw dynnu slediau ar draws pob milltir o'r pellter creulon hwnnw.
Incluso los perros de trineo más resistentes sienten tensión después de tantos kilómetros.
Mae hyd yn oed y cŵn sled caletaf yn teimlo straen ar ôl cymaint o filltiroedd.
Buck aguantó, mantuvo a su equipo trabajando y mantuvo la disciplina.
Daliodd Buck ati, cadwodd ei dîm i weithio, a chynnal disgyblaeth.
Pero Buck estaba cansado, al igual que los demás en el largo viaje.
Ond roedd Buck wedi blino, yn union fel y lleill ar y daith hir.
Billee gemía y lloraba mientras dormía todas las noches sin falta.
Roedd Billee yn griddfan ac yn crio yn ei gwsg bob nos yn ddi-ffael.

Joe se volvió aún más amargado y Solleks se mantuvo frío y distante.
Aeth Joe hyd yn oed yn fwy chwerw, ac arhosodd Solleks yn oer ac yn bell.
Pero fue Dave quien sufrió más de todo el equipo.
Ond Dave a ddioddefodd waethaf o'r tîm cyfan.
Algo había ido mal dentro de él, aunque nadie sabía qué.
Roedd rhywbeth wedi mynd o'i le y tu mewn iddo, er nad oedd neb yn gwybod beth.
Se volvió más malhumorado y les gritaba a los demás con creciente enojo.
Aeth yn fwy hwyliaugar a sarhaeddodd eraill gyda dicter cynyddol.
Cada noche iba directo a su nido, esperando ser alimentado.
Bob nos byddai'n mynd yn syth i'w nyth, yn aros i gael ei fwydo.
Una vez que cayó, Dave no se levantó hasta la mañana.
Unwaith iddo fod i lawr, ni chododd Dave eto tan y bore.
En las riendas, tirones o arranques repentinos le hacían gritar de dolor.
Ar yr awenau, roedd jerciau neu gychwyniadau sydyn yn ei wneud yn gweiddi mewn poen.
Su conductor buscó la causa, pero no encontró heridos.
Chwiliodd ei yrrwr am yr achos, ond ni chanfuwyd unrhyw anaf iddo.
Todos los conductores comenzaron a observar a Dave y discutieron su caso.
Dechreuodd yr holl yrwyr wylio Dave a thrafod ei achos.
Hablaron durante las comidas y durante el último cigarrillo del día.
Buont yn siarad wrth brydau bwyd ac yn ystod eu mwg olaf o'r dydd.
Una noche tuvieron una reunión y llevaron a Dave al fuego.
Un noson fe wnaethon nhw gynnal cyfarfod a dod â Dave at y tân.
Le apretaron y le palparon el cuerpo, y él gritaba a menudo.

Fe wnaethon nhw bwyso a phrofi ei gorff, ac fe waeddodd yn aml.

Estaba claro que algo iba mal, aunque no parecía haber ningún hueso roto.

Yn amlwg, roedd rhywbeth o'i le, er nad oedd unrhyw esgyrn yn ymddangos wedi torri.

Cuando llegaron a Cassiar Bar, Dave se estaba cayendo.

Erbyn iddyn nhw gyrraedd Bar Cassiar, roedd Dave yn cwympo i lawr.

El mestizo escocés pidió un alto y eliminó a Dave del equipo.

Rhoddodd yr hanner brid Albanaidd stop a chael gwared ar Dave o'r tîm.

Sujetó a Solleks en el lugar de Dave, más cerca del frente del trineo.

Clymodd Solleks yn lle Dave, agosaf at flaen y sled.

Su intención era dejar que Dave descansara y corriera libremente detrás del trineo en movimiento.

Roedd e'n bwriadu gadael i Dave orffwys a rhedeg yn rhydd y tu ôl i'r sled oedd yn symud.

Pero incluso estando enfermo, Dave odiaba que lo sacaran del trabajo que había tenido.

Ond hyd yn oed yn sâl, roedd Dave yn casáu cael ei gymryd o'r swydd a fu ganddo.

Gruñó y gimió cuando le quitaron las riendas del cuerpo.

Grwgnachodd a gwynodd wrth i'r awenau gael eu tynnu oddi ar ei gorff.

Cuando vio a Solleks en su lugar, lloró con el corazón roto.

Pan welodd Solleks yn ei le, fe wylo gyda phoen calon doredig.

El orgullo por el trabajo en los senderos estaba profundamente arraigado en Dave, incluso cuando se acercaba la muerte.

Roedd balchder gwaith llwybrau yn ddwfn yn Dave, hyd yn oed wrth i farwolaeth agosáu.

Mientras el trineo se movía, Dave se tambaleaba sobre la nieve blanda cerca del sendero.

Wrth i'r sled symud, roedd Dave yn gwthio trwy eira meddal ger y llwybr.

Atacó a Solleks, mordiéndolo y empujándolo desde el costado del trineo.

Ymosododd ar Solleks, gan ei frathu a'i wthio o ochr y sled.

Dave intentó saltar al arnés y recuperar su lugar de trabajo.

Ceisiodd Dave neidio i'r harnais ac adennill ei fan gweithio.

Gritó, se quejó y lloró, dividido entre el dolor y el orgullo por el trabajo.

Gwaeddodd, cwynodd, a chrio, wedi'i rhwygo rhwng poen a balchder mewn llafur.

El mestizo usó su látigo para intentar alejar a Dave del equipo.

Defnyddiodd yr hanner brid ei chwip i geisio gyrru Dave i ffwrdd o'r tîm.

Pero Dave ignoró el látigo y el hombre no pudo golpearlo más fuerte.

Ond anwybyddodd Dave y chwipiad, ac ni allai'r dyn ei daro'n galetach.

Dave rechazó el camino más fácil detrás del trineo, donde la nieve estaba acumulada.

Gwrthododd Dave y llwybr hawsaf y tu ôl i'r sled, lle'r oedd eira wedi'i bacio.

En cambio, luchaba en la nieve profunda junto al sendero, en la miseria.

Yn hytrach, fe frwydrodd yn yr eira dwfn wrth ymyl y llwybr, mewn trallod.

Finalmente, Dave se desplomó, quedó tendido en la nieve y aullando de dolor.

Yn y diwedd, cwympodd Dave, gan orwedd yn yr eira ac udo mewn poen.

Gritó cuando el largo tren de trineos pasó a su lado uno por uno.

Gwaeddodd wrth i'r trên hir o slediau basio heibio iddo un wrth un.

Aún con las fuerzas que le quedaban, se levantó y tropezó tras ellos.

Eto i gyd, gyda pha nerth bynnag a oedd yn weddill, cododd a baglu ar eu hôl.

Lo alcanzó cuando el tren se detuvo nuevamente y encontró su viejo trineo.

Daliodd i fyny pan stopiodd y trên eto a dod o hyd i'w hen sled.

Pasó junto a los otros equipos y se quedó de nuevo al lado de Solleks.

Fe wnaeth e flwndro heibio i'r timau eraill a sefyll wrth ymyl Solleks eto.

Cuando el conductor se detuvo para encender su pipa, Dave aprovechó su última oportunidad.

Wrth i'r gyrrwr oedi i gynnau ei bibell, cymerodd Dave ei gyfle olaf.

Cuando el conductor regresó y gritó, el equipo no avanzó.

Pan ddychwelodd y gyrrwr a gweiddi, ni symudodd y tîm ymlaen.

Los perros habían girado la cabeza, confundidos por la parada repentina.

Roedd y cŵn wedi troi eu pennau, wedi drysu gan y stop sydyn.

El conductor también estaba sorprendido: el trineo no se había movido ni un centímetro hacia adelante.

Cafodd y gyrrwr sioc hefyd—doedd y sled ddim wedi symud modfedd ymlaen.

Llamó a los demás para que vinieran a ver qué había sucedido.

Galwodd ar y lleill i ddod i weld beth oedd wedi digwydd.

Dave había mordido las riendas de Solleks, rompiéndolas ambas.

Roedd Dave wedi cnoi drwy awenau Solleks, gan dorri'r ddau ar wahân.

Ahora estaba de pie frente al trineo, nuevamente en su posición correcta.

Nawr roedd yn sefyll o flaen y sled, yn ôl yn ei safle cywir.

Dave miró al conductor y le rogó en silencio que se mantuviera en el carril.

Edrychodd Dave i fyny at y gyrrwr, gan erfyn yn dawel i aros yn yr olion.

El conductor estaba desconcertado, sin saber qué hacer con el perro que luchaba.

Roedd y gyrrwr yn ddryslyd, yn ansicr beth i'w wneud i'r ci oedd yn ei chael hi'n anodd.

Los otros hombres hablaron de perros que habían muerto al ser sacados a la calle.

Siaradodd y dynion eraill am gŵn a oedd wedi marw o gael eu cymryd allan.

Contaron sobre perros viejos o heridos cuyo corazón se rompió al ser abandonados.

Roedden nhw'n sôn am gŵn hen neu gŵn sydd wedi'u hanafu a dorrodd eu calonnau pan gawsant eu gadael ar ôl.

Estuvieron de acuerdo en que era una misericordia dejar que Dave muriera mientras aún estaba en su arnés.

Cytunasant ei bod yn drugaredd gadael i Dave farw tra'n dal yn ei harnais.

Lo volvieron a sujetar al trineo y Dave tiró con orgullo.

Cafodd ei glymu'n ôl ar y sled, a thynnodd Dave gyda balchder.

Aunque a veces gritaba, trabajaba como si el dolor pudiera ignorarse.

Er iddo weiddi ar brydiau, roedd yn gweithio fel pe bai modd anwybyddu poen.

Más de una vez se cayó y fue arrastrado antes de levantarse de nuevo.

Mwy nag unwaith fe syrthiodd a chafodd ei lusgo cyn codi eto.

Un día, el trineo pasó por encima de él y desde ese momento empezó a cojear.

Unwaith, rholiodd y sled drosto, ac fe gloffodd o'r foment honno ymlaen.

Aún así, trabajó hasta llegar al campamento y luego se acostó junto al fuego.

Serch hynny, gweithiodd nes cyrraedd y gwersyll, ac yna gorweddodd wrth y tân.

Por la mañana, Dave estaba demasiado débil para viajar o incluso mantenerse en pie.
Erbyn y bore, roedd Dave yn rhy wan i deithio neu hyd yn oed sefyll yn unionsyth.
En el momento de preparar el arnés, intentó alcanzar a su conductor con un esfuerzo tembloroso.
Adeg gwisgo'r harnais, ceisiodd gyrraedd ei yrrwr gyda cryndod.
Se obligó a levantarse, se tambaleó y se desplomó sobre el suelo nevado.
Gorfodwyd ei hun i fyny, siglodd, a chwympodd ar y ddaear eiraog.
Utilizando sus patas delanteras, arrastró su cuerpo hacia el área del arnés.
Gan ddefnyddio ei goesau blaen, llusgodd ei gorff tuag at yr ardal harneisio.
Avanzó poco a poco, centímetro a centímetro, hacia los perros de trabajo.
Clymodd ei hun ymlaen, modfedd wrth fodfedd, tuag at y cŵn gwaith.
Sus fuerzas se acabaron, pero siguió avanzando en su último y desesperado esfuerzo.
Collodd ei nerth, ond parhaodd i symud yn ei wthiad olaf anobeithiol.
Sus compañeros de equipo lo vieron jadeando en la nieve, todavía deseando unirse a ellos.
Gwelodd ei gyd-chwaraewyr ef yn anadlu'n drwm yn yr eira, yn dal i hiraethu i ymuno â nhw.
Lo oyeron aullar de dolor mientras dejaban atrás el campamento.
Clywsant ef yn udo gan dristwch wrth iddynt adael y gwersyll ar ôl.
Cuando el equipo desapareció entre los árboles, el grito de Dave resonó detrás de ellos.
Wrth i'r tîm ddiflannu i'r coed, roedd cri Dave yn atseinio y tu ôl iddyn nhw.

El tren de trineos se detuvo brevemente después de cruzar un tramo de bosque junto al río.
Stopiodd y trên sled am gyfnod byr ar ôl croesi darn o goed afon.
El mestizo escocés caminó lentamente de regreso hacia el campamento que estaba detrás.
Cerddodd yr hanner brid Albanaidd yn araf yn ôl tuag at y gwersyll y tu ôl.
Los hombres dejaron de hablar cuando lo vieron salir del tren de trineos.
Stopiodd y dynion siarad pan welsant ef yn gadael y trên sled.
Entonces un único disparo se oyó claro y nítido en el camino.
Yna fe atgofiodd un ergyd yn glir ac yn finiog ar draws y llwybr.
El hombre regresó rápidamente y ocupó su lugar sin decir palabra.
Dychwelodd y dyn yn gyflym a chymerodd ei le heb ddweud gair.
Los látigos crujieron, las campanas tintinearon y los trineos rodaron por la nieve.
Craciodd chwipiau, tinciodd clychau, a rholiodd y slediau ymlaen trwy'r eira.
Pero Buck sabía lo que había sucedido... y todos los demás perros también.
Ond roedd Buck yn gwybod beth oedd wedi digwydd—ac felly roedd pob ci arall.

El trabajo de las riendas y el sendero
Llafur yr Awenau a'r Llwybr

Treinta días después de salir de Dawson, el Salt Water Mail llegó a Skaguay.
Tri deg diwrnod ar ôl gadael Dawson, cyrhaeddodd y Salt Water Mail Skaguay.
Buck y sus compañeros tomaron la delantera, llegando en lamentables condiciones.
Buck a'i gyd-chwaraewyr oedd ar y blaen, gan gyrraedd mewn cyflwr truenus.
Buck había bajado de ciento cuarenta a ciento quince libras.
Roedd Buck wedi colli pwysau o gant a deugain i gant a phymtheg punt.
Los otros perros, aunque más pequeños, habían perdido aún más peso corporal.
Roedd y cŵn eraill, er eu bod yn llai, wedi colli hyd yn oed mwy o bwysau'r corff.
Pike, que antes fingía cojear, ahora arrastraba tras él una pierna realmente herida.
Roedd Pike, a oedd unwaith yn limper ffug, bellach yn llusgo coes wirioneddol anafedig y tu ôl iddo.
Solleks cojeaba mucho y Dub tenía un omóplato torcido.
Roedd Solleks yn cloffi'n ofnadwy, ac roedd gan Dub lafar ysgwydd wedi rhwygo.
Todos los perros del equipo tenían las patas doloridas por las semanas que pasaron en el sendero helado.
Roedd gan bob ci yn y tîm ddolur traed ar ôl wythnosau ar y llwybr rhewllyd.
Ya no tenían resorte en sus pasos, sólo un movimiento lento y arrastrado.
Nid oedd ganddyn nhw unrhyw sbring ar ôl yn eu camau, dim ond symudiad araf, llusgo.
Sus pies golpeaban el sendero con fuerza y cada paso añadía más tensión a sus cuerpos.
Mae eu traed yn taro'r llwybr yn galed, pob cam yn ychwanegu mwy o straen i'w cyrff.

No estaban enfermos, sólo agotados más allá de toda recuperación natural.
Nid oeddent yn sâl, dim ond wedi draenio y tu hwnt i bob adferiad naturiol.
No era el cansancio de un día duro que se curaba con una noche de descanso.
Nid blinder oedd hyn o un diwrnod caled, wedi'i wella gyda noson o orffwys.
Fue un agotamiento acumulado lentamente a lo largo de meses de esfuerzo agotador.
Blinder a adeiladwyd yn araf trwy fisoedd o ymdrech galed ydoedd.
No quedaban reservas de fuerza: habían agotado todas las que tenían.
Doedd dim cryfder wrth gefn ar ôl—roedden nhw wedi defnyddio pob darn oedd ganddyn nhw.
Cada músculo, fibra y célula de sus cuerpos estaba gastado y desgastado.
Roedd pob cyhyr, ffibr a chell yn eu cyrff wedi treulio a'i dreulio.
Y había una razón: habían recorrido dos mil quinientas millas.
Ac roedd yna reswm—roedden nhw wedi teithio dau ddeg pump cant o filltiroedd.
Habían descansado sólo cinco días durante las últimas mil ochocientas millas.
Dim ond pum niwrnod yr oeddent wedi gorffwys yn ystod y deunaw cant o filltiroedd olaf.
Cuando llegaron a Skaguay, parecían apenas capaces de mantenerse en pie.
Pan gyrhaeddon nhw Skaguay, roedden nhw prin yn gallu sefyll yn unionsyth.
Se esforzaron por mantener las riendas tensas y permanecer delante del trineo.
Roedden nhw'n ei chael hi'n anodd cadw'r awenau'n dynn ac aros ar flaen y sled.
En las bajadas sólo lograron evitar ser atropellados.

Ar lethrau i lawr, dim ond osgoi cael eu taro drostynt a lwyddodd.

"Sigan adelante, pobres pies doloridos", dijo el conductor mientras cojeaban.

"Ewch ymlaen, traed dolurus truan," meddai'r gyrrwr wrth iddyn nhw gloffi ymlaen.

"Este es el último tramo, luego todos tendremos un largo descanso, seguro".

"Dyma'r ymestyn olaf, yna cawn ni i gyd un gorffwys hir, yn sicr."

"Un descanso verdaderamente largo", prometió mientras los observaba tambalearse hacia adelante.

"Un gorffwys hir go iawn," addawodd, gan eu gwylio'n baglu ymlaen.

Los conductores esperaban que ahora tuvieran un descanso largo y necesario.

Roedd y gyrwyr yn disgwyl y byddent nawr yn cael seibiant hir, angenrheidiol.

Habían recorrido mil doscientas millas con sólo dos días de descanso.

Roedden nhw wedi teithio deuddeg cant o filltiroedd gyda dim ond dau ddiwrnod o orffwys.

Por justicia y razón, sintieron que se habían ganado tiempo para relajarse.

Drwy degwch a rheswm, roedden nhw'n teimlo eu bod nhw wedi haeddu amser i ymlacio.

Pero eran demasiados los que habían llegado al Klondike y muy pocos los que se habían quedado en casa.

Ond roedd gormod wedi dod i'r Klondike, a rhy ychydig wedi aros adref.

Las cartas de las familias llegaron en masa, creando montañas de correo retrasado.

Llifodd llythyrau gan deuluoedd i mewn, gan greu pentyrrau o bost wedi'i ohirio.

Llegaron órdenes oficiales: nuevos perros de la Bahía de Hudson tomarían el control.

Cyrhaeddodd gorchmynion swyddogol—roedd cŵn newydd Bae Hudson yn mynd i gymryd yr awenau.

Los perros exhaustos, ahora llamados inútiles, debían ser eliminados.

Roedd y cŵn blinedig, a elwir bellach yn ddiwerth, i gael eu gwaredu.

Como el dinero importaba más que los perros, los iban a vender a bajo precio.

Gan fod arian yn bwysicach nâ chŵn, roedden nhw'n mynd i gael eu gwerthu'n rhad.

Pasaron tres días más antes de que los perros sintieran lo débiles que estaban.

Aeth tri diwrnod arall heibio cyn i'r cŵn deimlo pa mor wan oedden nhw.

En la cuarta mañana, dos hombres de Estados Unidos compraron todo el equipo.

Ar y pedwerydd bore, prynodd dau ddyn o'r Unol Daleithiau'r tîm cyfan.

La venta incluía todos los perros, además de sus arneses usados.

Roedd y gwerthiant yn cynnwys yr holl gŵn, ynghyd â'u harnais gwisgo.

Los hombres se llamaban entre sí "Hal" y "Charles" mientras completaban el trato.

Galwodd y dynion ei gilydd yn "Hal" a "Charles" wrth iddyn nhw gwblhau'r fargen.

Charles era un hombre de mediana edad, pálido, con labios flácidos y puntas de bigote feroces.

Roedd Charles yn ganol oed, yn welw, gyda gwefusau llipa a phennau mwstas ffyrnig.

Hal era un hombre joven, de unos diecinueve años, que llevaba un cinturón lleno de cartuchos.

Roedd Hal yn ddyn ifanc, efallai bedair ar bymtheg, yn gwisgo gwregys wedi'i stwffio â chetris.

El cinturón contenía un gran revólver y un cuchillo de caza, ambos sin usar.

Roedd y gwregys yn dal rifolfer mawr a chyllell hela, y ddau heb eu defnyddio.

Esto demostró lo inexperto e inadecuado que era para la vida en el norte.

Dangosodd pa mor ddibrofiad ac anaddas oedd o ar gyfer bywyd yn y gogledd.

Ninguno de los dos pertenecía a la naturaleza; su presencia desafiaba toda razón.

Nid oedd y naill ddyn na'r llall yn perthyn i'r gwyllt; roedd eu presenoldeb yn herio pob rheswm.

Buck observó cómo el dinero intercambiaba manos entre el comprador y el agente.

Gwyliodd Buck wrth i arian gyfnewid dwylo rhwng y prynwr a'r asiant.

Sabía que los conductores de trenes correos abandonaban su vida como el resto.

Roedd yn gwybod bod gyrwyr y trên post yn gadael ei fywyd fel y gweddill.

Siguieron a Perrault y a François, ahora desaparecidos sin posibilidad de recuperación.

Dilynasant Perrault a François, a oedd bellach wedi mynd y tu hwnt i'r cof.

Buck y el equipo fueron conducidos al descuidado campamento de sus nuevos dueños.

Arweiniwyd Buck a'r tîm i wersyll diofal eu perchnogion newydd.

La tienda se hundía, los platos estaban sucios y todo estaba desordenado.

Sugnodd y babell, roedd y llestri'n fudr, ac roedd popeth mewn anhrefn.

Buck también notó que había una mujer allí: Mercedes, la esposa de Charles y hermana de Hal.

Sylwodd Buck ar fenyw yno hefyd—Mercedes, gwraig Charles a chwaer Hal.

Formaban una familia completa, aunque no eran aptos para el recorrido.

Fe wnaethon nhw deulu cyflawn, er eu bod nhw ymhell o fod yn addas ar gyfer y llwybr.

Buck observó nervioso cómo el trío comenzó a empacar los suministros.

Gwyliodd Buck yn nerfus wrth i'r triawd ddechrau pacio'r cyflenwadau.

Trabajaron duro, pero sin orden: sólo alboroto y esfuerzos desperdiciados.

Fe wnaethon nhw weithio'n galed ond heb drefn—dim ond ffwdan ac ymdrech wastraff.

La tienda estaba enrollada hasta formar un volumen demasiado grande para el trineo.

Roedd y babell wedi'i rholio i siâp swmpus, yn llawer rhy fawr ar gyfer y sled.

Los platos sucios se empaquetaron sin limpiarlos ni secarlos.

Roedd llestri budr wedi'u pacio heb eu glanhau na'u sychu o gwbl.

Mercedes revoloteaba por todos lados, hablando, corrigiendo y entrometiéndose constantemente.

Roedd Mercedes yn hedfan o gwmpas, yn siarad, yn cywiro ac yn ymyrryd yn gyson.

Cuando le ponían un saco en el frente, ella insistía en que lo pusieran en la parte de atrás.

Pan osodwyd sach ar y blaen, mynnodd ei fod yn mynd ar y cefn.

Metió la bolsa en el fondo y al siguiente momento la necesitó.

Paciodd y sach yn y gwaelod, a'r funud nesaf roedd ei hangen arni.

De esta manera, el trineo fue desempaquetado nuevamente para alcanzar la bolsa específica.

Felly dadbacio'r sled eto i gyrraedd yr un bag penodol.

Cerca de allí, tres hombres estaban parados afuera de una tienda de campaña, observando cómo se desarrollaba la escena.

Gerllaw, roedd tri dyn yn sefyll y tu allan i babell, yn gwylio'r olygfa'n datblygu.

Sonrieron, guiñaron el ojo y sonrieron ante la evidente confusión de los recién llegados.

Fe wnaethon nhw wenu, wincio, a gwenu ar ddryswch amlwg y newydd-ddyfodiaid.

"Ya tienes una carga bastante pesada", dijo uno de los hombres.

"Mae gennych chi lwyth trwm iawn yn barod," meddai un o'r dynion.

"No creo que debas llevar esa tienda de campaña, pero es tu elección".

"Dydw i ddim yn meddwl y dylech chi gario'r babell honno, ond eich dewis chi yw hi."

"¡Inimaginable!", exclamó Mercedes levantando las manos con desesperación.

"Heb freuddwydio amdano!" gwaeddodd Mercedes, gan daflu ei dwylo i fyny mewn anobaith.

"¿Cómo podría viajar sin una tienda de campaña donde refugiarme?"

"Sut allwn i deithio heb babell i aros oddi tani?"

"Es primavera, ya no volverás a ver el frío", respondió el hombre.

"Mae hi'n wanwyn—fyddwch chi ddim yn gweld tywydd oer eto," atebodd y dyn.

Pero ella meneó la cabeza y ellos siguieron apilando objetos en el trineo.

Ond ysgwydodd ei phen, ac fe barhaon nhw i bentyrru eitemau ar y sled.

La carga se elevó peligrosamente a medida que añadían los últimos elementos.

Cododd y llwyth yn beryglus o uchel wrth iddyn nhw ychwanegu'r pethau olaf.

"¿Crees que el trineo se deslizará?" preguntó uno de los hombres con mirada escéptica.

"Tybed a fydd y sled yn reidio?" gofynnodd un o'r dynion gyda golwg amheus.

"¿Por qué no debería?", replicó Charles con gran fastidio.

"Pam na ddylai?" atebodd Charles yn sydyn gyda dicter llym.

—Está bien —dijo rápidamente el hombre, alejándose un poco de la ofensa.

"O, mae hynny'n iawn," meddai'r dyn yn gyflym, gan gilio rhag y sarhad.

"Solo me preguntaba, me pareció que tenía la parte superior demasiado pesada".

"Roeddwn i ond yn meddwl tybed—roedd e'n edrych ychydig yn rhy drwm ar ei ben i mi."

Charles se dio la vuelta y ató la carga lo mejor que pudo.

Trodd Charles i ffwrdd a rhwymo'r llwyth i lawr cyn gynted ag y gallai.

Pero las ataduras estaban sueltas y el embalaje en general estaba mal hecho.

Ond roedd y clymiadau'n llac a'r pacio wedi'i wneud yn wael ar y cyfan.

"Claro, los perros tirarán de eso todo el día", dijo otro hombre con sarcasmo.

"Wrth gwrs, bydd y cŵn yn tynnu hynny drwy'r dydd," meddai dyn arall yn sarkastig.

—Por supuesto —respondió Hal con frialdad, agarrando el largo palo del trineo.

"Wrth gwrs," atebodd Hal yn oer, gan afael ym polyn hir y sled.

Con una mano en el poste, blandía el látigo con la otra.

Gyda un llaw ar y polyn, siglodd y chwip yn y llall.

"¡Vamos!", gritó. "¡Muévanse!", instando a los perros a empezar.

"Gadewch i ni fynd!" gwaeddodd. "Symudwch hi!" gan annog y cŵn i gychwyn.

Los perros se inclinaron hacia el arnés y se tensaron durante unos instantes.

Pwysodd y cŵn i'r harnais ac straenio am ychydig eiliadau.

Entonces se detuvieron, incapaces de mover ni un centímetro el trineo sobrecargado.

Yna fe stopion nhw, heb allu symud y sled gorlwythog fodfedd.

—¡Esos brutos perezosos! —gritó Hal, levantando el látigo para golpearlos.

"Y creaduriaid diog!" gwaeddodd Hal, gan godi'r chwip i'w taro.

Pero Mercedes entró corriendo y le arrebató el látigo de las manos a Hal.

Ond rhuthrodd Mercedes i mewn a chipio'r chwip o ddwylo Hal.

—Oh, Hal, no te atrevas a hacerles daño —gritó alarmada.

"O, Hal, paid â meiddio eu brifo nhw," gwaeddodd mewn dychryn.

"Prométeme que serás amable con ellos o no daré un paso más".

"Addawa i mi y byddi di'n garedig wrthyn nhw, neu wna i ddim mynd gam arall."

—No sabes nada de perros —le espetó Hal a su hermana.

"Dwyt ti ddim yn gwybod dim am gŵn," meddai Hal yn sydyn wrth ei chwaer.

"Son perezosos y la única forma de moverlos es azotándolos".

"Maen nhw'n ddiog, a'r unig ffordd i'w symud yw eu chwipio."

"Pregúntale a cualquiera, pregúntale a uno de esos hombres de allí si dudas de mí".

"Gofynnwch i unrhyw un—gofynnwch i un o'r dynion hynny draw fan'na os ydych chi'n amau fi."

Mercedes miró a los espectadores con ojos suplicantes y llorosos.

Edrychodd Mercedes ar y gwylwyr â llygaid erfyniol, dagreuol.

Su rostro mostraba lo profundamente que odiaba ver cualquier dolor.

Roedd ei hwyneb yn dangos pa mor ddwfn yr oedd hi'n casáu gweld unrhyw boen.

"Están débiles, eso es todo", dijo un hombre. "Están agotados".

"Maen nhw'n wan, dyna'r cyfan," meddai un dyn. "Maen nhw wedi blino'n lân."

"Necesitan descansar, han trabajado demasiado tiempo sin descansar".

"Mae angen gorffwys arnyn nhw—maen nhw wedi cael eu gweithio'n rhy hir heb seibiant."

—Maldito sea el resto —murmuró Hal con el labio curvado.

"Melltith ar y gweddill," muttered Hal â'i wefus wedi'i chyrlio.

Mercedes jadeó, visiblemente dolida por la grosera palabra que pronunció.

Anadlodd Mercedes, yn amlwg wedi'i phoeni gan y gair garw ganddo.

Aún así, ella se mantuvo leal y defendió instantáneamente a su hermano.

Serch hynny, arhosodd yn ffyddlon ac amddiffynnodd ei brawd ar unwaith.

—No le hagas caso a ese hombre —le dijo a Hal—. Son nuestros perros.

"Paid â phoeni am y dyn yna," meddai wrth Hal. "Nhw yw ein cŵn ni."

"Los conduces como mejor te parezca, haz lo que creas correcto".

"Rydych chi'n eu gyrru fel y gwelwch chi'n dda—gwnewch yr hyn sy'n iawn yn eich barn chi."

Hal levantó el látigo y volvió a golpear a los perros sin piedad.

Cododd Hal y chwip a tharo'r cŵn eto heb drugaredd.

Se lanzaron hacia adelante, con el cuerpo agachado y los pies hundidos en la nieve.

Neidion nhw ymlaen, cyrff yn isel, traed yn gwthio i'r eira.

Ponían toda su fuerza en tirar, pero el trineo no se movía.

Aeth eu holl nerth i'r tynnu, ond nid oedd y sled yn symud.

El trineo quedó atascado, como un ancla congelada en la nieve compacta.

Arhosodd y sled yn sownd, fel angor wedi rhewi i'r eira wedi'i bacio.

Tras un segundo esfuerzo, los perros se detuvieron de nuevo, jadeando con fuerza.
Ar ôl ail ymdrech, stopiodd y cŵn eto, gan anadlu'n drwm.
Hal levantó el látigo una vez más, justo cuando Mercedes interfirió nuevamente.
Cododd Hal y chwip unwaith eto, wrth i Mercedes ymyrryd eto.
Ella cayó de rodillas frente a Buck y abrazó su cuello.
Syrthiodd ar ei phen-gliniau o flaen Buck a chofleidio ei wddf.
Las lágrimas llenaron sus ojos mientras le suplicaba al perro exhausto.
Llenwodd dagrau ei llygaid wrth iddi erfyn ar y ci blinedig.
"Pobres queridos", dijo, "¿por qué no tiran más fuerte?"
"Chwi annwyliaid tlawd," meddai hi, "pam na wnewch chi dynnu'n galetach?"
"Si tiras, no te azotarán así".
"Os wyt ti'n tynnu, yna fyddi di ddim yn cael dy chwipio fel hyn."
A Buck no le gustaba Mercedes, pero estaba demasiado cansado para resistirse a ella ahora.
Nid oedd Buck yn hoffi Mercedes, ond roedd yn rhy flinedig i'w gwrthsefyll nawr.
Él aceptó sus lágrimas como una parte más de ese día miserable.
Derbyniodd ei dagrau fel dim ond rhan arall o'r diwrnod truenus.
Uno de los hombres que observaban finalmente habló después de contener su ira.
Siaradodd un o'r dynion oedd yn gwylio o'r diwedd ar ôl atal ei ddicter.
"No me importa lo que les pase a ustedes, pero esos perros importan".
"Does dim ots gen i beth sy'n digwydd i chi bobl, ond mae'r cŵn hynny'n bwysig."
"Si quieres ayudar, suelta ese trineo: está congelado hasta la nieve".

"Os ydych chi eisiau helpu, torrwch y sled yna'n rhydd—mae wedi rhewi i'r eira."

"Presiona con fuerza el polo G, derecha e izquierda, y rompe el sello de hielo".

"Gwthiwch yn galed ar y polyn gee, i'r dde ac i'r chwith, a thorrwch y sêl iâ."

Se hizo un tercer intento, esta vez siguiendo la sugerencia del hombre.

Gwnaed trydydd ymgais, y tro hwn yn dilyn awgrym y dyn.

Hal balanceó el trineo de un lado a otro, soltando los patines.

Ysgwydodd Hal y sled o ochr i ochr, gan ryddhau'r rhedwyr.

El trineo, aunque sobrecargado y torpe, finalmente avanzó con dificultad.

Er bod y sled wedi'i orlwytho ac yn lletchwith, fe syrthiodd ymlaen o'r diwedd.

Buck y los demás tiraron salvajemente, impulsados por una tormenta de latigazos.

Tynnodd Buck a'r lleill yn wyllt, wedi'u gyrru gan storm o chwiplashes.

Cien metros más adelante, el sendero se curvaba y descendía hacia la calle.

Can llath ymlaen, roedd y llwybr yn troi ac yn llethr i'r stryd.

Se hubiera necesitado un conductor habilidoso para mantener el trineo en posición vertical.

Byddai wedi cymryd gyrrwr medrus i gadw'r sled yn unionsyth.

Hal no era hábil y el trineo se volcó al girar en la curva.

Nid oedd Hal yn fedrus, a throdd y sled wrth iddo siglo o amgylch y tro.

Las ataduras sueltas cedieron y la mitad de la carga se derramó sobre la nieve.

Rhoddodd llinynnau rhydd ffordd, a thywalltodd hanner y llwyth ar yr eira.

Los perros no se detuvieron; el trineo, más ligero, siguió volando de lado.

Ni stopiodd y cŵn; hedfanodd y sled ysgafnach ar ei ochr.

Enojados por el abuso y la pesada carga, los perros corrieron más rápido.
Yn flin oherwydd y cam-drin a'r baich trwm, rhedodd y cŵn yn gyflymach.
Buck, furioso, echó a correr, con el equipo siguiéndolo detrás.
Mewn cynddaredd, dechreuodd Buck redeg, gyda'r tîm yn dilyn ar ei ôl.
Hal gritó "¡Guau! ¡Guau!", pero el equipo no le hizo caso.
Gwaeddodd Hal "Whoa! Whoa!" ond ni roddodd y tîm unrhyw sylw iddo.
Tropezó, cayó y fue arrastrado por el suelo por el arnés.
Baglodd, syrthiodd, a chafodd ei lusgo ar hyd y llawr gan yr harnais.
El trineo volcado saltó sobre él mientras los perros corrían delante.
Tarodd y sled oedd wedi troi drosto wrth i'r cŵn rasio ymlaen.
El resto de los suministros se dispersaron por la concurrida calle de Skaguay.
Roedd gweddill y cyflenwadau wedi'u gwasgaru ar draws stryd brysur Skaguay.
La gente bondadosa se apresuró a detener a los perros y recoger el equipo.
Rhuthrodd pobl garedig i atal y cŵn a chasglu'r offer.
También dieron consejos, contundentes y prácticos, a los nuevos viajeros.
Rhoddasant gyngor, yn blwmp ac yn ymarferol, i'r teithwyr newydd hefyd.
"Si quieres llegar a Dawson, lleva la mitad de la carga y el doble de perros".
"Os ydych chi eisiau cyrraedd Dawson, cymerwch hanner y llwyth a dyblwch y cŵn."
Hal, Charles y Mercedes escucharon, aunque no con entusiasmo.
Gwrandawodd Hal, Charles, a Mercedes, er nad gyda brwdfrydedd.

Instalaron su tienda de campaña y comenzaron a clasificar sus suministros.

Fe wnaethon nhw godi eu pabell a dechrau didoli eu cyflenwadau.

Salieron alimentos enlatados, lo que hizo reír a carcajadas a los espectadores.

Allan daeth nwyddau tun, a wnaeth i'r gwylwyr chwerthin yn uchel.

"¿Enlatado en el camino? Te morirás de hambre antes de que se derrita", dijo uno.

"Stwff tun ar y llwybr? Byddwch chi'n llwgu cyn i hynny doddi," meddai un.

¿Mantas de hotel? Mejor tíralas todas.

"Blancedi gwesty? Mae'n well i chi eu taflu nhw i gyd allan."

"Si también deshazte de la tienda de campaña, aquí nadie lava los platos".

"Gadael y babell hefyd, a does neb yn golchi llestri yma."

¿Crees que estás viajando en un tren Pullman con sirvientes a bordo?

"Tybed a ydych chi'n meddwl eich bod chi'n teithio ar drên Pullman gyda gweision ar fwrdd?"

El proceso comenzó: todos los objetos inútiles fueron arrojados a un lado.

Dechreuodd y broses—cafodd pob eitem ddiwerth ei thaflu i'r ochr.

Mercedes lloró cuando sus maletas fueron vaciadas en el suelo nevado.

Criodd Mercedes pan gafodd ei bagiau eu gwagio ar y ddaear eiraog.

Ella sollozaba por cada objeto que tiraba, uno por uno, sin pausa.

Wylodd dros bob eitem a daflwyd allan, un wrth un heb oedi.

Ella juró no dar un paso más, ni siquiera por diez Charleses.

Addawodd na fyddai'n mynd un cam arall—ddim hyd yn oed am ddeg Siarl.

Ella le rogó a cada persona cercana que le permitiera conservar sus cosas preciosas.

Erfyniodd ar bob person gerllaw i adael iddi gadw ei phethau gwerthfawr.

Por último, se secó los ojos y comenzó a arrojar incluso la ropa más importante.

O'r diwedd, sychodd ei llygaid a dechrau taflu hyd yn oed dillad hanfodol.

Cuando terminó con los suyos, comenzó a vaciar los suministros de los hombres.

Pan oedd hi wedi gorffen gyda'i nwyddau ei hun, dechreuodd wagio cyflenwadau'r dynion.

Como un torbellino, destrozó las pertenencias de Charles y Hal.

Fel corwynt, rhwygodd drwy eiddo Charles a Hal.

Aunque la carga se redujo a la mitad, todavía era mucho más pesada de lo necesario.

Er bod y llwyth wedi'i haneru, roedd yn dal i fod yn llawer trymach nag oedd ei angen.

Esa noche, Charles y Hal salieron y compraron seis perros nuevos.

Y noson honno, aeth Charles a Hal allan a phrynu chwe chi newydd.

Estos nuevos perros se unieron a los seis originales, además de Teek y Koona.

Ymunodd y cŵn newydd hyn â'r chwech gwreiddiol, ynghyd â Teek a Koona.

Juntos formaron un equipo de catorce perros enganchados al trineo.

Gyda'i gilydd fe wnaethon nhw dîm o bedwar ci ar ddeg wedi'u clymu wrth y sled.

Pero los nuevos perros no eran aptos y estaban mal entrenados para el trabajo con trineos.

Ond roedd y cŵn newydd yn anaddas ac wedi'u hyfforddi'n wael ar gyfer gwaith sled.

Tres de los perros eran pointers de pelo corto y uno era un Terranova.

Roedd tri o'r cŵn yn gŵn pwyntydd blew byr, ac roedd un yn Newfoundland.

Los dos últimos perros eran mestizos, sin ninguna raza ni propósito claros.
Roedd y ddau gi olaf yn gŵn mwt heb unrhyw frid na phwrpas clir o gwbl.
No entendieron el camino y no lo aprendieron rápidamente.
Doedden nhw ddim yn deall y llwybr, ac doedden nhw ddim yn ei ddysgu'n gyflym.
Buck y sus compañeros los miraron con desprecio y profunda irritación.
Gwyliodd Buck a'i ffrindiau nhw gyda dirmyg a llid dwfn.
Aunque Buck les enseñó lo que no debían hacer, no podía enseñarles cuál era el deber.
Er i Buck ddysgu iddyn nhw beth i beidio â'i wneud, ni allai ddysgu iddyn nhw ddyletswydd.
No se adaptaron bien a la vida en senderos ni al tirón de las riendas y los trineos.
Doedden nhw ddim yn hoffi bywyd ar hyd y llwybr na thynnu awenau a slediau.
Sólo los mestizos intentaron adaptarse, e incluso a ellos les faltó espíritu de lucha.
Dim ond y mongrels a geisiodd addasu, a hyd yn oed nhw oedd yn brin o ysbryd ymladd.
Los demás perros estaban confundidos, debilitados y destrozados por su nueva vida.
Roedd y cŵn eraill wedi drysu, wedi gwanhau, ac wedi torri gan eu bywyd newydd.
Con los nuevos perros desorientados y los viejos exhaustos, la esperanza era escasa.
Gyda'r cŵn newydd yn ddi-glem a'r hen rai wedi blino'n lân, roedd gobaith yn brin.
El equipo de Buck había recorrido dos mil quinientas millas de senderos difíciles.
Roedd tîm Buck wedi gorchuddio dau ddeg pump cant o filltiroedd o lwybr garw.
Aún así, los dos hombres estaban alegres y orgullosos de su gran equipo de perros.

Serch hynny, roedd y ddau ddyn yn llawen ac yn falch o'u tîm cŵn mawr.

Creían que viajaban con estilo, con catorce perros enganchados.

Roedden nhw'n meddwl eu bod nhw'n teithio mewn steil, gyda phedwar ar ddeg o gŵn wedi'u clymu.

Habían visto trineos partir hacia Dawson y otros llegar desde allí.

Roedden nhw wedi gweld slediau'n gadael am Dawson, ac eraill yn cyrraedd oddi yno.

Pero nunca habían visto uno tirado por tantos catorce perros.

Ond ni welsant erioed un yn cael ei dynnu gan gynifer â phedwar ar ddeg o gŵn.

Había una razón por la que equipos como ese eran raros en el desierto del Ártico.

Roedd yna reswm pam fod timau o'r fath yn brin yn anialwch yr Arctig.

Ningún trineo podría transportar suficiente comida para alimentar a catorce perros durante el viaje.

Ni allai unrhyw sled gario digon o fwyd i fwydo pedwar ar ddeg o gŵn ar gyfer y daith.

Pero Charles y Hal no lo sabían: habían hecho los cálculos.

Ond doedd Charles a Hal ddim yn gwybod hynny—roedden nhw wedi gwneud y mathemateg.

Planificaron la comida: tanta cantidad por perro, tantos días, y listo.

Fe wnaethon nhw nodi'r bwyd gyda phensil: cymaint i bob ci, cymaint o ddyddiau, wedi'i wneud.

Mercedes miró sus figuras y asintió como si tuviera sentido.

Edrychodd Mercedes ar eu ffigurau ac amneidiodd fel pe bai'n gwneud synnwyr.

Todo le parecía muy sencillo, al menos en el papel.

Roedd y cyfan yn ymddangos yn syml iawn iddi, o leiaf ar bapur.

A la mañana siguiente, Buck guió al equipo lentamente por la calle nevada.

Y bore wedyn, arweiniodd Buck y tîm yn araf i fyny'r stryd eiraog.

No había energía ni espíritu en él ni en los perros detrás de él.

Nid oedd unrhyw egni nac ysbryd ynddo nac yn y cŵn y tu ôl iddo.

Estaban muertos de cansancio desde el principio: no les quedaban reservas.

Roedden nhw wedi blino'n lân o'r dechrau—doedd dim arian wrth gefn ar ôl.

Buck ya había hecho cuatro viajes entre Salt Water y Dawson.

Roedd Buck wedi gwneud pedair taith rhwng Salt Water a Dawson eisoes.

Ahora, enfrentado nuevamente el mismo desafío, no sentía nada más que amargura.

Nawr, yn wynebu'r un llwybr eto, nid oedd yn teimlo dim byd ond chwerwder.

Su corazón no estaba en ello, ni tampoco el corazón de los otros perros.

Nid oedd ei galon ynddo, nac yr oedd calonnau'r cŵn eraill chwaith.

Los nuevos perros eran tímidos y los huskies carecían de confianza.

Roedd y cŵn newydd yn swil, ac roedd yr hyscis yn brin o ymddiriedaeth.

Buck sintió que no podía confiar en estos dos hombres ni en su hermana.

Teimlai Buck na allai ddibynnu ar y ddau ddyn hyn na'u chwaer.

No sabían nada y no mostraron señales de aprender en el camino.

Doedden nhw ddim yn gwybod dim ac nid oedden nhw'n dangos unrhyw arwyddion o ddysgu ar y llwybr.

Estaban desorganizados y carecían de cualquier sentido de disciplina.

Roeddent yn anhrefnus ac yn brin o unrhyw ymdeimlad o ddisgyblaeth.

Les tomó media noche montar un campamento descuidado cada vez.

Cymerodd hanner y nos iddyn nhw sefydlu gwersyll flêr bob tro.

Y la mitad de la mañana siguiente la pasaron otra vez jugueteando con el trineo.

A hanner y bore canlynol treulion nhw'n ymyrryd â'r sled eto.

Al mediodía, a menudo se detenían simplemente para arreglar la carga desigual.

Erbyn hanner dydd, byddent yn aml yn stopio dim ond i drwsio'r llwyth anwastad.

Algunos días, viajaron menos de diez millas en total.

Ar rai dyddiau, roedden nhw'n teithio llai na deg milltir i gyd.

Otros días ni siquiera conseguían salir del campamento.

Dyddiau eraill, ni lwyddodd nhw i adael y gwersyll o gwbl.

Nunca llegaron a cubrir la distancia alimentaria planificada.

Ni ddaethant byth yn agos at gwmpasu'r pellter bwyd a gynlluniwyd.

Como era de esperar, muy rápidamente se quedaron sin comida para los perros.

Fel y disgwyliwyd, fe wnaethon nhw redeg yn brin o fwyd i'r cŵn yn gyflym iawn.

Empeoró las cosas sobrealimentándolos en los primeros días.

Fe wnaethon nhw waethygu pethau trwy or-fwydo yn y dyddiau cynnar.

Esto acercaba la hambruna con cada ración descuidada.

Daeth hyn â newyn yn nes gyda phob dogn diofal.

Los nuevos perros no habían aprendido a sobrevivir con muy poco.

Nid oedd y cŵn newydd wedi dysgu goroesi ar ychydig iawn.

Comieron con hambre, con apetitos demasiado grandes para el camino.

Bwytasant yn llwglyd, gydag archwaeth yn rhy fawr ar gyfer y llwybr.

Al ver que los perros se debilitaban, Hal creyó que la comida no era suficiente.
Wrth weld y cŵn yn gwanhau, credai Hal nad oedd y bwyd yn ddigon.
Duplicó las raciones, empeorando aún más el error.
Dyblodd y dognau, gan wneud y camgymeriad hyd yn oed yn waeth.
Mercedes añadió más problemas con lágrimas y suaves súplicas.
Ychwanegodd Mercedes at y broblem gyda dagrau ac erfyn ysgafn.
Cuando no pudo convencer a Hal, alimentó a los perros en secreto.
Pan na allai hi argyhoeddi Hal, bwydodd y cŵn yn gyfrinachol.
Ella robó de los sacos de pescado y se lo dio a sus espaldas.
Lladrataodd o'r sachau pysgod a'i rhoi iddyn nhw y tu ôl i'w gefn.
Pero lo que los perros realmente necesitaban no era más comida: era descanso.
Ond nid mwy o fwyd oedd ei angen ar y cŵn mewn gwirionedd—gorffwys oedd e.
Iban a poca velocidad, pero el pesado trineo aún seguía avanzando.
Roedden nhw'n gwneud amser gwael, ond roedd y sled trwm yn dal i lusgo ymlaen.
Ese peso solo les quitaba las fuerzas que les quedaban cada día.
Roedd y pwysau hwnnw yn unig yn draenio eu cryfder sy'n weddill bob dydd.
Luego vino la etapa de desalimentación ya que los suministros escasearon.
Yna daeth y cam o danfwydo wrth i'r cyflenwadau redeg yn brin.
Una mañana, Hal se dio cuenta de que la mitad de la comida para perros ya había desaparecido.

Sylweddolodd Hal un bore fod hanner bwyd y cŵn eisoes wedi mynd.

Sólo habían recorrido una cuarta parte de la distancia total del recorrido.

Dim ond chwarter o gyfanswm pellter y llwybr yr oeddent wedi teithio.

No se podía comprar más comida por ningún precio que se ofreciera.

Ni ellid prynu mwy o fwyd, ni waeth beth oedd y pris a gynigiwyd.

Redujo las raciones de los perros por debajo de la ración diaria estándar.

Gostyngodd ddognau'r cŵn islaw'r dogn dyddiol safonol.

Al mismo tiempo, exigió viajes más largos para compensar las pérdidas.

Ar yr un pryd, mynnodd deithio hirach i wneud iawn am y golled.

Mercedes y Carlos apoyaron este plan, pero fracasaron en su ejecución.

Cefnogodd Mercedes a Charles y cynllun hwn, ond methodd â'i weithredu.

Su pesado trineo y su falta de habilidad hicieron que el avance fuera casi imposible.

Roedd eu sled trwm a'u diffyg sgiliau yn gwneud cynnydd bron yn amhosibl.

Era fácil dar menos comida, pero imposible forzar más esfuerzo.

Roedd yn hawdd rhoi llai o fwyd, ond yn amhosibl gorfodi mwy o ymdrech.

No podían salir temprano ni tampoco viajar horas extras.

Ni allent ddechrau'n gynnar, nac ychwaith deithio am oriau ychwanegol.

No sabían cómo trabajar con los perros, ni tampoco ellos mismos.

Doedden nhw ddim yn gwybod sut i weithio'r cŵn, nac ychwaith nhw eu hunain, o ran hynny.

El primer perro que murió fue Dub, el desafortunado pero trabajador ladrón.
Y ci cyntaf i farw oedd Dub, y lleidr anlwcus ond gweithgar.
Aunque a menudo lo castigaban, Dub había hecho su parte sin quejarse.
Er ei fod yn aml yn cael ei gosbi, roedd Dub wedi gwneud ei orau heb gwyno.
Su hombro lesionado empeoró sin cuidados ni necesidad de descanso.
Gwaethygodd ei ysgwydd anafedig heb ofal nac angen gorffwys.
Finalmente, Hal usó el revólver para acabar con el sufrimiento de Dub.
Yn olaf, defnyddiodd Hal y rifolfer i roi terfyn ar ddioddefaint Dub.
Un dicho común afirma que los perros normales mueren con raciones para perros esquimales.
Dywediad cyffredin oedd bod cŵn normal yn marw ar fwyd husky.
Los seis nuevos compañeros de Buck tenían sólo la mitad de la porción de comida del husky.
Dim ond hanner cyfran yr husky o fwyd oedd gan chwe chyfaill newydd Buck.
Primero murió el Terranova y después los tres bracos de pelo corto.
Bu farw'r Newfoundland yn gyntaf, yna'r tri chi pwyntydd gwallt byr.
Los dos mestizos resistieron más tiempo pero finalmente perecieron como el resto.
Daliodd y ddau gymysgydd ymlaen yn hirach ond bu farw yn y diwedd fel y gweddill.
Para entonces, todas las comodidades y la dulzura de Southland habían desaparecido.
Erbyn hyn, roedd holl fwynderau a thynerwch y Deheudir wedi diflannu.
Las tres personas habían perdido los últimos vestigios de su educación civilizada.

Roedd y tri pherson wedi taflu olion olaf eu magwraeth
waraidd.
Despojado de glamour y romance, el viaje al Ártico se volvió brutalmente real.
Heb unrhyw hud a lledrith, daeth teithio yn yr Arctig yn gwbl real.
Era una realidad demasiado dura para su sentido de masculinidad y feminidad.
Roedd yn realiti rhy llym i'w synnwyr o wrywdod a benyweidd-dra.
Mercedes ya no lloraba por los perros, ahora lloraba sólo por ella misma.
Nid oedd Mercedes yn wylo am y cŵn mwyach, ond yn awr dim ond amdani ei hun yr oedd yn wylo.
Pasó su tiempo llorando y peleando con Hal y Charles.
Treuliodd ei hamser yn crio ac yn ffraeo gyda Hal a Charles.
Pelear era lo único que nunca estaban demasiado cansados para hacer.
Ffraeo oedd yr un peth nad oeddent byth yn rhy flinedig i'w wneud.
Su irritabilidad surgió de la miseria, creció con ella y la superó.
Deilliodd eu anniddigrwydd o drallod, tyfodd gydag ef, a rhagori arno.
La paciencia del camino, conocida por quienes trabajan y sufren con bondad, nunca llegó.
Ni ddaeth amynedd y llwybr, a adnabyddir i'r rhai sy'n llafurio ac yn dioddef yn garedig.
Esa paciencia que conserva dulce la palabra a pesar del dolor les era desconocida.
Yr oedd yr amynedd hwnnw, sy'n cadw lleferydd yn felys trwy boen, yn anhysbys iddynt.
No tenían ni un ápice de paciencia ni la fuerza que suponía sufrir con gracia.
Nid oedd ganddyn nhw unrhyw awgrym o amynedd, dim nerth a dynnwyd o ddioddefaint â gras.

Estaban rígidos por el dolor: les dolían los músculos, los huesos y el corazón.
Roedden nhw'n stiff gyda phoen—yn dolurus yn eu cyhyrau, eu hesgyrn, a'u calonnau.
Por eso se volvieron afilados de lengua y rápidos para usar palabras ásperas.
Oherwydd hyn, daethant yn finiog o dafod a chyflym gyda geiriau llym.
Cada día comenzaba y terminaba con voces enojadas y amargas quejas.
Dechreuodd a gorffennodd pob diwrnod gyda lleisiau blin a chwynion chwerw.
Charles y Hal discutían cada vez que Mercedes les daba una oportunidad.
Roedd Charles a Hal yn ffraeo pryd bynnag y byddai Mercedes yn rhoi cyfle iddyn nhw.
Cada hombre creía que hacía más de lo que le correspondía en el trabajo.
Credai pob dyn ei fod wedi gwneud mwy na'i gyfran deg o'r gwaith.
Ninguno de los dos perdió la oportunidad de decirlo una y otra vez.
Ni chollodd y naill na'r llall gyfle i ddweud hynny, dro ar ôl tro.
A veces Mercedes se ponía del lado de Charles, a veces del lado de Hal.
Weithiau roedd Mercedes yn ochri gyda Charles, weithiau gyda Hal.
Esto dio lugar a una gran e interminable disputa entre los tres.
Arweiniodd hyn at ffrae fawr a diddiwedd ymhlith y tri.
Una disputa sobre quién debería cortar leña se salió de control.
Aeth anghydfod ynghylch pwy ddylai dorri coed tân allan o reolaeth.
Pronto se nombraron padres, madres, primos y parientes muertos.

Yn fuan, enwyd tadau, mamau, cefndryd, a pherthnasau marw.

Las opiniones de Hal sobre el arte o las obras de su tío se convirtieron en parte de la pelea.

Daeth barn Hal ar gelf neu ddramâu ei ewythr yn rhan o'r frwydr.

Las creencias políticas de Charles también entraron en el debate.

Ymunodd credoau gwleidyddol Charles â'r ddadl hefyd.

Para Mercedes, incluso los chismes de la hermana de su marido parecían relevantes.

I Mercedes, roedd hyd yn oed clecs chwaer ei gŵr yn ymddangos yn berthnasol.

Ella expresó sus opiniones sobre eso y sobre muchos de los defectos de la familia de Charles.

Mynegodd farn ar hynny ac ar lawer o ddiffygion teulu Charles.

Mientras discutían, el fuego permaneció apagado y el campamento medio montado.

Tra roedden nhw'n dadlau, arhosodd y tân heb ei gynnau a'r gwersyll hanner gosod.

Mientras tanto, los perros permanecieron fríos y sin comida.

Yn y cyfamser, roedd y cŵn yn parhau i fod yn oer a heb unrhyw fwyd.

Mercedes tenía un motivo de queja que consideraba profundamente personal.

Roedd gan Mercedes gŵyn yr oedd hi'n ei hystyried yn bersonol iawn.

Se sintió maltratada como mujer, negándole sus privilegios de gentileza.

Teimlai hi'n cael ei cham-drin fel menyw, wedi cael ei gwadu ei breintiau tyner.

Ella era bonita y dulce, y acostumbrada a la caballerosidad toda su vida.

Roedd hi'n bert ac yn feddal, ac wedi arfer â marchogion ar hyd ei hoes.

Pero su marido y su hermano ahora la trataban con impaciencia.
Ond roedd ei gŵr a'i brawd bellach yn ei thrin â diffyg amynedd.
Su costumbre era actuar con impotencia y comenzaron a quejarse.
Ei harfer oedd ymddwyn yn ddiymadferth, a dechreuon nhw gwyno.
Ofendida por esto, les hizo la vida aún más difícil.
Wedi'i thramgwyddo gan hyn, gwnaeth hi eu bywydau hyd yn oed yn anoddach.
Ella ignoró a los perros e insistió en montar ella misma el trineo.
Anwybyddodd y cŵn a mynnu reidio'r sled ei hun.
Aunque parecía ligera de aspecto, pesaba ciento veinte libras.
Er ei bod yn ysgafn o ran golwg, roedd hi'n pwyso cant ugain pwys.
Esa carga adicional era demasiado para los perros hambrientos y débiles.
Roedd y baich ychwanegol hwnnw'n ormod i'r cŵn newynog, gwan.
Aún así, ella cabalgó durante días, hasta que los perros se desplomaron en las riendas.
Serch hynny, roedd hi'n marchogaeth am ddyddiau, nes i'r cŵn gwympo yn yr awenau.
El trineo se detuvo y Charles y Hal le rogaron que caminara.
Safodd y sled yn llonydd, ac erfyniodd Charles a Hal arni i gerdded.
Ellos suplicaron y rogaron, pero ella lloró y los llamó crueles.
Fe wnaethon nhw erfyn ac ymbil, ond fe wylodd hi a'u galw'n greulon.
En una ocasión la sacaron del trineo con pura fuerza y enojo.
Ar un achlysur, fe'i tynnon nhw oddi ar y sled gyda grym a dicter pur.

Nunca volvieron a intentarlo después de lo que pasó aquella vez.
Wnaethon nhw byth geisio eto ar ôl yr hyn a ddigwyddodd y tro hwnnw.

Ella se quedó flácida como un niño mimado y se sentó en la nieve.
Aeth hi'n llipa fel plentyn wedi'i ddifetha ac eisteddodd yn yr eira.

Ellos siguieron adelante, pero ella se negó a levantarse o seguirlos.
Symudon nhw ymlaen, ond gwrthododd hi godi na dilyn ar ei hôl hi.

Después de tres millas, se detuvieron, regresaron y la llevaron de regreso.
Ar ôl tair milltir, fe wnaethon nhw stopio, dychwelyd, a'i chario hi'n ôl.

La volvieron a cargar en el trineo, nuevamente usando la fuerza bruta.
Fe wnaethon nhw ei hail-lwytho hi ar y sled, gan ddefnyddio cryfder creulon unwaith eto.

En su profunda miseria, fueron insensibles al sufrimiento de los perros.
Yn eu dioddefaint dwfn, roeddent yn ddi-hid i ddioddefaint y cŵn.

Hal creía que uno debía endurecerse y forzar esa creencia a los demás.
Credai Hal fod yn rhaid caledu a gorfododd y gred honno ar eraill.

Primero intentó predicar su filosofía a su hermana.
Ceisiodd bregethu ei athroniaeth i'w chwaer yn gyntaf

y luego, sin éxito, le predicó a su cuñado.
ac yna, heb lwyddiant, pregethodd i'w frawd-yng-nghyfraith.

Tuvo más éxito con los perros, pero sólo porque los lastimaba.
Cafodd fwy o lwyddiant gyda'r cŵn, ond dim ond oherwydd iddo eu brifo.

En Five Fingers, la comida para perros se quedó completamente sin comida.
Yn Five Fingers, rhedodd y bwyd cŵn allan yn llwyr.
Una vieja india desdentada vendió unas cuantas libras de cuero de caballo congelado
Gwerthodd hen sgwarc ddi-ddannedd ychydig bunnoedd o groen ceffyl wedi'i rewi
Hal cambió su revólver por la piel de caballo seca.
Cyfnewidiodd Hal ei rifolfer am groen ceffyl sych.
La carne había procedido de caballos hambrientos de ganaderos meses antes.
Roedd y cig wedi dod gan geffylau newynog neu wartheg fisoedd ynghynt.
Congelada, la piel era como hierro galvanizado: dura y incomestible.
Wedi rhewi, roedd y croen fel haearn galfanedig; yn galed ac yn anfwytadwy.
Los perros tenían que masticar sin parar la piel para poder comérsela.
Roedd rhaid i'r cŵn gnoi'r croen yn ddiddiwedd i'w fwyta.
Pero las cuerdas correosas y el pelo corto no constituían apenas alimento.
Ond prin oedd y llinynnau lledr a'r gwallt byr yn faeth.
La mayor parte de la piel era irritante y no era alimento en ningún sentido estricto.
Roedd y rhan fwyaf o'r croen yn annifyr, ac nid bwyd mewn unrhyw ystyr wirioneddol.
Y durante todo ese tiempo, Buck se tambaleaba al frente, como en una pesadilla.
A thrwy'r cyfan, siglodd Buck ar y blaen, fel mewn hunllef.
Tiraba cuando podía, y cuando no, se quedaba tendido hasta que un látigo o un garrote lo levantaban.
Tynnodd pan allai; pan nad oedd, gorweddai nes i chwip neu glwb ei godi.
Su fino y brillante pelaje había perdido toda la rigidez y brillo que alguna vez tuvo.

Roedd ei gôt denau, sgleiniog wedi colli'r holl anystwythder a llewyrch a oedd ganddi unwaith.

Su cabello colgaba lacio, enmarañado y cubierto de sangre seca por los golpes.

Roedd ei wallt yn hongian yn llipa, yn llusgo, ac yn geulo â gwaed sych o'r ergydion.

Sus músculos se encogieron hasta convertirse en cuerdas y sus almohadillas de carne estaban todas desgastadas.

Cwympodd ei gyhyrau'n llinynnau, ac roedd ei badiau cnawd i gyd wedi treulio i ffwrdd.

Cada costilla, cada hueso se veía claramente a través de los pliegues de la piel arrugada.

Roedd pob asen, pob asgwrn yn dangos yn glir trwy blygiadau o groen crychlyd.

Fue desgarrador, pero el corazón de Buck no podía romperse.

Roedd yn dorcalonnus, ond ni allai calon Buck dorri.

El hombre del suéter rojo lo había probado y demostrado hacía mucho tiempo.

Roedd y dyn yn y siwmper goch wedi profi hynny a'i brofi amser maith yn ôl.

Tal como sucedió con Buck, sucedió con el resto de sus compañeros de equipo.

Fel yr oedd gyda Buck, felly yr oedd gyda'i holl gyd-chwaraewyr sy'n weddill.

Eran siete en total, cada uno de ellos un esqueleto andante de miseria.

Roedd saith i gyd, pob un yn sgerbwd cerdded o drallod.

Se habían vuelto insensibles a los latigazos y solo sentían un dolor distante.

Roedden nhw wedi mynd yn ddideimlad i chwipio, gan deimlo poen pell yn unig.

Incluso la vista y el sonido les llegaban débilmente, como a través de una espesa niebla.

Cyrhaeddodd hyd yn oed golwg a sain hwy'n wan, fel trwy niwl trwchus.

No estaban ni medio vivos: eran huesos con tenues chispas en su interior.
Nid oeddent yn hanner byw—esgyrn oeddent gyda gwreichion pylu y tu mewn.
Al detenerse, se desplomaron como cadáveres y sus chispas casi desaparecieron.
Pan gawsant eu stopio, cwympasant fel cyrff, eu gwreichion bron â diflannu.
Y cuando el látigo o el garrote volvían a golpear, las chispas revoloteaban débilmente.
A phan darodd y chwip neu'r clwb eto, byddai'r gwreichion yn fflapio'n wan.
Entonces se levantaron, se tambalearon hacia adelante y arrastraron sus extremidades hacia delante.
Yna codasant, camu ymlaen, a llusgo eu haelodau ymlaen.
Un día el amable Billee se cayó y ya no pudo levantarse.
Un diwrnod syrthiodd Billee caredig ac ni allai godi o gwbl mwyach.
Hal había cambiado su revólver, por lo que utilizó un hacha para matar a Billee.
Roedd Hal wedi cyfnewid ei rifolfer, felly defnyddiodd fwyell i ladd Billee yn lle.
Lo golpeó en la cabeza, luego le cortó el cuerpo y se lo llevó arrastrado.
Trawodd ef ar ei ben, yna torrodd ei gorff yn rhydd a'i lusgo i ffwrdd.
Buck vio esto, y también los demás; sabían que la muerte estaba cerca.
Gwelodd Buck hyn, a gwnaeth y lleill hefyd; roedden nhw'n gwybod bod marwolaeth yn agos.
Al día siguiente Koona se fue, dejando sólo cinco perros en el equipo hambriento.
Y diwrnod wedyn aeth Koona, gan adael dim ond pum ci yn y tîm llwglyd.
Joe, que ya no era malo, estaba demasiado perdido como para darse cuenta de gran cosa.

Roedd Joe, heb fod yn gas mwyach, wedi mynd yn rhy bell i fod yn ymwybodol o lawer o gwbl.

Pike, que ya no fingía su lesión, estaba apenas consciente.

Prin oedd Pike, heb ffugio ei anaf mwyach, yn ymwybodol.

Solleks, todavía fiel, lamentó no tener fuerzas para dar.

Roedd Solleks, yn dal yn ffyddlon, yn galaru nad oedd ganddo nerth i roi.

Teek fue el que más perdió porque estaba más fresco, pero su rendimiento se estaba agotando rápidamente.

Cafodd Teek ei guro fwyaf oherwydd ei fod yn fwy ffres, ond yn pylu'n gyflym.

Y Buck, todavía a la cabeza, ya no mantenía el orden ni lo hacía cumplir.

Ac nid oedd Buck, yn dal ar y blaen, yn cadw trefn nac yn ei gorfodi mwyach.

Medio ciego por la debilidad, Buck siguió el rastro sólo por el tacto.

Yn hanner dall gyda gwendid, dilynodd Buck y llwybr ar ei ben ei hun.

Era un hermoso clima primaveral, pero ninguno de ellos lo notó.

Roedd hi'n dywydd gwanwyn hyfryd, ond wnaeth yr un ohonyn nhw sylwi arno.

Cada día el sol salía más temprano y se ponía más tarde que el anterior.

Bob dydd roedd yr haul yn codi'n gynharach ac yn machlud yn hwyrach nag o'r blaen.

A las tres de la mañana ya había amanecido; el crepúsculo duró hasta las nueve.

Erbyn tri o'r gloch y bore, roedd y wawr wedi dod; parhaodd y cyfnos tan naw.

Los largos días estuvieron llenos del resplandor del sol primaveral.

Llenwyd y dyddiau hir â llewyrch llawn heulwen y gwanwyn.

El silencio fantasmal del invierno se había transformado en un cálido murmullo.

Roedd tawelwch ysbrydol y gaeaf wedi newid yn sibrwd cynnes.
Toda la tierra estaba despertando, viva con la alegría de los seres vivos.
Roedd yr holl dir yn deffro, yn fyw gyda llawenydd pethau byw.
El sonido provenía de lo que había permanecido muerto e inmóvil durante el invierno.
Daeth y sain o'r hyn a oedd wedi gorwedd yn farw ac yn llonydd drwy'r gaeaf.
Ahora, esas cosas se movieron nuevamente, sacudiéndose el largo sueño helado.
Nawr, symudodd y pethau hynny eto, gan ysgwyd y cwsg rhewllyd hir i ffwrdd.
La savia subía a través de los oscuros troncos de los pinos que esperaban.
Roedd sudd yn codi trwy foncyffion tywyll y coed pinwydd oedd yn aros.
Los sauces y los álamos brotan brillantes y jóvenes brotes en cada ramita.
Mae helyg ac aethnen yn byrstio allan blagur ifanc llachar ar bob cangen.
Los arbustos y las enredaderas se vistieron de un verde fresco a medida que el bosque cobraba vida.
Gwisgodd llwyni a gwinwydd wyrdd ffres wrth i'r coed ddod yn fyw.
Los grillos cantaban por la noche y los insectos se arrastraban bajo el sol del día.
Roedd cricediaid yn tincian yn y nos, a phryfed yn cropian yn haul golau dydd.
Las perdices graznaban y los pájaros carpinteros picoteaban en lo profundo de los árboles.
Roedd petrisod yn byrlymu, a chnocellod yn curo'n ddwfn yn y coed.
Las ardillas parloteaban, los pájaros cantaban y los gansos graznaban al hablarles a los perros.

Roedd gwiwerod yn clebran, roedd adar yn canu, a gwyddau'n honcio dros y cŵn.
Las aves silvestres llegaron en grupos afilados, volando desde el sur.
Daeth yr adar gwyllt mewn lletemau miniog, gan hedfan i fyny o'r de.
De cada ladera llegaba la música de arroyos ocultos y caudalosos.
O bob bryn daeth cerddoriaeth nentydd cudd, rhuthro.
Todas las cosas se descongelaron y se rompieron, se doblaron y volvieron a ponerse en movimiento.
Dadmerodd popeth a thorrodd, plygodd a byrstio yn ôl i symud.
El Yukón se esforzó por romper las frías cadenas del hielo congelado.
Ymdrechodd yr Yukon i dorri cadwyni oer y rhew wedi rhewi.
El hielo se derritió desde abajo, mientras que el sol lo derritió desde arriba.
Toddodd y rhew oddi tano, tra bod yr haul yn ei doddi oddi uchod.
Se abrieron agujeros de aire, se abrieron grietas y algunos trozos cayeron al río.
Agorodd tyllau aer, lledaenodd craciau, a syrthiodd darnau i'r afon.
En medio de toda esta vida frenética y llameante, los viajeros se tambaleaban.
Ynghanol yr holl fywyd prysur a thanllyd hwn, roedd y teithwyr yn siglo.
Dos hombres, una mujer y una jauría de perros esquimales caminaban como muertos.
Cerddodd dau ddyn, menyw, a heidiau o gŵn husk fel y meirw.
Los perros caían, Mercedes lloraba, pero seguía montando el trineo.
Roedd y cŵn yn cwympo, roedd Mercedes yn wylo, ond yn dal i reidio'r sled.

Hal maldijo débilmente y Charles parpadeó con los ojos llorosos.
Melltithiodd Hal yn wan, a blinciodd Charles trwy lygaid dyfrio.
Se toparon con el campamento de John Thornton junto a la desembocadura del río Blanco.
Fe wnaethon nhw faglu i mewn i wersyll John Thornton wrth aber Afon Gwyn.
Cuando se detuvieron, los perros cayeron al suelo, como si todos hubieran muerto.
Pan stopion nhw, syrthiodd y cŵn yn fflat, fel pe baent i gyd wedi marw.
Mercedes se secó las lágrimas y miró a John Thornton.
Sychodd Mercedes ei dagrau ac edrychodd ar draws at John Thornton.
Charles se sentó en un tronco, lenta y rígidamente, dolorido por el camino.
Eisteddodd Charles ar foncyff, yn araf ac yn stiff, yn boenus o'r llwybr.
Hal habló mientras Thornton tallaba el extremo del mango de un hacha.
Hal wnaeth y siarad wrth i Thornton gerfio pen handlen bwyell.
Él tallaba madera de abedul y respondía con respuestas breves y firmes.
Naddodd bren bedw ac atebodd gydag atebion byr, cadarn.
Cuando se le preguntó, dio consejos, seguro de que no serían seguidos.
Pan ofynnwyd iddo, rhoddodd gyngor, yn sicr na fyddai'n cael ei ddilyn.
Hal explicó: "Nos dijeron que el hielo del sendero se estaba desprendiendo".
Esboniodd Hal, "Dywedon nhw wrthon ni fod iâ'r llwybr yn cwympo allan."
Dijeron que nos quedáramos allí, pero llegamos a White River.

"Dywedon nhw y dylen ni aros lle rydyn ni—ond fe gyrhaeddon ni Afon Wen."

Terminó con un tono burlón, como para proclamar la victoria en medio de las dificultades.

Gorffennodd gyda thôn watwarus, fel pe bai'n hawlio buddugoliaeth mewn caledi.

—Y te dijeron la verdad —respondió John Thornton a Hal en voz baja.

"A dywedon nhw'r gwir wrthych chi," atebodd John Thornton i Hal yn dawel.

"El hielo puede ceder en cualquier momento; está a punto de desprenderse".

"Gall yr iâ ildio ar unrhyw adeg—mae'n barod i ddisgyn allan."

"Solo la suerte ciega y los tontos pudieron haber llegado tan lejos con vida".

"Dim ond lwc ddall a ffyliaid allai fod wedi cyrraedd mor bell â hyn yn fyw."

"Te lo digo directamente: no arriesgaría mi vida ni por todo el oro de Alaska".

"Rwy'n dweud yn blwmp ac yn blaen wrthych chi, fyddwn i ddim yn peryglu fy mywyd dros holl aur Alaska."

—Supongo que es porque no eres tonto —respondió Hal.

"Dyna oherwydd nad wyt ti'n ffŵl, mae'n debyg," atebodd Hal.

—De todos modos, seguiremos hasta Dawson. —Desenrolló el látigo.

"Serch hynny, awn ymlaen at Dawson." Datgochodd ei chwip.

—¡Sube, Buck! ¡Hola! ¡Sube! ¡Vamos! —gritó con dureza.

"Cod i fyny yna, Buck! Helo! Cod i fyny! Dos ymlaen!" gwaeddodd yn llym.

Thornton siguió tallando madera, sabiendo que los tontos no escucharían razones.

Daliodd Thornton ati i naddu, gan wybod na fyddai ffyliaid yn gwrando ar reswm.

Detener a un tonto era inútil, y dos o tres tontos no cambiaban nada.

Roedd atal ffŵl yn ofer—ac ni newidiodd dau neu dri o bobl wedi cael eu twyllo ddim.

Pero el equipo no se movió ante la orden de Hal.

Ond ni symudodd y tîm wrth sŵn gorchymyn Hal.

A estas alturas, sólo los golpes podían hacerlos levantarse y avanzar.

Erbyn hyn, dim ond ergydion allai eu gwneud yn codi a thynnu ymlaen.

El látigo golpeó una y otra vez a los perros debilitados.

Cleciaodd y chwip dro ar ôl tro ar draws y cŵn gwanedig.

John Thornton apretó los labios con fuerza y observó en silencio.

Gwasgodd John Thornton ei wefusau'n dynn a gwylio mewn distawrwydd.

Solleks fue el primero en ponerse de pie bajo el látigo.

Solleks oedd y cyntaf i gropian i'w draed o dan y chwip.

Entonces Teek lo siguió, temblando. Joe gritó al tambalearse.

Yna dilynodd Teek, yn crynu. Gwaeddodd Joe wrth iddo faglu i fyny.

Pike intentó levantarse, falló dos veces y finalmente se mantuvo en pie, tambaleándose.

Ceisiodd Pike godi, methodd ddwywaith, yna safodd yn ansicr o'r diwedd.

Pero Buck yacía donde había caído, sin moverse en absoluto este momento.

Ond gorweddodd Buck lle'r oedd wedi syrthio, heb symud o gwbl y tro hwn.

El látigo lo golpeaba una y otra vez, pero él no emitía ningún sonido.

Trawodd y chwip ef dro ar ôl tro, ond ni wnaeth unrhyw sŵn.

Él no se inmutó ni se resistió, simplemente permaneció quieto y en silencio.

Ni wnaeth grynu na gwrthsefyll, dim ond arhosodd yn llonydd ac yn dawel.

Thornton se movió más de una vez, como si fuera a hablar, pero no lo hizo.

Trowodd Thornton fwy nag unwaith, fel pe bai'n siarad, ond wnaeth e ddim.

Sus ojos se humedecieron y el látigo siguió golpeando contra Buck.

Gwlychodd ei lygaid, ac roedd y chwip yn dal i gracio yn erbyn Buck.

Finalmente, Thornton comenzó a caminar lentamente, sin saber qué hacer.

O'r diwedd, dechreuodd Thornton gerdded yn araf, yn ansicr beth i'w wneud.

Era la primera vez que Buck fallaba y Hal se puso furioso.

Dyma'r tro cyntaf i Buck fethu, a daeth Hal yn gandryll.

Dejó el látigo y en su lugar tomó el pesado garrote.

Taflodd y chwip i lawr a chodi'r clwb trwm yn lle hynny.

El palo de madera cayó con fuerza, pero Buck todavía no se levantó para moverse.

Daeth y clwb pren i lawr yn galed, ond ni chododd Buck i symud o hyd.

Al igual que sus compañeros de equipo, era demasiado débil, pero más que eso.

Fel ei gyd-chwaraewyr, roedd yn rhy wan—ond yn fwy na hynny.

Buck había decidido no moverse, sin importar lo que sucediera después.

Roedd Buck wedi penderfynu peidio â symud, beth bynnag a ddeuai nesaf.

Sintió algo oscuro y seguro flotando justo delante.

Teimlodd rywbeth tywyll a sicr yn hofran ychydig o'i flaen.

Ese miedo se apoderó de él tan pronto como llegó a la orilla del río.

Cipiodd yr ofn hwnnw ef cyn gynted ag y cyrhaeddodd lan yr afon.

La sensación no lo había abandonado desde que sintió el hielo fino bajo sus patas.

Nid oedd y teimlad wedi ei adael ers iddo deimlo'r iâ yn denau o dan ei bawennau.

Algo terrible lo esperaba; lo sintió más allá del camino.

Roedd rhywbeth ofnadwy yn aros—teimlai e i lawr y llwybr.
No iba a caminar hacia esa cosa terrible que había delante.
Doedd e ddim am gerdded tuag at y peth ofnadwy hwnnw oedd o'i flaen
Él no iba a obedecer ninguna orden que lo llevara a esa cosa.
Nid oedd yn mynd i ufuddhau i unrhyw orchymyn a'i harweiniai at y peth hwnnw.
El dolor de los golpes apenas lo afectaba ahora: estaba demasiado lejos.
Prin y cyffyrddodd poen yr ergydion ag ef bellach—roedd wedi mynd yn rhy bell.
La chispa de la vida parpadeaba débilmente y se apagaba bajo cada golpe cruel.
Fflachiodd gwreichionen bywyd yn isel, wedi'i pylu o dan bob ergyd greulon.
Sus extremidades se sentían distantes; su cuerpo entero parecía pertenecer a otro.
Teimlai ei aelodau'n bell; roedd ei gorff cyfan fel pe bai'n perthyn i rywun arall.
Sintió un extraño entumecimiento mientras el dolor desapareció por completo.
Teimlodd fferdod rhyfedd wrth i'r boen ddiflannu'n llwyr.
Desde lejos, sentía que lo golpeaban, pero apenas lo sabía.
O bell, roedd yn teimlo ei fod yn cael ei guro, ond prin y gwyddai.
Podía oír los golpes débilmente, pero ya no dolían realmente.
Gallai glywed y twrw'n wan, ond nid oeddent yn brifo mewn gwirionedd mwyach.
Los golpes dieron en el blanco, pero su cuerpo ya no parecía el suyo.
Glaniodd yr ergydion, ond nid oedd ei gorff yn teimlo fel ei gorff ei hun mwyach.
Entonces, de repente y sin previo aviso, John Thornton lanzó un grito salvaje.
Yna'n sydyn, heb rybudd, rhoddodd John Thornton waedd wyllt.

Era un grito inarticulado, más el grito de una bestia que el de un hombre.
Roedd yn aneglur, yn fwy o gri bwystfil nag o ddyn.
Saltó hacia el hombre con el garrote y tiró a Hal hacia atrás.
Neidiodd at y dyn gyda'r clwb a tharo Hal yn ôl.
Hal voló como si lo hubiera golpeado un árbol y aterrizó con fuerza en el suelo.
Hedfanodd Hal fel pe bai wedi'i daro gan goeden, gan lanio'n galed ar y ddaear.
Mercedes gritó en pánico y se llevó las manos a la cara.
Gwaeddodd Mercedes yn uchel mewn panig a gafael yn ei hwyneb.
Charles se limitó a mirar, se secó los ojos y permaneció sentado.
Dim ond edrych ymlaen a wnaeth Charles, sychodd ei lygaid, ac arhosodd yn eistedd.
Su cuerpo estaba demasiado rígido por el dolor para levantarse o ayudar en la pelea.
Roedd ei gorff yn rhy stiff gan boen i godi na helpu yn yr ymladd.
Thornton se quedó de pie junto a Buck, temblando de furia, incapaz de hablar.
Safodd Thornton uwchben Buck, yn crynu gan gynddaredd, yn methu siarad.
Se estremeció de rabia y luchó por encontrar su voz a través de ella.
Crynodd gyda chynddaredd ac ymladdodd i ddod o hyd i'w lais drwyddo.
—Si vuelves a golpear a ese perro, te mataré —dijo finalmente.
"Os wyt ti'n taro'r ci yna eto, byddaf yn dy ladd di," meddai o'r diwedd.
Hal se limpió la sangre de la boca y volvió a avanzar.
Sychodd Hal waed o'i geg a daeth ymlaen eto.
—Es mi perro —murmuró—. ¡Quítate del medio o te curaré!
"Fy nghi i ydy o," sibrydodd. "Ewch o'r ffordd, neu mi wna i eich trwsio chi."

"Voy a Dawson y no me lo vas a impedir", añadió.

"Dw i'n mynd i Dawson, a dydych chi ddim yn fy atal," ychwanegodd.

Thornton se mantuvo firme entre Buck y el joven enojado.

Safodd Thornton yn gadarn rhwng Buck a'r dyn ifanc blin.

No tenía intención de hacerse a un lado o dejar pasar a Hal.

Nid oedd ganddo unrhyw fwriad i gamu o'r neilltu na gadael i Hal fynd heibio.

Hal sacó su cuchillo de caza, largo y peligroso en la mano.

Tynnodd Hal ei gyllell hela allan, yn hir ac yn beryglus yn ei law.

Mercedes gritó, luego lloró y luego rió con una histeria salvaje.

Sgrechiodd Mercedes, yna criodd, yna chwarddodd mewn hysteria gwyllt.

Thornton golpeó la mano de Hal con el mango de su hacha, fuerte y rápido.

Trawodd Thornton law Hal â choes ei fwyell, yn galed ac yn gyflym.

El cuchillo se soltó del agarre de Hal y voló al suelo.

Cafodd y gyllell ei tharo'n rhydd o afael Hal a hedfanodd i'r llawr.

Hal intentó recoger el cuchillo y Thornton volvió a golpearle los nudillos.

Ceisiodd Hal godi'r gyllell, a tharodd Thornton ei migyrnau eto.

Entonces Thornton se agachó, agarró el cuchillo y lo sostuvo.

Yna plygodd Thornton i lawr, gafaelodd yn y gyllell, a'i dal.

Con dos rápidos golpes del mango del hacha, cortó las riendas de Buck.

Gyda dau doriad cyflym o goes y fwyell, torrodd awenau Buck.

Hal ya no tenía fuerzas para luchar y se apartó del perro.

Nid oedd gan Hal unrhyw ymladd ar ôl ynddo a chamodd yn ôl oddi wrth y ci.

Además, Mercedes necesitaba ahora ambos brazos para mantenerse erguida.

Heblaw, roedd angen y ddwy fraich ar Mercedes nawr i'w chadw'n unionsyth.

Buck estaba demasiado cerca de la muerte como para volver a ser útil para tirar de un trineo.

Roedd Buck yn rhy agos at farwolaeth i fod o ddefnydd i dynnu sled eto.

Unos minutos después, se marcharon y se dirigieron río abajo.

Ychydig funudau'n ddiweddarach, fe wnaethon nhw dynnu allan, gan anelu i lawr yr afon.

Buck levantó la cabeza débilmente y los observó mientras salían del banco.

Cododd Buck ei ben yn wan a'u gwylio nhw'n gadael y banc.

Pike lideró el equipo, con Solleks en la parte trasera, al volante.

Pike oedd ar y blaen yn y tîm, gyda Solleks yn y cefn yn y safle olwyn.

Joe y Teek caminaron entre ellos, ambos cojeando por el cansancio.

Cerddodd Joe a Teek rhyngddynt, y ddau yn cloffi o flinder.

Mercedes se sentó en el trineo y Hal agarró el largo palo.

Eisteddodd Mercedes ar y sled, a gafaelodd Hal yn y polyn hir.

Charles se tambaleó detrás, sus pasos torpes e inseguros.

Baglodd Charles y tu ôl, ei gamau'n lletchwith ac yn ansicr.

Thornton se arrodilló junto a Buck y buscó con delicadeza los huesos rotos.

Penliniodd Thornton wrth ymyl Buck a theimlo'n ysgafn am esgyrn wedi torri.

Sus manos eran ásperas pero se movían con amabilidad y cuidado.

Roedd ei ddwylo'n arw ond yn symud gyda charedigrwydd a gofal.

El cuerpo de Buck estaba magullado pero no mostraba lesiones duraderas.

Roedd corff Buck wedi'i gleisio ond nid oedd unrhyw anaf parhaol yn cael ei ddangos.

Lo que quedó fue un hambre terrible y una debilidad casi total.
Yr hyn a arhosodd oedd newyn ofnadwy a gwendid bron yn llwyr.
Cuando esto quedó claro, el trineo ya había avanzado mucho río abajo.
Erbyn i hyn fod yn glir, roedd y sled wedi mynd ymhell i lawr yr afon.
El hombre y el perro observaron cómo el trineo se deslizaba lentamente sobre el hielo agrietado.
Gwyliodd y dyn a'r ci y sled yn cropian yn araf dros y rhew oedd yn cracio.
Luego vieron que el trineo se hundía en un hueco.
Yna, gwelsant y sled yn suddo i lawr i bant.
El mástil voló hacia arriba, con Hal todavía aferrándose a él en vano.
Hedfanodd y polyn gee i fyny, gyda Hal yn dal i lynu wrtho yn ofer.
El grito de Mercedes les llegó a través de la fría distancia.
Cyrhaeddodd sgrech Mercedes atynt ar draws y pellter oer.
Charles se giró y dio un paso atrás, pero ya era demasiado tarde.
Trodd Charles a chamu yn ôl—ond roedd yn rhy hwyr.
Una capa de hielo entera cedió y todos ellos cayeron al suelo.
Rhoddodd llen iâ gyfan ffordd, a syrthiasant i gyd drwodd.
Los perros, los trineos y las personas desaparecieron en el agua negra que había debajo.
Diflannodd cŵn, sled, a phobl i'r dŵr du isod.
En el hielo por donde habían pasado sólo quedaba un amplio agujero.
Dim ond twll llydan yn yr iâ oedd ar ôl lle roedden nhw wedi pasio.
El sendero se había hundido por completo, tal como Thornton había advertido.
Roedd gwaelod y llwybr wedi cwympo allan—yn union fel y rhybuddiodd Thornton.

Thornton y Buck se miraron el uno al otro y guardaron silencio por un momento.
Edrychodd Thornton a Buck ar ei gilydd, yn dawel am eiliad.
—Pobre diablo —dijo Thornton suavemente, y Buck le lamió la mano.
"Ti ddiawl tlawd," meddai Thornton yn feddal, a llyfu Buck ei law.

Por el amor de un hombre
Er Cariad Dyn

John Thornton se congeló los pies en el frío del diciembre anterior.
Rhewodd John Thornton ei draed yn oerfel y mis Rhagfyr blaenorol.
Sus compañeros lo hicieron sentir cómodo y lo dejaron recuperarse solo.
Gwnaeth ei bartneriaid iddo fod yn gyfforddus a'i adael i wella ar ei ben ei hun.
Subieron al río para recoger una balsa de troncos para aserrar para Dawson.
Aethant i fyny'r afon i gasglu llu o foncyffion llifio i Dawson.
Todavía cojeaba ligeramente cuando rescató a Buck de la muerte.
Roedd yn dal i gloffi ychydig pan achubodd Buck rhag marwolaeth.
Pero como el clima cálido continuó, incluso esa cojera desapareció.
Ond gyda'r tywydd cynnes yn parhau, diflannodd hyd yn oed y cloffni hwnnw.
Durante los largos días de primavera, Buck descansaba a orillas del río.
Gan orwedd wrth lan yr afon yn ystod dyddiau hir y gwanwyn, gorffwysodd Buck.
Observó el agua fluir y escuchó a los pájaros y a los insectos.
Gwyliodd y dŵr yn llifo a gwrando ar adar a phryfed.
Lentamente, Buck recuperó su fuerza bajo el sol y el cielo.
Yn araf bach, adennillodd Buck ei nerth o dan yr haul a'r awyr.
Un descanso fue maravilloso después de viajar tres mil millas.
Roedd gorffwys yn teimlo'n hyfryd ar ôl teithio tair mil o filltiroedd.
Buck se volvió perezoso a medida que sus heridas sanaban y su cuerpo se llenaba.

Daeth Buck yn ddiog wrth i'w glwyfau wella a'i gorff lenwi.
Sus músculos se reafirmaron y la carne volvió a cubrir sus huesos.
Tyfodd ei gyhyrau'n gadarn, a dychwelodd cnawd i orchuddio ei esgyrn.
Todos estaban descansando: Buck, Thornton, Skeet y Nig.
Roedden nhw i gyd yn gorffwys—Buck, Thornton, Skeet, a Nig.
Esperaron la balsa que los llevaría a Dawson.
Fe wnaethon nhw aros am y rafft oedd yn mynd i'w cario nhw i lawr i Dawson.
Skeet era un pequeño setter irlandés que se hizo amigo de Buck.
Ci bach Gwyddelig oedd Skeet a wnaeth ffrindiau gyda Buck.
Buck estaba demasiado débil y enfermo para resistirse a ella en su primer encuentro.
Roedd Buck yn rhy wan ac yn rhy sâl i'w gwrthsefyll yn eu cyfarfod cyntaf.
Skeet tenía el rasgo de sanador que algunos perros poseen naturalmente.
Roedd gan Skeet y nodwedd iachäwr sydd gan rai cŵn yn naturiol.
Como una gata madre, lamió y limpió las heridas abiertas de Buck.
Fel mam gath, roedd hi'n llyfu a glanhau clwyfau crai Buck.
Todas las mañanas, después del desayuno, repetía su minucioso trabajo.
Bob bore ar ôl brecwast, ailadroddodd ei gwaith gofalus.
Buck llegó a esperar su ayuda tanto como la de Thornton.
Daeth Buck i ddisgwyl ei chymorth hi cymaint ag yr oedd yn disgwyl cymorth Thornton.
Nig también era amigable, pero menos abierto y menos cariñoso.
Roedd Nig yn gyfeillgar hefyd, ond yn llai agored a llai cariadus.
Nig era un perro grande y negro, mitad sabueso y mitad lebrel.

Ci du mawr oedd Nig, rhan gi gwaed a rhan gi ceirw.
Tenía ojos sonrientes y un espíritu bondadoso sin límites.
Roedd ganddo lygaid chwerthinllyd a natur dda ddiddiwedd yn ei ysbryd.
Para sorpresa de Buck, ninguno de los perros mostró celos hacia él.
Er syndod i Buck, ni ddangosodd y naill gi na'r llall genfigen tuag ato.
Tanto Skeet como Nig compartieron la amabilidad de John Thornton.
Rhannodd Skeet a Nig garedigrwydd John Thornton.
A medida que Buck se hacía más fuerte, lo atrajeron hacia juegos de perros tontos.
Wrth i Buck fynd yn gryfach, fe wnaethon nhw ei ddenu i gemau cŵn ffôl.
Thornton también jugaba a menudo con ellos, incapaz de resistirse a su alegría.
Byddai Thornton yn aml yn chwarae gyda nhw hefyd, heb allu gwrthsefyll eu llawenydd.
De esta manera lúdica, Buck pasó de la enfermedad a una nueva vida.
Yn y ffordd chwareus hon, symudodd Buck o salwch i fywyd newydd.
El amor, el amor verdadero, ardiente y apasionado, finalmente era suyo.
Cariad—cariad gwir, llosg, ac angerddol—oedd yn eiddo iddo o'r diwedd.
Nunca había conocido ese tipo de amor en la finca de Miller.
Nid oedd erioed wedi adnabod y math hwn o gariad yn ystâd Miller.
Con los hijos del Juez había compartido trabajo y aventuras.
Gyda meibion y Barnwr, roedd wedi rhannu gwaith ac antur.
En los nietos vio un orgullo rígido y jactancioso.
Gyda'r wyrion, gwelodd falchder anystwyth a broliog.
Con el propio juez Miller mantuvo una amistad respetuosa.
Gyda'r Barnwr Miller ei hun, roedd ganddo gyfeillgarwch parchus.

Pero el amor que era fuego, locura y adoración llegó con Thornton.
Ond daeth cariad a oedd yn dân, yn wallgofrwydd, ac yn addoliad gyda Thornton.
Este hombre había salvado la vida de Buck, y eso solo significaba mucho.
Roedd y dyn hwn wedi achub bywyd Buck, ac roedd hynny yn unig yn golygu llawer iawn.
Pero más que eso, John Thornton era el tipo de maestro ideal.
Ond yn fwy na hynny, John Thornton oedd y math delfrydol o feistr.
Otros hombres cuidaban perros por obligación o necesidad laboral.
Roedd dynion eraill yn gofalu am gŵn allan o ddyletswydd neu angen busnes.
John Thornton cuidaba a sus perros como si fueran sus hijos.
Roedd John Thornton yn gofalu am ei gŵn fel pe baent yn blant iddo.
Él se preocupaba por ellos porque los amaba y simplemente no podía evitarlo.
Roedd yn gofalu amdanyn nhw oherwydd ei fod yn eu caru ac yn syml ni allai ei helpu.
John Thornton vio incluso más lejos de lo que la mayoría de los hombres lograron ver.
Gwelodd John Thornton hyd yn oed ymhellach nag y llwyddodd y rhan fwyaf o ddynion erioed i'w weld.
Nunca se olvidó de saludarlos amablemente o decirles alguna palabra de aliento.
Ni anghofiodd byth eu cyfarch yn garedig na dweud gair calonogol.
Le encantaba sentarse con los perros para tener largas charlas, o "gases", como él decía.
Roedd wrth ei fodd yn eistedd i lawr gyda'r cŵn am sgyrsiau hir, neu "gassy," fel y dywedodd.
Le gustaba agarrar bruscamente la cabeza de Buck entre sus fuertes manos.

Roedd yn hoffi gafael ym mhen Buck yn arw rhwng ei ddwylo cryfion.
Luego apoyó su cabeza contra la de Buck y lo sacudió suavemente.
Yna gorffwysodd ei ben ei hun yn erbyn pen Buck a'i ysgwyd yn ysgafn.
Mientras tanto, él llamaba a Buck con nombres groseros que significaban amor para Buck.
Drwy'r amser, galwodd Buck enwau anghwrtais a oedd yn golygu cariad i Buck.
Para Buck, ese fuerte abrazo y esas palabras le trajeron una profunda alegría.
I Buck, daeth y cofleidiad garw hwnnw a'r geiriau hynny â llawenydd dwfn.
Su corazón parecía latir con fuerza de felicidad con cada movimiento.
Roedd ei galon fel petai'n crynu'n rhydd gan hapusrwydd gyda phob symudiad.
Cuando se levantó de un salto, su boca parecía como si se estuviera riendo.
Pan neidiodd i fyny wedyn, roedd ei geg yn edrych fel pe bai'n chwerthin.
Sus ojos brillaban intensamente y su garganta temblaba con una alegría tácita.
Roedd ei lygaid yn disgleirio'n llachar a'i wddf yn crynu gan lawenydd aneiriol.
Su sonrisa se detuvo en ese estado de emoción y afecto resplandeciente.
Safodd ei wên yn llonydd yn y cyflwr hwnnw o emosiwn a hoffter tywynnol.
Entonces Thornton exclamó pensativo: "¡Dios! ¡Casi puede hablar!"
Yna gwaeddodd Thornton yn feddylgar, "Duw! mae bron yn gallu siarad!"
Buck tenía una extraña forma de expresar amor que casi causaba dolor.

Roedd gan Buck ffordd ryfedd o fynegi cariad a oedd bron â achosi poen.

A menudo apretaba muy fuerte la mano de Thornton entre los dientes.

Yn aml, byddai'n gafael yn llaw Thornton yn dynn iawn yn ei ddannedd.

La mordedura iba a dejar marcas profundas que permanecerían durante algún tiempo.

Roedd y brathiad yn mynd i adael marciau dwfn a arhosodd am beth amser wedyn.

Buck creía que esos juramentos eran de amor y Thornton lo sabía también.

Credai Buck mai cariad oedd y llwon hynny, ac roedd Thornton yn gwybod yr un peth.

La mayoría de las veces, el amor de Buck se demostraba en una adoración silenciosa, casi silenciosa.

Yn amlaf, dangoswyd cariad Buck mewn addoliad tawel, bron yn ddistaw.

Aunque se emocionaba cuando lo tocaban o le hablaban, no buscaba atención.

Er ei fod wrth ei fodd pan fyddai'n cael ei gyffwrdd neu ei siarad ag ef, nid oedd yn ceisio sylw.

Skeet empujó su nariz bajo la mano de Thornton hasta que él la acarició.

Gwthiodd Skeet ei thrwyn o dan law Thornton nes iddo ei hanwesu.

Nig se acercó en silencio y apoyó su gran cabeza en la rodilla de Thornton.

Cerddodd Nig i fyny'n dawel a gorffwys ei ben mawr ar lin Thornton.

Buck, por el contrario, se conformaba con amar desde una distancia respetuosa.

Roedd Buck, mewn cyferbyniad, yn fodlon caru o bellter parchus.

Durante horas permaneció tendido a los pies de Thornton, alerta y observando atentamente.

Gorweddodd am oriau wrth draed Thornton, yn effro ac yn gwylio'n ofalus.

Buck estudió cada detalle del rostro de su amo y su más mínimo movimiento.

Astudiodd Buck bob manylyn o wyneb ei feistr a'r symudiad lleiaf.

O yacía más lejos, estudiando la figura del hombre en silencio.

Neu wedi dweud celwydd ymhellach i ffwrdd, gan astudio siâp y dyn mewn distawrwydd.

Buck observó cada pequeño movimiento, cada cambio de postura o gesto.

Gwyliodd Buck bob symudiad bach, pob newid mewn ystum neu ystum.

Tan poderosa era esta conexión que a menudo atraía la mirada de Thornton.

Mor bwerus oedd y cysylltiad hwn nes iddo aml dynnu golwg Thornton.

Sostuvo la mirada de Buck sin palabras, pero el amor brillaba claramente a través de ella.

Cyfarfu â llygaid Buck heb eiriau, cariad yn disgleirio'n glir drwyddo.

Durante mucho tiempo después de ser salvado, Buck nunca perdió de vista a Thornton.

Am gyfnod hir ar ôl cael ei achub, ni adawodd Buck Thornton o'i olwg erioed.

Cada vez que Thornton salía de la tienda, Buck lo seguía de cerca afuera.

Pryd bynnag y byddai Thornton yn gadael y babell, byddai Buck yn ei ddilyn yn agos y tu allan.

Todos los amos severos de las Tierras del Norte habían hecho que Buck tuviera miedo de confiar.

Roedd yr holl feistri llym yn y Gogledd wedi gwneud i Buck ofni ymddiried.

Temía que ningún hombre pudiera seguir siendo su amo durante más de un corto tiempo.

Ofnai na allai unrhyw ddyn aros yn feistr arno am fwy nag amser byr.

Temía que John Thornton desapareciera como Perrault y François.

Roedd yn ofni y byddai John Thornton yn diflannu fel Perrault a François.

Incluso por la noche, el miedo a perderlo acechaba el sueño inquieto de Buck.

Hyd yn oed yn y nos, roedd yr ofn o'i golli yn aflonyddu ar gwsg aflonydd Buck.

Cuando Buck se despertó, salió a escondidas al frío y fue a la tienda de campaña.

Pan ddeffrodd Buck, sleifiodd allan i'r oerfel, ac aeth at y babell.

Escuchó atentamente el suave sonido de la respiración en su interior.

Gwrandawodd yn ofalus am sŵn meddal anadlu y tu mewn.

A pesar del profundo amor de Buck por John Thornton, lo salvaje siguió vivo.

Er gwaethaf cariad dwfn Buck at John Thornton, arhosodd y gwyllt yn fyw.

Ese instinto primitivo, despertado en el Norte, no desapareció.

Ni ddiflannodd y reddf gyntefig honno, a ddeffrodd yn y Gogledd.

El amor trajo devoción, lealtad y el cálido vínculo del fuego.

Daeth cariad â ymroddiad, teyrngarwch, a chwlwm cynnes ochr y tân.

Pero Buck también mantuvo sus instintos salvajes, agudos y siempre alerta.

Ond cadwodd Buck ei reddfau gwyllt hefyd, yn finiog ac yn effro bob amser.

No era sólo una mascota domesticada de las suaves tierras de la civilización.

Nid anifail anwes dof o diroedd meddal gwareiddiad yn unig ydoedd.

Buck era un ser salvaje que había venido a sentarse junto al fuego de Thornton.
Roedd Buck yn greadur gwyllt a oedd wedi dod i mewn i eistedd wrth dân Thornton.
Parecía un perro del Sur, pero en su interior vivía lo salvaje.
Roedd yn edrych fel ci o'r De, ond roedd gwylltineb yn byw ynddo.
Su amor por Thornton era demasiado grande como para permitirle robarle algo.
Roedd ei gariad at Thornton yn rhy fawr i ganiatáu lladrad oddi wrth y dyn.
Pero en cualquier otro campamento, robaría con valentía y sin pausa.
Ond mewn unrhyw wersyll arall, byddai'n dwyn yn feiddgar a heb oedi.
Era tan astuto al robar que nadie podía atraparlo ni acusarlo.
Roedd mor glyfar wrth ddwyn fel na allai neb ei ddal na'i gyhuddo.
Su rostro y su cuerpo estaban cubiertos de cicatrices de muchas peleas pasadas.
Roedd ei wyneb a'i gorff wedi'u gorchuddio â chreithiau o lawer o ymladdfeydd yn y gorffennol.
Buck seguía luchando con fiereza, pero ahora luchaba con más astucia.
Roedd Buck yn dal i ymladd yn ffyrnig, ond nawr roedd yn ymladd â mwy o gyfrwystra.
Skeet y Nig eran demasiado amables para pelear, y eran de Thornton.
Roedd Skeet a Nig yn rhy addfwyn i ymladd, ac roedden nhw'n eiddo i Thornton.
Pero cualquier perro extraño, por fuerte o valiente que fuese, cedía.
Ond unrhyw gi dieithr, ni waeth pa mor gryf neu ddewr, ildiodd.
De lo contrario, el perro se encontraría luchando contra Buck; luchando por su vida.

Fel arall, byddai'r ci yn brwydro yn erbyn Buck; yn ymladd am ei fywyd.

Buck no tuvo piedad una vez que decidió pelear contra otro perro.

Ni chafodd Buck drugaredd unwaith iddo ddewis ymladd yn erbyn ci arall.

Había aprendido bien la ley del garrote y el colmillo en las Tierras del Norte.

Roedd wedi dysgu cyfraith clwb a fang yn dda yn y Gogledd.

Él nunca renunció a una ventaja y nunca se retractó de la batalla.

Ni ildiodd fantais erioed ac ni giliai byth yn ôl o'r frwydr.

Había estudiado a los Spitz y a los perros más feroces del correo y de la policía.

Roedd wedi astudio Spitz a chŵn mwyaf ffyrnig y post a'r heddlu.

Sabía claramente que no había término medio en un combate salvaje.

Roedd yn gwybod yn glir nad oedd tir canol mewn brwydr wyllt.

Él debía gobernar o ser gobernado; mostrar misericordia significaba mostrar debilidad.

Rhaid iddo deyrnasu neu gael ei deyrnasu; roedd dangos trugaredd yn golygu dangos gwendid.

Mercy era una desconocida en el crudo y brutal mundo de la supervivencia.

Roedd trugaredd yn anhysbys ym myd crai a chreulon goroesi.

Mostrar misericordia era visto como miedo, y el miedo conducía rápidamente a la muerte.

Ystyriwyd dangos trugaredd fel ofn, ac arweiniodd ofn yn gyflym at farwolaeth.

La antigua ley era simple: matar o ser asesinado, comer o ser comido.

Roedd yr hen gyfraith yn syml: lladd neu gael eich lladd, bwyta neu gael eich bwyta.

Esa ley vino desde las profundidades del tiempo, y Buck la siguió plenamente.
Daeth y gyfraith honno o ddyfnderoedd amser, a dilynodd Buck hi'n llwyr.
Buck era mayor que su edad y el número de respiraciones que tomaba.
Roedd Buck yn hŷn na'i flynyddoedd a nifer yr anadliadau a gymerodd.
Conectó claramente el pasado antiguo con el momento presente.
Cysylltodd y gorffennol hynafol â'r foment bresennol yn glir.
Los ritmos profundos de las épocas lo atravesaban como mareas.
Symudodd rhythmau dwfn yr oesoedd drwyddo fel y llanw.
El tiempo latía en su sangre con la misma seguridad con la que las estaciones movían la tierra.
Pwlsiodd amser yn ei waed mor sicr ag y symudodd tymhorau'r ddaear.
Se sentó junto al fuego de Thornton, con el pecho fuerte y los colmillos blancos.
Eisteddodd wrth dân Thornton, â bron gref a dannedd gwyn.
Su largo pelaje ondeaba, pero detrás de él los espíritus de los perros salvajes observaban.
Roedd ei ffwr hir yn chwifio, ond y tu ôl iddo roedd ysbrydion cŵn gwyllt yn gwylio.
Lobos medio y lobos completos se agitaron dentro de su corazón y sus sentidos.
Deffrodd hanner bleiddiaid a bleiddiaid llawn yn ei galon a'i synhwyrau.
Probaron su carne y bebieron la misma agua que él.
Fe wnaethon nhw flasu ei gig ac yfed yr un dŵr ag y gwnaeth ef.
Olfatearon el viento junto a él y escucharon el bosque.
Fe wnaethon nhw arogli'r gwynt wrth ei ochr a gwrando ar y goedwig.
Susurraron los significados de los sonidos salvajes en la oscuridad.

Sibrydasant ystyron y synau gwyllt yn y tywyllwch.
Ellos moldearon sus estados de ánimo y guiaron cada una de sus reacciones tranquilas.
Roedden nhw'n llunio ei hwyliau ac yn arwain pob un o'i ymatebion tawel.
Se quedaron con él mientras dormía y se convirtieron en parte de sus sueños más profundos.
Fe wnaethon nhw orwedd gydag ef wrth iddo gysgu a daethant yn rhan o'i freuddwydion dwfn.
Soñaron con él, más allá de él, y constituyeron su propio espíritu.
Breuddwydion nhw gydag ef, y tu hwnt iddo, a ffurfio ei ysbryd ei hun.
Los espíritus de la naturaleza llamaron con tanta fuerza que Buck se sintió atraído.
Galwodd ysbrydion y gwyllt mor gryf nes i Buck deimlo'n cael ei dynnu.
Cada día, la humanidad y sus reivindicaciones se debilitaban más en el corazón de Buck.
Bob dydd, roedd dynolryw a'i hawliadau'n gwannach yng nghalon Buck.
En lo profundo del bosque, un llamado extraño y emocionante estaba por surgir.
Yn ddwfn yn y goedwig, roedd galwad ryfedd a chyffrous ar fin codi.
Cada vez que escuchaba el llamado, Buck sentía un impulso que no podía resistir.
Bob tro y byddai'n clywed yr alwad, byddai Buck yn teimlo ysfa na allai ei gwrthsefyll.
Él iba a alejarse del fuego y de los caminos humanos trillados.
Roedd yn mynd i droi oddi wrth y tân ac oddi wrth lwybrau dynol wedi'u curo.
Iba a adentrarse en el bosque, avanzando sin saber por qué.
Roedd yn mynd i blymio i'r goedwig, gan fynd ymlaen heb wybod pam.

Él no cuestionó esta atracción porque el llamado era profundo y poderoso.
Ni chwestiynodd yr atyniad hwn, oherwydd roedd yr alwad yn ddwfn ac yn bwerus.
A menudo, alcanzaba la sombra verde y la tierra suave e intacta.
Yn aml, cyrhaeddodd y cysgod gwyrdd a'r ddaear feddal heb ei chyffwrdd
Pero entonces el fuerte amor por John Thornton lo atrajo de nuevo al fuego.
Ond yna fe wnaeth y cariad cryf at John Thornton ei dynnu'n ôl at y tân.
Sólo John Thornton realmente pudo sostener en sus manos el corazón salvaje de Buck.
Dim ond John Thornton oedd yn wirioneddol yn dal calon wyllt Buck yn ei afael.
El resto de la humanidad no tenía ningún valor o significado duradero para Buck.
Nid oedd gan weddill dynolryw unrhyw werth nac ystyr parhaol i Buck.
Los extraños podrían elogiarlo o acariciar su pelaje con manos amistosas.
Gallai dieithriaid ei ganmol neu fwytho ei ffwr â dwylo cyfeillgar.
Buck permaneció impasible y se alejó por demasiado afecto.
Arhosodd Buck yn ddigyffro a cherddodd i ffwrdd oherwydd gormod o hoffter.
Hans y Pete llegaron con la balsa que habían esperado durante tanto tiempo.
Cyrhaeddodd Hans a Pete gyda'r rafft yr oedd disgwyl mawr amdano.
Buck los ignoró hasta que supo que estaban cerca de Thornton.
Anwybyddodd Buck nhw nes iddo ddysgu eu bod nhw'n agos at Thornton.
Después de eso, los toleró, pero nunca les mostró total calidez.

Ar ôl hynny, goddefodd nhw, ond ni ddangosodd gynhesrwydd llawn iddyn nhw erioed.

Él aceptaba comida o gentileza de ellos como si les estuviera haciendo un favor.

Cymerodd fwyd neu garedigrwydd ganddyn nhw fel pe bai'n gwneud ffafr iddyn nhw.

Eran como Thornton: sencillos, honestos y claros en sus pensamientos.

Roedden nhw fel Thornton—syml, gonest, ac yn glir eu meddwl.

Todos juntos viajaron al aserradero de Dawson y al gran remolino.

Gyda'i gilydd teithion nhw i felin lifio Dawson a'r trobwll mawr

En su viaje aprendieron a comprender profundamente la naturaleza de Buck.

Ar eu taith dysgon nhw i ddeall natur Buck yn ddwfn.

No intentaron acercarse como lo habían hecho Skeet y Nig.

Wnaethon nhw ddim ceisio tyfu'n agos fel yr oedd Skeet a Nig wedi'i wneud.

Pero el amor de Buck por John Thornton solo se profundizó con el tiempo.

Ond dim ond dyfnhau a wnaeth cariad Buck at John Thornton dros amser.

Sólo Thornton podía colocar una mochila en la espalda de Buck en el verano.

Dim ond Thornton allai roi pecyn ar gefn Buck yn yr haf.

Cualquiera que fuera lo que Thornton ordenaba, Buck estaba dispuesto a hacerlo a cabalidad.

Beth bynnag a orchmynnodd Thornton, roedd Buck yn barod i'w wneud yn llawn.

Un día, después de que dejaron Dawson hacia las cabeceras del río Tanana,

Un diwrnod, ar ôl iddyn nhw adael Dawson am flaenddyfroedd afon Tanana,

El grupo se sentó en un acantilado que caía un metro hasta el lecho rocoso desnudo.

roedd y grŵp yn eistedd ar glogwyn a oedd yn gostwng tair troedfedd i greigwely noeth.

John Thornton se sentó cerca del borde y Buck descansó a su lado.
Eisteddodd John Thornton ger yr ymyl, a gorffwysodd Buck wrth ei ymyl.

Thornton tuvo una idea repentina y llamó la atención de los hombres.
Cafodd Thornton feddwl sydyn a galwodd sylw'r dynion.

Señaló hacia el otro lado del abismo y le dio a Buck una única orden.
Pwyntiodd ar draws y ceunant a rhoi un gorchymyn i Buck.

—¡Salta, Buck! —dijo, extendiendo el brazo por encima del precipicio.
"Neidiwch, Buck!" meddai, gan siglo ei fraich allan dros y diferyn.

En un momento, tuvo que agarrar a Buck, quien estaba saltando para obedecer.
Mewn eiliad, roedd rhaid iddo afael yn Buck, a oedd yn neidio i ufuddhau.

Hans y Pete corrieron hacia adelante y los pusieron a ambos a salvo.
Rhuthrodd Hans a Pete ymlaen a thynnu'r ddau yn ôl i ddiogelwch.

Cuando todo terminó y recuperaron el aliento, Pete habló.
Ar ôl i bopeth ddod i ben, a'u bod nhw wedi dal eu gwynt, siaradodd Pete.

"El amor es extraño", dijo, conmocionado por la feroz devoción del perro.
"Mae'r cariad yn rhyfeddol," meddai, wedi'i ysgwyd gan ymroddiad ffyrnig y ci.

Thornton meneó la cabeza y respondió con seriedad y calma.
Ysgwydodd Thornton ei ben ac atebodd gyda difrifoldeb tawel.

"No, el amor es espléndido", dijo, "pero también terrible".
"Na, mae'r cariad yn wych," meddai, "ond hefyd yn ofnadwy."

"A veces, debo admitirlo, este tipo de amor me da miedo".
"Weithiau, rhaid i mi gyfaddef, mae'r math yma o gariad yn gwneud i mi ofni."
Pete asintió y dijo: "Odiaría ser el hombre que te toque".
Nodiodd Pete a dweud, "Byddai'n gas gen i fod y dyn sy'n eich cyffwrdd chi."
Miró a Buck mientras hablaba, serio y lleno de respeto.
Edrychodd ar Buck wrth iddo siarad, yn ddifrifol ac yn llawn parch.
—¡Py Jingo! —dijo Hans rápidamente—. Yo tampoco, señor.
"Py Jingo!" meddai Hans yn gyflym. "Fi chwaith, na syr."

Antes de que terminara el año, los temores de Pete se hicieron realidad en Circle City.
Cyn i'r flwyddyn ddod i ben, daeth ofnau Pete yn wir yn Circle City.
Un hombre cruel llamado Black Burton provocó una pelea en el bar.
Dechreuodd dyn creulon o'r enw Burton Du ymladd yn y bar.
Estaba enojado y malicioso, arremetiendo contra un nuevo novato.
Roedd yn ddig ac yn faleisus, gan ymosod ar droed dyner newydd.
John Thornton entró en escena, tranquilo y afable como siempre.
Camodd John Thornton i mewn, yn dawel ac yn garedig fel bob amser.
Buck yacía en un rincón, con la cabeza gacha, observando a Thornton de cerca.
Gorweddodd Buck mewn cornel, ei ben i lawr, yn gwylio Thornton yn agos.
Burton atacó de repente, y su puñetazo hizo que Thornton girara.
Tarodd Burton yn sydyn, gan wneud i Thornton droelli.
Sólo la barandilla de la barra evitó que se estrellara con fuerza contra el suelo.

Dim ond rheilen y bar a'i ataliodd rhag cwympo'n galed i'r llawr.
Los observadores oyeron un sonido que no era un ladrido ni un aullido.
Clywodd y gwylwyr sŵn nad oedd yn gyfarth nac yn gweiddi
Un rugido profundo salió de Buck mientras se lanzaba hacia el hombre.
Daeth rhuo dwfn gan Buck wrth iddo lansio tuag at y dyn.
Burton levantó el brazo y apenas salvó su vida.
Cododd Burton ei fraich ac achubodd ei fywyd ei hun o drwch blewyn.
Buck se estrelló contra él y lo tiró al suelo.
Tarodd Buck i mewn iddo, gan ei daro'n fflat ar y llawr.
Buck mordió profundamente el brazo del hombre y luego se abalanzó sobre su garganta.
Brathodd Buck yn ddwfn i fraich y dyn, yna rhuthrodd am y gwddf.
Burton sólo pudo bloquearlo parcialmente y su cuello quedó destrozado.
Dim ond yn rhannol y gallai Burton ei rwystro, a rhwygwyd ei wddf ar agor.
Los hombres se apresuraron a entrar, con los garrotes en alto, y apartaron a Buck del hombre sangrante.
Rhuthrodd dynion i mewn, clybiau wedi'u codi, a gyrrodd Buck oddi ar y dyn gwaedlyd.
Un cirujano trabajó rápidamente para detener la fuga de sangre.
Gweithiodd llawfeddyg yn gyflym i atal y gwaed rhag llifo allan.
Buck caminaba de un lado a otro y gruñía, intentando atacar una y otra vez.
Cerddodd Buck o gwmpas a grwgnach, gan geisio ymosod dro ar ôl tro.
Sólo los golpes con los palos le impidieron llegar hasta Burton.
Dim ond clybiau siglo a'i ataliodd rhag cyrraedd Burton.
Allí mismo se convocó y celebró una asamblea de mineros.

Galwyd cyfarfod glowyr a'i gynnal yno ar y fan a'r lle.

Estuvieron de acuerdo en que Buck había sido provocado y votaron por liberarlo.

Cytunasant fod Buck wedi cael ei gythruddo a phleidleisiasant i'w ryddhau.

Pero el feroz nombre de Buck ahora resonaba en todos los campamentos de Alaska.

Ond roedd enw ffyrnig Buck bellach yn atseinio ym mhob gwersyll yn Alaska.

Más tarde ese otoño, Buck salvó a Thornton nuevamente de una nueva manera.

Yn ddiweddarach yr hydref hwnnw, achubodd Buck Thornton eto mewn ffordd newydd.

Los tres hombres guiaban un bote largo por rápidos agitados.

Roedd y tri dyn yn tywys cwch hir i lawr rhaeadrau garw.

Thornton tripulaba el bote, gritando instrucciones para llegar a la costa.

Thornton oedd yn rheoli'r cwch, gan alw cyfarwyddiadau i'r lan.

Hans y Pete corrieron por la tierra, sosteniendo una cuerda de árbol a árbol.

Rhedodd Hans a Pete ar dir, gan ddal rhaff o goeden i goeden.

Buck seguía el ritmo en la orilla, siempre observando a su amo.

Cadwodd Buck gyflymder ar y lan, gan wylio ei feistr bob amser.

En un lugar desagradable, las rocas sobresalían bajo el agua rápida.

Mewn un lle cas, roedd creigiau'n ymwthio allan o dan y dŵr cyflym.

Hans soltó la cuerda y Thornton dirigió el bote hacia otro lado.

Gollyngodd Hans y rhaff, a llywiodd Thornton y cwch yn llydan.

Hans corrió para alcanzar el barco nuevamente más allá de las rocas peligrosas.

Sbrintiodd Hans i ddal y cwch eto heibio i'r creigiau peryglus.
El barco superó la cornisa pero se topó con una parte más fuerte de la corriente.
Cliriodd y cwch y silff ond tarodd ran gryfach o'r cerrynt.
Hans agarró la cuerda demasiado rápido y desequilibró el barco.
Gafaelodd Hans yn y rhaff yn rhy gyflym a thynnu'r cwch oddi ar ei gydbwysedd.
El barco se volcó y se estrelló contra la orilla, boca abajo.
Trodd y cwch drosodd a tharo i'r lan, y gwaelod i fyny.
Thornton fue arrojado y arrastrado hacia la parte más salvaje del agua.
Cafodd Thornton ei daflu allan a'i ysgubo i ran fwyaf gwyllt y dŵr.
Ningún nadador habría podido sobrevivir en esas aguas turbulentas y mortales.
Ni allai unrhyw nofiwr fod wedi goroesi yn y dyfroedd marwol, rasus hynny.
Buck saltó instantáneamente y persiguió a su amo río abajo.
Neidiodd Buck i mewn ar unwaith a rhedeg ar ôl ei feistr i lawr yr afon.
Después de trescientos metros, llegó por fin a Thornton.
Ar ôl tri chant llath, cyrhaeddodd Thornton o'r diwedd.
Thornton agarró la cola de Buck y Buck se giró hacia la orilla.
Gafaelodd Thornton yng nghynffon Buck, a throdd Buck am y lan.
Nadó con todas sus fuerzas, luchando contra el arrastre salvaje del agua.
Nofiodd â'i holl nerth, gan ymladd yn erbyn llusgo gwyllt y dŵr.
Se movieron río abajo más rápido de lo que podían llegar a la orilla.
Symudasant i lawr yr afon yn gyflymach nag y gallent gyrraedd y lan.
Más adelante, el río rugía cada vez más fuerte mientras caía en rápidos mortales.

O'i flaen, roedd yr afon yn rhuo'n uwch wrth iddi syrthio i mewn i gyflymderau marwol.
Las rocas cortaban el agua como los dientes de un peine enorme.
Roedd creigiau'n sleisio trwy'r dŵr fel dannedd crib enfawr.
La atracción del agua cerca de la caída era salvaje e ineludible.
Roedd tynfa'r dŵr ger y diferyn yn wyllt ac yn anochel.
Thornton sabía que nunca podrían llegar a la costa a tiempo.
Roedd Thornton yn gwybod na fyddent byth yn cyrraedd y lan mewn pryd.
Raspó una roca, se estrelló contra otra,
Crafodd dros un graig, tarodd ar draws ail,
Y entonces se estrelló contra una tercera roca, agarrándola con ambas manos.
Ac yna fe darodd i drydydd graig, gan ei gafael â'r ddwy law.
Soltó a Buck y gritó por encima del rugido: "¡Vamos, Buck! ¡Vamos!".
Gollyngodd afael ar Buck a gweiddi dros y rhuo, "Dos, Buck! Dos!"
Buck no pudo mantenerse a flote y fue arrastrado por la corriente.
Ni allai Buck aros arnofio a chafodd ei ysgubo i lawr gan y cerrynt.
Luchó con todas sus fuerzas, intentando girar, pero no consiguió ningún progreso.
Ymladdodd yn galed, gan frwydro i droi, ond ni wnaeth unrhyw gynnydd o gwbl.
Entonces escuchó a Thornton repetir la orden por encima del rugido del río.
Yna clywodd Thornton yn ailadrodd y gorchymyn dros rhuo'r afon.
Buck salió del agua y levantó la cabeza como para echar una última mirada.
Cododd Buck allan o'r dŵr, gan godi ei ben fel pe bai am edrychiad olaf.

Luego se giró y obedeció, nadando hacia la orilla con resolución.
yna trodd ac ufuddhaodd, gan nofio tuag at y lan yn benderfynol.
Pete y Hans lo sacaron a tierra en el último momento posible.
Tynnodd Pete a Hans ef i'r lan ar yr eiliad olaf bosibl.
Sabían que Thornton podría aferrarse a la roca sólo por unos minutos más.
Roedden nhw'n gwybod y gallai Thornton lynu wrth y graig am funudau yn unig yn rhagor.
Corrieron por la orilla hasta un lugar mucho más arriba de donde estaba colgado.
Rhedon nhw i fyny'r lan i fan ymhell uwchben lle'r oedd e'n hongian.
Ataron la cuerda del bote al cuello y los hombros de Buck con cuidado.
Fe wnaethon nhw glymu llinyn y cwch i wddf ac ysgwyddau Buck yn ofalus.
La cuerda estaba ajustada pero lo suficientemente suelta para permitir la respiración y el movimiento.
Roedd y rhaff yn dynn ond yn ddigon llac i anadlu a symud.
Luego lo lanzaron nuevamente al caudaloso y mortal río.
Yna fe'i lansiwyd ganddynt i'r afon ruthlyd, farwol eto.
Buck nadó con valentía, pero perdió su ángulo debido a la fuerza de la corriente.
Nofiodd Buck yn feiddgar ond methodd ei ongl i rym y nant.
Se dio cuenta demasiado tarde de que iba a dejar atrás a Thornton.
Gwelodd yn rhy hwyr ei fod yn mynd i ddrifftio heibio i Thornton.
Hans tiró de la cuerda con fuerza, como si Buck fuera un barco que se hundía.
Tynnodd Hans y rhaff yn dynn, fel pe bai Buck yn gwch yn troi drosodd.
La corriente lo arrastró hacia abajo y desapareció bajo la superficie.

Tynnodd y cerrynt ef o dan, a diflannodd o dan yr wyneb.
Su cuerpo chocó contra el banco antes de que Hans y Pete pudieran sacarlo.
Tarodd ei gorff y banc cyn i Hans a Pete ei dynnu allan.
Estaba medio ahogado y le sacaron el agua a golpes.
Roedd wedi hanner boddi, a thyfasant y dŵr allan ohono.
Buck se puso de pie, se tambaleó y volvió a desplomarse en el suelo.
Safodd Buck, siglodd, a chwympodd eto ar y llawr.
Entonces oyeron la voz de Thornton llevada débilmente por el viento.
Yna clywsant lais Thornton yn cael ei gario'n wan gan y gwynt.
Aunque las palabras no eran claras, sabían que estaba cerca de morir.
Er bod y geiriau'n aneglur, roedden nhw'n gwybod ei fod bron â marw.
El sonido de la voz de Thornton golpeó a Buck como una sacudida eléctrica.
Tarodd sŵn llais Thornton Buck fel ysgytwad drydanol.
Saltó y corrió por la orilla, regresando al punto de lanzamiento.
Neidiodd i fyny a rhedeg i fyny'r lan, gan ddychwelyd i'r man lansio.
Nuevamente ataron la cuerda a Buck, y nuevamente entró al arroyo.
Unwaith eto fe glymasant y rhaff i Buck, ac unwaith eto aeth i mewn i'r nant.
Esta vez nadó directo y firmemente hacia el agua que palpitaba.
Y tro hwn, nofiodd yn uniongyrchol ac yn gadarn i'r dŵr rhuthro.
Hans soltó la cuerda con firmeza mientras Pete evitaba que se enredara.
Gollyngodd Hans y rhaff allan yn gyson tra bod Pete yn ei hatal rhag mynd yn glwm.

Buck nadó con fuerza hasta que estuvo alineado justo encima de Thornton.
Nofiodd Buck yn galed nes iddo gael ei leinio ychydig uwchben Thornton.
Luego se dio la vuelta y se lanzó hacia abajo como un tren a toda velocidad.
Yna trodd a rhuthro i lawr fel trên ar gyflymder llawn.
Thornton lo vio venir, se preparó y le rodeó el cuello con los brazos.
Gwelodd Thornton ef yn dod, wedi ymbaratoi, ac wedi cloi breichiau o amgylch ei wddf.
Hans ató la cuerda fuertemente alrededor de un árbol mientras ambos eran arrastrados hacia abajo.
Clymodd Hans y rhaff yn gyflym o amgylch coeden wrth i'r ddau gael eu tynnu oddi tano.
Cayeron bajo el agua y se estrellaron contra rocas y escombros del río.
Fe wnaethon nhw syrthio o dan y dŵr, gan daro i mewn i greigiau a malurion afon.
En un momento Buck estaba arriba y al siguiente Thornton se levantó jadeando.
Un eiliad roedd Buck ar ei ben, y funud nesaf cododd Thornton gan anadlu'n drwm.
Maltratados y asfixiados, se desviaron hacia la orilla y se pusieron a salvo.
Wedi'u curo ac yn tagu, fe wnaethon nhw droi at y lan a man diogel.
Thornton recuperó el conocimiento, acostado sobre un tronco a la deriva.
Daeth Thornton yn ôl i ymwybyddiaeth, yn gorwedd ar draws boncyff drifft.
Hans y Pete trabajaron duro para devolverle el aliento y la vida.
Gweithiodd Hans a Pete yn galed ag ef i ddod ag anadl a bywyd yn ôl.
Su primer pensamiento fue para Buck, que yacía inmóvil y flácido.

Ei feddwl cyntaf oedd am Buck, a orweddai'n ddisymud ac yn llipa.

Nig aulló sobre el cuerpo de Buck y Skeet le lamió la cara suavemente.

Udodd Nig dros gorff Buck, a llyfuodd Skeet ei wyneb yn ysgafn.

Thornton, dolorido y magullado, examinó a Buck con manos cuidadosas.

Archwiliodd Thornton, yn ddolurus ac wedi'i gleisio, Buck â dwylo gofalus.

Encontró tres costillas rotas, pero ninguna herida mortal en el perro.

Canfu fod tri asen wedi torri, ond dim clwyfau angheuol yn y ci.

"Eso lo resuelve", dijo Thornton. "Acamparemos aquí". Y así lo hicieron.

"Mae hynny'n setlo'r cyfan," meddai Thornton. "Rydyn ni'n gwersylla yma." Ac fe wnaethon nhw.

Se quedaron hasta que las costillas de Buck sanaron y pudo caminar nuevamente.

Arhoson nhw nes i asennau Buck wella a'i fod yn gallu cerdded eto.

Ese invierno, Buck realizó una hazaña que aumentó aún más su fama.

Y gaeaf hwnnw, perfformiodd Buck gamp a gododd ei enwogrwydd ymhellach.

Fue menos heroico que salvar a Thornton, pero igual de impresionante.

Roedd yn llai arwrol nag achub Thornton, ond yr un mor drawiadol.

En Dawson, los socios necesitaban suministros para un viaje lejano.

Yn Dawson, roedd angen cyflenwadau ar y partneriaid ar gyfer taith bell.

Querían viajar hacia el Este, hacia tierras vírgenes y silvestres.

Roedden nhw eisiau teithio i'r Dwyrain, i diroedd anialwch heb eu cyffwrdd.

La escritura de Buck en el Eldorado Saloon hizo posible ese viaje.

Gwnaeth gweithred Buck yn yr Eldorado Saloon y daith honno'n bosibl.

Todo empezó con hombres alardeando de sus perros mientras bebían.

Dechreuodd gyda dynion yn brolio am eu cŵn dros ddiodydd.

La fama de Buck lo convirtió en blanco de desafíos y dudas.

Gwnaeth enwogrwydd Buck ef yn darged heriau ac amheuaeth.

Thornton, orgulloso y tranquilo, se mantuvo firme en la defensa del nombre de Buck.

Safodd Thornton, yn falch ac yn dawel, yn gadarn wrth amddiffyn enw Buck.

Un hombre dijo que su perro podía levantar doscientos cincuenta kilos con facilidad.

Dywedodd un dyn y gallai ei gi dynnu pum cant o bunnoedd yn rhwydd.

Otro dijo seiscientos, y un tercero se jactó de setecientos.

Dywedodd un arall chwe chant, ac ymffrostiodd trydydd saith cant.

"¡Pfft!" dijo John Thornton, "Buck puede tirar de un trineo de mil libras".

"Pfft!" meddai John Thornton, "Gall Buck dynnu sled mil o bunnoedd."

Matthewson, un Rey de Bonanza, se inclinó hacia delante y lo desafió.

Plygodd Matthewson, Brenin Bonanza, ymlaen a'i herio.

¿Crees que puede poner tanto peso en movimiento?

"Tybed a all e roi cymaint o bwysau mewn symudiad?"

"¿Y crees que puede tirar del peso cien yardas enteras?"

"Ac wyt ti'n meddwl y gall e dynnu'r pwysau cant llath llawn?"

Thornton respondió con frialdad: «Sí. Buck es lo suficientemente bueno como para hacerlo».

Atebodd Thornton yn oer, "Ie. Mae Buck yn ddigon ci i wneud hynny."

"Pondrá mil libras en movimiento y las arrastrará cien yardas".

"Bydd yn rhoi mil o bunnoedd ar waith, ac yn ei dynnu cant llath."

Matthewson sonrió lentamente y se aseguró de que todos los hombres escucharan sus palabras.

Gwenodd Matthewson yn araf a gwneud yn siŵr bod pob dyn yn clywed ei eiriau.

Tengo mil dólares que dicen que no puede. Ahí está.

"Mae gen i fil o ddoleri sy'n dweud na all e. Dyna fe."

Arrojó un saco de polvo de oro del tamaño de una salchicha sobre la barra.

Taflodd sach o lwch aur maint selsig ar y bar.

Nadie dijo una palabra. El silencio se hizo denso y tenso a su alrededor.

Ni ddywedodd neb air. Daeth y distawrwydd yn drwm ac yn dynn o'u cwmpas.

El engaño de Thornton —si es que lo hubo— había sido tomado en serio.

Roedd bluff Thornton—os oedd un—wedi cael ei gymryd o ddifrif.

Sintió que el calor le subía a la cara mientras la sangre le subía a las mejillas.

Teimlodd wres yn codi yn ei wyneb wrth i waed ruthro i'w fochau.

En ese momento su lengua se había adelantado a su razón.

Roedd ei dafod wedi mynd o flaen ei reswm ar y foment honno.

Realmente no sabía si Buck podría mover mil libras.

Doedd e wir ddim yn gwybod a allai Buck symud mil o bunnoedd.

¡Media tonelada! Solo su tamaño le hacía sentir un gran peso en el corazón.

Hanner tunnell! Roedd ei faint yn unig yn gwneud i'w galon deimlo'n drwm.

Tenía fe en la fuerza de Buck y creía que era capaz.
Roedd ganddo ffydd yng nghryfder Buck ac roedd wedi meddwl ei fod yn abl.

Pero nunca se había enfrentado a un desafío así, no de esta manera.
Ond nid oedd erioed wedi wynebu'r math hwn o her, nid fel hon.

Una docena de hombres lo observaban en silencio, esperando ver qué haría.
Gwyliodd dwsin o ddynion ef yn dawel, yn aros i weld beth fyddai'n ei wneud.

Él no tenía el dinero, ni tampoco Hans ni Pete.
Doedd ganddo ddim yr arian—nid oedd gan Hans na Pete chwaith.

"Tengo un trineo afuera", dijo Matthewson fría y directamente.
"Mae gen i sled y tu allan," meddai Matthewson yn oer ac yn uniongyrchol.

"Está cargado con veinte sacos de cincuenta libras cada uno, todo de harina.
"Mae wedi'i lwytho ag ugain sach, hanner cant pwys yr un, y cyfan yn flawd.

Así que no dejen que un trineo perdido sea su excusa ahora", añadió.
Felly peidiwch â gadael i sled coll fod yn esgus i chi nawr," ychwanegodd.

Thornton permaneció en silencio. No sabía qué decir.
Safodd Thornton yn dawel. Doedd e ddim yn gwybod pa eiriau i'w cynnig.

Miró a su alrededor los rostros sin verlos con claridad.
Edrychodd o gwmpas ar yr wynebau heb eu gweld yn glir.

Parecía un hombre congelado en sus pensamientos, intentando reiniciarse.
Roedd yn edrych fel dyn wedi rhewi mewn meddwl, yn ceisio ailgychwyn.

Luego vio a Jim O'Brien, un amigo de la época de Mastodon.
Yna gwelodd Jim O'Brien, ffrind o ddyddiau'r Mastodoniaid.
Ese rostro familiar le dio un coraje que no sabía que tenía.
Rhoddodd yr wyneb cyfarwydd hwnnw ddewrder iddo nad oedd yn gwybod ei fod ganddo.
Se giró y preguntó en voz baja: "¿Puedes prestarme mil?"
Trodd a gofyn mewn llais isel, "Allwch chi fenthyg mil i mi?"
"Claro", dijo O'Brien, dejando caer un pesado saco junto al oro.
"Wrth gwrs," meddai O'Brien, gan ollwng sach trwm wrth yr aur yn barod.
"Pero la verdad, John, no creo que la bestia pueda hacer esto".
"Ond a dweud y gwir, John, dydw i ddim yn credu y gall y bwystfil wneud hyn."
Todos los que estaban en el Eldorado Saloon corrieron hacia afuera para ver el evento.
Rhuthrodd pawb yn yr Eldorado Saloon allan i weld y digwyddiad.
Abandonaron las mesas y las bebidas, e incluso los juegos se pausaron.
Gadawon nhw fyrddau a diodydd, a hyd yn oed cafodd y gemau eu hoedi.
Comerciantes y jugadores acudieron para presenciar el final de la audaz apuesta.
Daeth deliwr a gamblwyr i weld diwedd y bet beiddgar.
Cientos de personas se reunieron alrededor del trineo en la calle helada y abierta.
Ymgasglodd cannoedd o amgylch y sled yn y stryd agored rhewllyd.
El trineo de Matthewson estaba cargado con un montón de sacos de harina.
Roedd sled Matthewson yn sefyll gyda llwyth llawn o sachau blawd.
El trineo había permanecido parado durante horas a temperaturas bajo cero.

Roedd y sled wedi bod yn eistedd am oriau mewn tymereddau minws.

Los patines del trineo estaban congelados y pegados a la nieve compacta.

Roedd rhedwyr y sled wedi rhewi'n dynn i'r eira wedi'i bacio i lawr.

Los hombres ofrecieron dos a uno de que Buck no podría mover el trineo.

Cynigiodd dynion ods dau i un na allai Buck symud y sled.

Se desató una disputa sobre lo que realmente significaba "break out".

Dechreuodd anghydfod ynghylch beth oedd ystyr "torri allan" mewn gwirionedd.

O'Brien dijo que Thornton debería aflojar la base congelada del trineo.

Dywedodd O'Brien y dylai Thornton lacio sylfaen rewedig y sled.

Buck pudo entonces "escapar" de un comienzo sólido e inmóvil.

Yna gallai Buck "dorri allan" o ddechrau cadarn, llonydd.

Matthewson argumentó que el perro también debe liberar a los corredores.

Dadleuodd Matthewson fod yn rhaid i'r ci ryddhau'r rhedwyr hefyd.

Los hombres que habían escuchado la apuesta estuvieron de acuerdo con la opinión de Matthewson.

Cytunodd y dynion a glywodd y bet â barn Matthewson.

Con esa decisión, las probabilidades aumentaron a tres a uno en contra de Buck.

Gyda'r dyfarniad hwnnw, neidiodd y tebygolrwydd i dri-i-un yn erbyn Buck.

Nadie se animó a asumir las crecientes probabilidades de tres a uno.

Ni gamodd neb ymlaen i dderbyn y ods tri i un cynyddol.

Ningún hombre creyó que Buck pudiera realizar la gran hazaña.

Ni chredodd unrhyw ddyn y gallai Buck gyflawni'r gamp fawr.

Thornton se había apresurado a hacer la apuesta, cargado de dudas.

Roedd Thornton wedi cael ei ruthro i mewn i'r bet, yn drwm gan amheuon.

Ahora miró el trineo y el equipo de diez perros que estaba a su lado.

Nawr edrychodd ar y sled a'r tîm deg ci wrth ei ymyl.

Ver la realidad de la tarea la hizo parecer más imposible.

Roedd gweld realiti'r dasg yn ei gwneud hi'n ymddangos yn fwy amhosibl.

Matthewson estaba lleno de orgullo y confianza en ese momento.

Roedd Matthewson yn llawn balchder a hyder yn y foment honno.

—¡Tres a uno! —gritó—. ¡Apuesto mil más, Thornton!

"Tri i un!" gwaeddodd. "Mi fe betiaf fil arall, Thornton!"

"¿Qué dices?" añadió lo suficientemente alto para que todos lo oyeran.

"Beth wyt ti'n ei ddweud?" ychwanegodd, yn ddigon uchel i bawb ei glywed.

El rostro de Thornton mostraba sus dudas, pero su ánimo se había elevado.

Dangosodd wyneb Thornton ei amheuon, ond roedd ei ysbryd wedi codi.

Ese espíritu de lucha ignoraba las probabilidades y no temía a nada en absoluto.

Anwybyddodd yr ysbryd ymladd hwnnw'r siawns ac nid oedd yn ofni dim o gwbl.

Llamó a Hans y Pete para que trajeran todo su dinero a la mesa.

Galwodd ar Hans a Pete i ddod â'u holl arian parod i'r bwrdd.

Les quedaba poco: sólo doscientos dólares en total.

Ychydig oedd ganddyn nhw ar ôl—dim ond dau gant o ddoleri gyda'i gilydd.

Esta pequeña suma constituía su fortuna total en tiempos difíciles.
Y swm bach hwn oedd eu cyfanswm ffortiwn yn ystod cyfnodau caled.
Aún así, apostaron toda su fortuna contra la apuesta de Matthewson.
Serch hynny, fe wnaethon nhw osod yr holl ffortiwn yn erbyn bet Matthewson.
El equipo de diez perros fue desenganchado y se alejó del trineo.
Datgysylltwyd y tîm deg ci a symudodd i ffwrdd o'r sled.
Buck fue colocado en las riendas, vistiendo su arnés familiar.
Gosodwyd Buck yn yr awenau, yn gwisgo ei harnais cyfarwydd.
Había captado la energía de la multitud y sentía la tensión.
Roedd wedi dal egni'r dorf ac wedi teimlo'r tensiwn.
De alguna manera, sabía que tenía que hacer algo por John Thornton.
Rywsut, roedd yn gwybod bod yn rhaid iddo wneud rhywbeth i John Thornton.
La gente murmuraba con admiración ante la orgullosa figura del perro.
Sibrydodd pobl gydag edmygedd at ffigur balch y ci.
Era delgado y fuerte, sin un solo gramo de carne extra.
Roedd yn fain ac yn gryf, heb un owns ychwanegol o gnawd.
Su peso total de ciento cincuenta libras era todo potencia y resistencia.
Ei bwysau llawn o gant a hanner pwys oedd yr holl nerth a'r dygnwch.
El pelaje de Buck brillaba como la seda, espeso y saludable.
Roedd côt Buck yn disgleirio fel sidan, yn drwchus o iechyd a chryfder.
El pelaje a lo largo de su cuello y hombros pareció levantarse y erizarse.
Roedd y ffwr ar hyd ei wddf a'i ysgwyddau fel pe bai'n codi ac yn gwrychog.

Su melena se movía levemente, cada cabello vivo con su gran energía.
Symudodd ei fwng ychydig, pob blew yn fyw gyda'i egni mawr.
Su pecho ancho y sus piernas fuertes hacían juego con su cuerpo pesado y duro.
Roedd ei frest lydan a'i goesau cryfion yn cyd-fynd â'i gorff trwm, caled.
Los músculos se ondulaban bajo su abrigo, tensos y firmes como hierro.
Roedd cyhyrau'n crychu o dan ei gôt, yn dynn ac yn gadarn fel haearn wedi'i rwymo.
Los hombres lo tocaron y juraron que estaba construido como una máquina de acero.
Cyffyrddodd dynion ag ef a thyngu ei fod wedi'i adeiladu fel peiriant dur.
Las probabilidades bajaron levemente a dos a uno contra el gran perro.
Gostyngodd yr ods ychydig i ddau i un yn erbyn y ci gwych.
Un hombre de los bancos Skookum se adelantó, tartamudeando.
Gwthiodd dyn o Feinciau Skookum ymlaen, gan atal dweud.
—¡Bien, señor! ¡Ofrezco ochocientas libras por él, antes del examen, señor!
"Da, syr! Rwy'n cynnig wyth cant amdano—cyn y prawf, syr!"
"¡Ochocientos, tal como está ahora mismo!" insistió el hombre.
"Wyth cant, fel mae e ar hyn o bryd!" mynnodd y dyn.
Thornton dio un paso adelante, sonrió y meneó la cabeza con calma.
Camodd Thornton ymlaen, gwenu, ac ysgwyd ei ben yn dawel.
Matthewson intervino rápidamente con una voz de advertencia y el ceño fruncido.
Camodd Matthewson i mewn yn gyflym gyda llais rhybuddiol a gwgu.

—Debes alejarte de él —dijo—. Dale espacio.

"Rhaid i chi gamu i ffwrdd oddi wrtho," meddai. "Rhowch le iddo."

La multitud quedó en silencio; sólo los jugadores seguían ofreciendo dos a uno.

Tawelodd y dorf; dim ond gamblwyr oedd yn dal i gynnig dau i un.

Todos admiraban la complexión de Buck, pero la carga parecía demasiado grande.

Roedd pawb yn edmygu corff Buck, ond roedd y llwyth yn edrych yn rhy fawr.

Veinte sacos de harina, cada uno de cincuenta libras de peso, parecían demasiados.

Roedd ugain sach o flawd —pob un yn pwyso hanner cant pwys— yn ymddangos yn llawer gormod.

Nadie estaba dispuesto a abrir su bolsa y arriesgar su dinero.

Doedd neb yn fodlon agor eu cwdyn a mentro eu harian.

Thornton se arrodilló junto a Buck y tomó su cabeza con ambas manos.

Penliniodd Thornton wrth ymyl Buck a chymryd ei ben yn ei ddwy law.

Presionó su mejilla contra la de Buck y le habló al oído.

Pwysodd ei foch yn erbyn boch Buck a siaradodd i'w glust.

Ya no había apretones juguetones ni susurros de insultos amorosos.

Doedd dim ysgwyd chwareus na sibrwd sarhad cariadus bellach.

Él sólo murmuró suavemente: "Tanto como me amas, Buck".

Dim ond sibrydion ysgafn a wnaeth, "Cymaint ag yr wyt ti'n fy ngharu i, Buck."

Buck dejó escapar un gemido silencioso, su entusiasmo apenas fue contenido.

Gwynnodd Buck yn dawel, prin y byddai ei awyddusrwydd yn cael ei atal.

Los espectadores observaron con curiosidad cómo la tensión llenaba el aire.

Gwyliodd y gwylwyr gyda chwilfrydedd wrth i densiwn lenwi'r awyr.

El momento parecía casi irreal, como algo más allá de la razón.

Roedd y foment bron yn afreal, fel rhywbeth y tu hwnt i reswm.

Cuando Thornton se puso de pie, Buck tomó suavemente su mano entre sus mandíbulas.

Pan safodd Thornton, cymerodd Buck ei law yn ysgafn yn ei ên.

Presionó con los dientes y luego lo soltó lenta y suavemente.

Pwysodd i lawr gyda'i ddannedd, yna gollyngodd yn araf ac yn ysgafn.

Fue una respuesta silenciosa de amor, no dicha, pero entendida.

Roedd yn ateb tawel o gariad, nid yn cael ei ddweud, ond yn cael ei ddeall.

Thornton se alejó bastante del perro y dio la señal.

Camodd Thornton yn ôl ymhell oddi wrth y ci a rhoi'r arwydd.

—Ahora, Buck —dijo, y Buck respondió con calma y concentración.

"Nawr, Buck," meddai, ac ymatebodd Buck gyda thawelwch canolbwyntiedig.

Buck apretó las correas y luego las aflojó unos centímetros.

Tynhaodd Buck y traciau, yna eu llacio ychydig fodfeddi.

Éste era el método que había aprendido; su manera de romper el trineo.

Dyma'r dull yr oedd wedi'i ddysgu; ei ffordd o dorri'r sled.

—¡Caramba! —gritó Thornton con voz aguda en el pesado silencio.

"Wow!" gwaeddodd Thornton, ei lais yn finiog yn y distawrwydd trwm.

Buck giró hacia la derecha y se lanzó con todo su peso.

Trodd Buck i'r dde a neidiodd â'i holl bwysau.

La holgura desapareció y la masa total de Buck golpeó las cuerdas apretadas.

Diflannodd y llacrwydd, a tharodd màs llawn Buck yr olion tynn.

El trineo tembló y los patines produjeron un crujido crujiente.

Crynodd y sled, a gwnaeth y rhedwyr sŵn cracio clir.

—¡Ja! —ordenó Thornton, cambiando nuevamente la dirección de Buck.

"Haw!" gorchmynnodd Thornton, gan newid cyfeiriad Buck eto.

Buck repitió el movimiento, esta vez tirando bruscamente hacia la izquierda.

Ailadroddodd Buck y symudiad, gan dynnu'n sydyn i'r chwith y tro hwn.

El trineo crujió más fuerte y los patines crujieron y se movieron.

Craciodd y sled yn uwch, y rhedwyr yn snapio ac yn symud.

La pesada carga se deslizó ligeramente hacia un lado sobre la nieve congelada.

Llithrodd y llwyth trwm ychydig i'r ochr ar draws yr eira wedi rhewi.

¡El trineo se había soltado del sendero helado!

Roedd y sled wedi torri'n rhydd o afael y llwybr rhewllyd!

Los hombres contenían la respiración, sin darse cuenta de que ni siquiera estaban respirando.

Daliodd dynion eu gwynt, heb sylweddoli nad oeddent hyd yn oed yn anadlu.

—¡Ahora, TIRA! —gritó Thornton a través del silencio helado.

"Nawr, TYNNWCH!" gwaeddodd Thornton ar draws y distawrwydd rhewllyd.

La orden de Thornton sonó aguda, como el chasquido de un látigo.

Roedd gorchymyn Thornton yn atseinio'n finiog, fel crac chwip.

Buck se lanzó hacia adelante con una estocada feroz y estremecedora.

Taflodd Buck ei hun ymlaen gyda rhuthr ffyrnig a sydyn.

Todo su cuerpo se tensó y se arrugó por la enorme tensión.
Tynnodd a chrychodd ei ffrâm gyfan oherwydd y straen enfawr.
Los músculos se ondulaban bajo su pelaje como serpientes que cobraban vida.
Roedd cyhyrau'n crychu o dan ei ffwr fel nadroedd yn dod yn fyw.
Su gran pecho estaba bajo y la cabeza estirada hacia delante, hacia el trineo.
Roedd ei frest fawr yn isel, ei ben wedi'i ymestyn ymlaen tuag at y sled.
Sus patas se movían como un rayo y sus garras cortaban el suelo helado.
Symudodd ei bawennau fel mellten, crafangau'n sleisio'r ddaear rewedig.
Los surcos se abrieron profundos mientras luchaba por cada centímetro de tracción.
Torrwyd rhigolau'n ddwfn wrth iddo ymladd am bob modfedd o afael.
El trineo se balanceó, tembló y comenzó un movimiento lento e inquieto.
Siglodd y sled, crynodd, a dechreuodd symudiad araf, anesmwyth.
Un pie resbaló y un hombre entre la multitud gimió en voz alta.
Llithrodd un droed, ac ochainodd dyn yn y dorf yn uchel.
Entonces el trineo se lanzó hacia adelante con un movimiento brusco y espasmódico.
Yna neidiodd y sled ymlaen mewn symudiad garw, sydyn.
No se detuvo de nuevo: media pulgada... una pulgada... dos pulgadas más.
Wnaeth e ddim stopio eto—hanner modfedd...modfedd...dwy fodfedd yn rhagor.
Los tirones se hicieron más pequeños a medida que el trineo empezó a ganar velocidad.
Aeth y jerciau'n llai wrth i'r sled ddechrau cynyddu cyflymder.

Pronto Buck estaba tirando con una potencia suave, uniforme y rodante.
Yn fuan roedd Buck yn tynnu â phŵer rholio llyfn, unffurf.
Los hombres jadearon y finalmente recordaron respirar de nuevo.
Anadlodd y dynion yn sydyn ac o'r diwedd cofion nhw anadlu eto.
No se habían dado cuenta de que su respiración se había detenido por el asombro.
Doedden nhw ddim wedi sylwi bod eu hanadl wedi stopio mewn parch.
Thornton corrió detrás, gritando órdenes breves y alegres.
Rhedodd Thornton y tu ôl, gan weiddi gorchmynion byr, llawen.
Más adelante había una pila de leña que marcaba la distancia.
O'i flaen roedd pentwr o goed tân a oedd yn nodi'r pellter.
A medida que Buck se acercaba a la pila, los vítores se hacían cada vez más fuertes.
Wrth i Buck nesáu at y pentwr, tyfodd y bloeddio'n uwch ac uwch.
Los aplausos aumentaron hasta convertirse en un rugido cuando Buck pasó el punto final.
Chwyddodd y bloeddio'n rhuo wrth i Buck basio'r pwynt terfyn.
Los hombres saltaron y gritaron, incluso Matthewson sonrió.
Neidiodd dynion a gweiddi, hyd yn oed Matthewson a dorrodd i wenu.
Los sombreros volaron por el aire y los guantes fueron arrojados sin pensar ni rumbo.
Hedfanodd hetiau i'r awyr, taflwyd maneg heb feddwl na nod.
Los hombres se abrazaron y se dieron la mano sin saber a quién.
Gafaelodd dynion yn ei gilydd ac ysgwyd llaw heb wybod pwy.
Toda la multitud vibró en una celebración salvaje y alegre.

Roedd y dorf gyfan yn bwrlwm mewn dathliad gwyllt, llawen.

Thornton cayó de rodillas junto a Buck con manos temblorosas.

Syrthiodd Thornton ar ei liniau wrth ymyl Buck â dwylo crynedig.

Apretó su cabeza contra la de Buck y lo sacudió suavemente hacia adelante y hacia atrás.

Pwysodd ei ben at ben Buck a'i ysgwyd yn ysgafn yn ôl ac ymlaen.

Los que se acercaron le oyeron maldecir al perro con silencioso amor.

Clywodd y rhai a nesáodd ef yn melltithio'r ci â chariad tawel.

Maldijo a Buck durante un largo rato, suavemente, cálidamente, con emoción.

Tyngodd ar Buck am amser hir—yn feddal, yn gynnes, gydag emosiwn.

—¡Bien, señor! ¡Bien, señor! —gritó el rey del Banco Skookum a toda prisa.

"Da, syr! Da, syr!" gwaeddodd brenin Mainc Skookum ar frys.

—¡Le daré mil, no, mil doscientos, por ese perro, señor!

"Rhoddaf fil i chi—na, deuddeg cant—am y ci yna, syr!"

Thornton se puso de pie lentamente, con los ojos brillantes de emoción.

Cododd Thornton yn araf i'w draed, ei lygaid yn disgleirio gydag emosiwn.

Las lágrimas corrían abiertamente por sus mejillas sin ninguna vergüenza.

Llifodd dagrau'n agored i lawr ei fochau heb unrhyw gywilydd.

"Señor", le dijo al rey del Banco Skookum, firme y firme.

"Syr," meddai wrth frenin Mainc Skookum, yn gyson a chadarn

—No, señor. Puede irse al infierno, señor. Esa es mi última respuesta.

"Na, syr. Gallwch fynd i uffern, syr. Dyna fy ateb terfynol."

Buck agarró suavemente la mano de Thornton con sus fuertes mandíbulas.
Gafaelodd Buck yn llaw Thornton yn ysgafn yn ei ên cryf.
Thornton lo sacudió juguetonamente; su vínculo era más profundo que nunca.
Ysgwydodd Thornton ef yn chwareus, eu cwlwm mor ddwfn ag erioed.
La multitud, conmovida por el momento, retrocedió en silencio.
Camodd y dorf, wedi'u symud gan y foment, yn ôl mewn distawrwydd.
Desde entonces nadie se atrevió a interrumpir tan sagrado afecto.
O hynny ymlaen, ni feiddiodd neb dorri ar draws hoffter mor gysegredig.

El sonido de la llamada
Sain yr Alwad

Buck había ganado mil seiscientos dólares en cinco minutos.
Roedd Buck wedi ennill un cant ar bymtheg o ddoleri mewn pum munud.
El dinero permitió a John Thornton pagar algunas de sus deudas.
Galluogodd yr arian John Thornton i dalu rhai o'i ddyledion.
Con el resto del dinero se dirigió al Este con sus socios.
Gyda gweddill yr arian aeth i'r Dwyrain gyda'i bartneriaid.
Buscaban una legendaria mina perdida, tan antigua como el país mismo.
Roedden nhw'n chwilio am fwynglawdd coll chwedlonol, mor hen â'r wlad ei hun.
Muchos hombres habían buscado la mina, pero pocos la habían encontrado.
Roedd llawer o ddynion wedi chwilio am y pwll glo, ond ychydig iawn oedd erioed wedi dod o hyd iddo.
Más de unos pocos hombres habían desaparecido durante la peligrosa búsqueda.
Roedd mwy nag ychydig o ddynion wedi diflannu yn ystod y chwiliad peryglus.
Esta mina perdida estaba envuelta en misterio y vieja tragedia.
Roedd y pwll glo coll hwn wedi'i lapio mewn dirgelwch a hen drasiedi.
Nadie sabía quién había sido el primer hombre que encontró la mina.
Doedd neb yn gwybod pwy oedd y dyn cyntaf i ddod o hyd i'r pwll glo.
Las historias más antiguas no mencionan a nadie por su nombre.
Nid yw'r straeon hynaf yn sôn am neb wrth enw.
Siempre había habido allí una antigua y destartalada cabaña.
Roedd caban hynafol adfeiliedig wedi bod yno erioed.

Los hombres moribundos habían jurado que había una mina al lado de aquella vieja cabaña.
Roedd dynion oedd yn marw wedi tyngu llw bod pwll glo wrth ymyl yr hen gaban hwnnw.
Probaron sus historias con oro como ningún otro en ningún otro lugar.
Profon nhw eu straeon gydag aur fel na welwyd yn unman arall.
Ningún alma viviente había jamás saqueado el tesoro de aquel lugar.
Nid oedd unrhyw enaid byw erioed wedi ysbeilio'r trysor o'r lle hwnnw.
Los muertos estaban muertos, y los muertos no cuentan historias.
Roedd y meirw yn farw, ac nid yw dynion meirw yn adrodd straeon.
Entonces Thornton y sus amigos se dirigieron al Este.
Felly aeth Thornton a'i ffrindiau i'r Dwyrain.
Pete y Hans se unieron, trayendo a Buck y seis perros fuertes.
Ymunodd Pete a Hans, gan ddod â Buck a chwe chi cryf.
Se embarcaron en un camino desconocido donde otros habían fracasado.
Fe gychwynnon nhw ar hyd llwybr anhysbys lle roedd eraill wedi methu.
Se deslizaron en trineo setenta millas por el congelado río Yukón.
Fe wnaethon nhw sledio saith deg milltir i fyny Afon Yukon wedi rhewi.
Giraron a la izquierda y siguieron el sendero hacia Stewart.
Troddant i'r chwith a dilyn y llwybr i mewn i Afon Stewart.
Pasaron Mayo y McQuestion y siguieron adelante.
Aethant heibio i'r Mayo a'r McQuestion, gan wthio ymhellach ymlaen.
El río Stewart se encogió y se convirtió en un arroyo, atravesando picos irregulares.

Ciliodd Afon Stewart i mewn i nant, gan edafu ar draws copaon danheddog.
Estos picos afilados marcaban la columna vertebral del continente.
Roedd y copaon miniog hyn yn nodi asgwrn cefn y cyfandir.
John Thornton exigía poco a los hombres y a la tierra salvaje.
Ychydig oedd ei angen gan John Thornton gan ddynion na'r tir gwyllt.
No temía a nada de la naturaleza y se enfrentaba a lo salvaje con facilidad.
Nid oedd yn ofni dim byd yn y byd natur ac roedd yn wynebu'r gwyllt yn rhwydd.
Con sólo sal y un rifle, podría viajar a donde quisiera.
Gyda halen a reiffl yn unig, gallai deithio lle bynnag y dymunai.
Al igual que los nativos, cazaba alimentos mientras viajaba.
Fel y brodorion, roedd yn hela bwyd wrth deithio.
Si no pescaba nada, seguía adelante, confiando en que la suerte le acompañaría.
Os na ddaliodd ddim, parhaodd i fynd, gan ymddiried mewn lwc o'i flaen.
En este largo viaje, la carne era lo principal que comían.
Ar y daith hir hon, cig oedd y prif beth a fwytaent.
El trineo contenía herramientas y municiones, pero no un horario estricto.
Roedd y sled yn dal offer ac bwledi, ond dim amserlen gaeth.
A Buck le encantaba este vagabundeo, la caza y la pesca interminables.
Roedd Buck wrth ei fodd â'r crwydro hwn; yr hela a'r pysgota diddiwedd.
Durante semanas estuvieron viajando día tras día.
Am wythnosau roedden nhw'n teithio ddydd ar ôl diwrnod cyson.
Otras veces montaban campamentos y permanecían allí durante semanas.
Ar adegau eraill fe wnaethon nhw wersylloedd ac aros yn llonydd am wythnosau.

Los perros descansaron mientras los hombres cavaban en la tierra congelada.
Gorffwysodd y cŵn tra bod y dynion yn cloddio trwy faw wedi rhewi.
Calentaron sartenes sobre el fuego y buscaron oro escondido.
Roedden nhw'n cynhesu sosbenni uwchben tanau ac yn chwilio am aur cudd.
Algunos días pasaban hambre y otros días tenían fiestas.
Rhai dyddiau roedden nhw'n llwgu, ac eraill roedden nhw'n cynnal gwleddoedd.
Sus comidas dependían de la presa y de la suerte de la caza.
Roedd eu prydau bwyd yn dibynnu ar yr helwriaeth a lwc yr helfa.
Cuando llegaba el verano, los hombres y los perros cargaban cargas sobre sus espaldas.
Pan ddaeth yr haf, byddai dynion a chŵn yn pacio llwythi ar eu cefnau.
Navegaron por lagos azules escondidos en bosques de montaña.
Fe wnaethon nhw rafftio ar draws llynnoedd glas wedi'u cuddio mewn coedwigoedd mynyddig.
Navegaban en delgadas embarcaciones por ríos que ningún hombre había cartografiado jamás.
Hwylion nhw gychod main ar afonydd nad oedd dyn erioed wedi'u mapio.
Esos barcos se construyeron a partir de árboles que cortaban en la naturaleza.
Adeiladwyd y cychod hynny o goed a lifiwyd ganddynt yn y gwyllt.

Los meses pasaron y ellos serpentearon por tierras salvajes y desconocidas.
Aeth y misoedd heibio, ac fe droellasant trwy'r tiroedd gwyllt anhysbys.
No había hombres allí, aunque había rastros antiguos que indicaban que había habido hombres.

Nid oedd unrhyw ddynion yno, ond roedd olion hen yn awgrymu bod dynion wedi bod.
Si la Cabaña Perdida fue real, entonces otras personas habían pasado por allí alguna vez.
Os oedd y Caban Coll yn real, yna roedd eraill wedi dod y ffordd hon ar un adeg.
Cruzaron pasos altos en medio de tormentas de nieve, incluso en verano.
Roedden nhw'n croesi bylchau uchel mewn stormydd eira, hyd yn oed yn ystod yr haf.
Temblaban bajo el sol de medianoche en las laderas desnudas de las montañas.
Roedden nhw'n crynu o dan haul hanner nos ar lethrau mynyddoedd noeth.
Entre la línea de árboles y los campos de nieve, subieron lentamente.
Rhwng llinell y coed a'r caeau eira, fe dringon nhw'n araf.
En los valles cálidos, aplastaban nubes de mosquitos y moscas.
Mewn dyffrynnoedd cynnes, roedden nhw'n taro cymylau o wybed a phryfed.
Recogieron bayas dulces cerca de los glaciares en plena floración del verano.
Fe wnaethon nhw gasglu aeron melys ger rhewlifoedd yng ngolau llawn yr haf.
Las flores que encontraron eran tan hermosas como las de las Tierras del Sur.
Roedd y blodau a ddaethon nhw o hyd iddyn nhw mor hyfryd â'r rhai yn y De.
Ese otoño llegaron a una región solitaria llena de lagos silenciosos.
Y cwymp hwnnw fe gyrhaeddon nhw ranbarth unig yn llawn llynnoedd tawel.
La tierra estaba triste y vacía, una vez llena de pájaros y bestias.
Roedd y tir yn drist ac yn wag, unwaith yn fyw gydag adar ac anifeiliaid.

Ahora no había vida, sólo el viento y el hielo formándose en charcos.
Nawr doedd dim bywyd, dim ond y gwynt a'r iâ yn ffurfio mewn pyllau.
Las olas golpeaban las orillas vacías con un sonido suave y triste.
Lapiai tonnau yn erbyn glannau gwag gyda sain feddal, galarus.

Llegó otro invierno y volvieron a seguir los viejos y tenues senderos.
Daeth gaeaf arall, ac fe ddilynon nhw lwybrau hen, gwan eto.
Éstos eran los rastros de hombres que habían buscado mucho antes que ellos.
Dyma oedd llwybrau dynion a oedd wedi chwilio ymhell o'u blaenau.
Un día encontraron un camino que se adentraba profundamente en el bosque oscuro.
Unwaith fe wnaethon nhw ddod o hyd i lwybr wedi'i dorri'n ddwfn i'r goedwig dywyll.
Era un sendero antiguo y sintieron que la cabaña perdida estaba cerca.
Llwybr hen ydoedd, ac roedden nhw'n teimlo bod y caban coll yn agos.
Pero el sendero no conducía a ninguna parte y se perdía en el espeso bosque.
Ond nid oedd y llwybr yn arwain i unman ac yn pylu i'r coed trwchus.
Nadie sabe quién hizo el sendero ni por qué lo hizo.
Pwy bynnag wnaeth y llwybr, a pham y gwnaethon nhw ei wneud, doedd neb yn gwybod.
Más tarde encontraron los restos de una cabaña escondidos entre los árboles.
Yn ddiweddarach, fe ddaethon nhw o hyd i ddrylliad llety wedi'i guddio ymhlith y coed.
Mantas podridas yacían esparcidas donde alguna vez alguien había dormido.

Roedd blancedi pydredig wedi'u gwasgaru lle roedd rhywun wedi cysgu ar un adeg.

John Thornton encontró una pistola de chispa de cañón largo enterrada en el interior.

Daeth John Thornton o hyd i fflintloc hir-faril wedi'i gladdu y tu mewn.

Sabía que se trataba de un cañón de la Bahía de Hudson desde los primeros días de su comercialización.

Roedd yn gwybod mai gwn Bae Hudson oedd hwn o ddyddiau masnachu cynnar.

En aquella época, estas armas se intercambiaban por montones de pieles de castor.

Yn y dyddiau hynny roedd gynnau o'r fath yn cael eu cyfnewid am bentyrrau o grwyn afanc.

Eso fue todo: no quedó ninguna pista del hombre que construyó el albergue.

Dyna oedd y cyfan—doedd dim cliw ar ôl am y dyn a adeiladodd y llety.

Llegó nuevamente la primavera y no encontraron ninguna señal de la Cabaña Perdida.

Daeth y gwanwyn eto, ac ni chawsant unrhyw arwydd o'r Caban Coll.

En lugar de eso encontraron un valle amplio con un arroyo poco profundo.

Yn lle hynny, fe wnaethon nhw ddod o hyd i ddyffryn llydan gyda nant fas.

El oro se extendía sobre el fondo de las sartenes como mantequilla suave y amarilla.

Roedd aur yn gorwedd ar draws gwaelodion y badell fel menyn llyfn, melyn.

Se detuvieron allí y no buscaron más la cabaña.

Fe wnaethon nhw stopio yno ac ni chwilio ymhellach am y caban.

Cada día trabajaban y encontraban miles en polvo de oro.

Bob dydd roedden nhw'n gweithio ac yn dod o hyd i filoedd mewn llwch aur.

Empaquetaron el oro en bolsas de piel de alce, de cincuenta libras cada una.
Fe wnaethon nhw bacio'r aur mewn bagiau o groen elc, hanner cant punt yr un.
Las bolsas estaban apiladas como leña afuera de su pequeña cabaña.
Roedd y bagiau wedi'u pentyrru fel coed tân y tu allan i'w llety bach.
Trabajaron como gigantes y los días pasaban como sueños rápidos.
Roedden nhw'n gweithio fel cewri, ac aeth y dyddiau heibio fel breuddwydion cyflym.
Acumularon tesoros a medida que los días interminables transcurrían rápidamente.
Fe wnaethon nhw bentyrru trysor wrth i'r dyddiau diddiwedd rolio heibio'n gyflym.
Los perros no tenían mucho que hacer excepto transportar carne de vez en cuando.
Nid oedd llawer i'r cŵn ei wneud heblaw cludo cig o bryd i'w gilydd.
Thornton cazó y mató el animal, y Buck se quedó tendido junto al fuego.
Helodd Thornton a lladdodd yr anifeiliaid, a gorweddodd Buck wrth y tân.
Pasó largas horas en silencio, perdido en sus pensamientos y recuerdos.
Treuliodd oriau hir mewn distawrwydd, ar goll mewn meddwl a chof.
La imagen del hombre peludo venía cada vez más a la mente de Buck.
Daeth delwedd y dyn blewog i feddwl Buck yn amlach.
Ahora que el trabajo escaseaba, Buck soñaba mientras parpadeaba ante el fuego.
Gan fod gwaith yn brin bellach, breuddwydiodd Buck wrth blincio at y tân.
En esos sueños, Buck vagaba con el hombre en otro mundo.

Yn y breuddwydion hynny, crwydrodd Buck gyda'r dyn mewn byd arall.
El miedo parecía el sentimiento más fuerte en ese mundo distante.
Ofn oedd yr ymdeimlad cryfaf yn y byd pell hwnnw, yn ôl pob golwg.
Buck vio al hombre peludo dormir con la cabeza gacha.
Gwelodd Buck y dyn blewog yn cysgu â'i ben wedi'i grychu'n isel.
Tenía las manos entrelazadas y su sueño era inquieto y entrecortado.
Roedd ei ddwylo wedi'u clymu, ac roedd ei gwsg yn aflonydd ac yn doredig.
Solía despertarse sobresaltado y mirar con miedo hacia la oscuridad.
Arferai ddeffro gyda syndod a syllu'n ofnus i'r tywyllwch.
Luego echaba más leña al fuego para mantener la llama brillante.
Yna byddai'n taflu mwy o goed ar y tân i gadw'r fflam yn llachar.
A veces caminaban por una playa junto a un mar gris e interminable.
Weithiau byddent yn cerdded ar hyd traeth wrth ymyl môr llwyd, diddiwedd.
El hombre peludo recogía mariscos y los comía mientras caminaba.
Cododd y dyn blewog bysgod cregyn a'u bwyta wrth iddo gerdded.
Sus ojos buscaban siempre peligros ocultos en las sombras.
Roedd ei lygaid bob amser yn chwilio am beryglon cudd yn y cysgodion.
Sus piernas siempre estaban listas para correr ante la primera señal de amenaza.
Roedd ei goesau bob amser yn barod i sbrintio wrth yr arwydd cyntaf o fygythiad.
Se arrastraron por el bosque, silenciosos y cautelosos, uno al lado del otro.

Fe wnaethon nhw sleifio drwy'r goedwig, yn dawel ac yn wyliadwrus, ochr yn ochr.
Buck lo siguió de cerca y ambos se mantuvieron alerta.
Dilynodd Buck ar ei sodlau, ac arhosodd y ddau ohonyn nhw'n effro.
Sus orejas se movían y temblaban, sus narices olfateaban el aire.
Roedd eu clustiau'n crynu ac yn symud, eu trwynau'n arogli'r awyr.
El hombre podía oír y oler el bosque tan agudamente como Buck.
Gallai'r dyn glywed ac arogli'r goedwig mor finiog â Buck.
El hombre peludo se balanceó entre los árboles con una velocidad repentina.
Siglodd y dyn blewog drwy'r coed gyda chyflymder sydyn.
Saltaba de rama en rama sin perder nunca su agarre.
Neidiodd o gangen i gangen, heb golli ei afael byth.
Se movió tan rápido sobre el suelo como sobre él.
Symudodd mor gyflym uwchben y ddaear ag y gwnaeth arni.
Buck recordó las largas noches bajo los árboles, haciendo guardia.
Cofiai Buck nosweithiau hir o dan y coed, yn cadw golwg.
El hombre dormía recostado en las ramas, aferrado fuertemente.
Cysgodd y dyn yn clwydo yn y canghennau, gan lynu'n dynn.
Esta visión del hombre peludo estaba estrechamente ligada al llamado profundo.
Roedd y weledigaeth hon o'r dyn blewog wedi'i chysylltu'n agos â'r alwad ddofn.
El llamado aún resonaba en el bosque con una fuerza inquietante.
Roedd y galwad yn dal i swnio drwy'r goedwig gyda grym atgofus.
La llamada llenó a Buck de anhelo y una inquieta sensación de alegría.
Llenwodd yr alwad Buck â hiraeth a theimlad aflonydd o lawenydd.

Sintió impulsos y agitaciones extrañas que no podía nombrar.

Teimlodd ysgogiadau a chyffroadau rhyfedd na allai eu henwi.

A veces seguía la llamada hasta lo profundo del tranquilo bosque.

Weithiau byddai'n dilyn yr alwad yn ddwfn i'r coed tawel.

Buscó el llamado, ladrando suave o agudamente mientras caminaba.

Chwiliodd am y galwad, gan gyfarth yn feddal neu'n finiog wrth iddo fynd.

Olfateó el musgo y la tierra negra donde crecían las hierbas.

Aroglodd y mwsogl a'r pridd du lle tyfodd y glaswellt.

Resopló de alegría ante los ricos olores de la tierra profunda.

Snwdiodd gyda hyfrydwch at arogleuon cyfoethog y ddaear ddofn.

Se agazapó durante horas detrás de troncos cubiertos de hongos.

Cwrcwdodd am oriau y tu ôl i foncyffion wedi'u gorchuddio â ffwng.

Se quedó quieto, escuchando con los ojos muy abiertos cada pequeño sonido.

Arhosodd yn llonydd, gan wrando â'i lygaid yn llydan ar bob sŵn bach.

Quizás esperaba sorprender al objeto que le había hecho el llamado.

Efallai ei fod wedi gobeithio synnu'r peth a roddodd yr alwad.

Él no sabía por qué actuaba así: simplemente lo hacía.

Doedd e ddim yn gwybod pam roedd e wedi ymddwyn fel hyn—fe wnaeth e'n syml.

Los impulsos venían desde lo más profundo, más allá del pensamiento o la razón.

Daeth yr ysfa o ddwfn y tu mewn, y tu hwnt i feddwl na rheswm.

Impulsos irresistibles se apoderaron de Buck sin previo aviso ni razón.

Cymerodd awydd anorchfygol afael ar Buck heb rybudd na rheswm.

A veces dormitaba perezosamente en el campamento bajo el calor del mediodía.

Ar adegau roedd yn cysgu'n ddiog yn y gwersyll o dan wres canol dydd.

De repente, su cabeza se levantó y sus orejas se levantaron en alerta.

Yn sydyn, cododd ei ben a saethu ei glustiau i fyny'n effro.

Entonces se levantó de un salto y se lanzó hacia lo salvaje sin detenerse.

Yna neidiodd i fyny a rhuthro i'r gwyllt heb oedi.

Corrió durante horas por senderos forestales y espacios abiertos.

Rhedodd am oriau trwy lwybrau coedwig a mannau agored.

Le encantaba seguir los lechos de los arroyos secos y espiar a los pájaros en los árboles.

Roedd wrth ei fodd yn dilyn gwelyau nentydd sych ac yn ysbïo ar adar yn y coed.

Podría permanecer escondido todo el día, mirando a las perdices pavonearse.

Gallai orwedd yn gudd drwy'r dydd, yn gwylio petrisod yn strôc o gwmpas.

Ellos tamborilearon y marcharon, sin percatarse de la presencia todavía de Buck.

Fe wnaethon nhw ddrymio a gorymdeithio, heb fod yn ymwybodol o bresenoldeb llonydd Buck.

Pero lo que más le gustaba era correr al atardecer en verano.

Ond yr hyn yr oedd yn ei garu fwyaf oedd rhedeg gyda'r cyfnos yn yr haf.

La tenue luz y los sonidos soñolientos del bosque lo llenaron de alegría.

Llenwodd y golau gwan a synau cysglyd y goedwig ef â llawenydd.

Leyó las señales del bosque tan claramente como un hombre lee un libro.

Darllenodd arwyddion y goedwig mor glir ag y mae dyn yn darllen llyfr.
Y siempre buscaba aquella cosa extraña que lo llamaba.
Ac roedd yn chwilio bob amser am y peth rhyfedd a'i galwodd.
Ese llamado nunca se detuvo: lo alcanzaba despierto o dormido.
Ni pheidiodd y galwad honno byth—cyrhaeddodd ef yn effro neu'n cysgu.

Una noche, se despertó sobresaltado, con los ojos alerta y las orejas alerta.
Un noson, deffrodd gyda syndod, llygaid miniog a chlustiau'n uchel.
Sus fosas nasales se crisparon mientras su melena se erizaba en ondas.
Trychodd ei ffroenau wrth i'w fwng sefyll yn donnau.
Desde lo profundo del bosque volvió a oírse el sonido, el viejo llamado.
O ddyfnderoedd y goedwig daeth y sŵn eto, yr hen alwad.
Esta vez el sonido sonó claro, un aullido largo, inquietante y familiar.
Y tro hwn roedd y sain yn canu'n glir, udo hir, atgofus, cyfarwydd.
Era como el grito de un husky, pero extraño y salvaje en tono.
Roedd fel crio husky, ond yn rhyfedd ac yn wyllt ei naws.
Buck reconoció el sonido al instante: había oído exactamente el mismo sonido hacía mucho tiempo.
Roedd Buck yn adnabod y sain ar unwaith—roedd wedi clywed yr union sain amser maith yn ôl.
Saltó a través del campamento y desapareció rápidamente en el bosque.
Neidiodd drwy'r gwersyll a diflannodd yn gyflym i'r coed.
A medida que se acercaba al sonido, disminuyó la velocidad y se movió con cuidado.
Wrth iddo agosáu at y sain, arafodd a symudodd yn ofalus.

Pronto llegó a un claro entre espesos pinos.
Yn fuan cyrhaeddodd llannerch rhwng coed pinwydd trwchus.
Allí, erguido sobre sus cuartos traseros, estaba sentado un lobo de bosque alto y delgado.
Yno, yn unionsyth ar ei gôl, eisteddai blaidd coed tal, main.
La nariz del lobo apuntaba hacia el cielo, todavía haciendo eco del llamado.
Roedd trwyn y blaidd yn pwyntio tua'r awyr, yn dal i adleisio'r alwad.
Buck no había emitido ningún sonido, pero el lobo se detuvo y escuchó.
Nid oedd Buck wedi gwneud unrhyw sŵn, ond eto stopiodd y blaidd a gwrando.
Sintiendo algo, el lobo se tensó y buscó en la oscuridad.
Gan deimlo rhywbeth, tensiwnodd y blaidd, gan chwilio'r tywyllwch.
Buck apareció sigilosamente, con el cuerpo agachado y los pies quietos sobre el suelo.
Llithrodd Buck i'r golwg, ei gorff yn isel, ei draed yn dawel ar y ddaear.
Su cola estaba recta y su cuerpo enroscado por la tensión.
Roedd ei gynffon yn syth, ei gorff wedi'i goilio'n dynn gyda thensiwn.
Mostró al mismo tiempo una amenaza y una especie de amistad ruda.
Dangosodd fygythiad a math o gyfeillgarwch garw.
Fue el saludo cauteloso que compartían las bestias salvajes.
Dyma'r cyfarchiad gofalus a rennir gan anifeiliaid y gwyllt.
Pero el lobo se dio la vuelta y huyó tan pronto como vio a Buck.
Ond trodd y blaidd a ffodd cyn gynted ag y gwelodd Buck.
Buck lo persiguió, saltando salvajemente, ansioso por alcanzarlo.
Rhoddodd Buck ei erlid, gan neidio'n wyllt, yn awyddus i'w oddiweddyd.

Siguió al lobo hasta un arroyo seco bloqueado por un atasco de madera.
Dilynodd y blaidd i mewn i nant sych wedi'i blocio gan dagfa goed.
Acorralado, el lobo giró y se mantuvo firme.
Wedi'i gornelu, trodd y blaidd o gwmpas a sefyll ei dir.
El lobo gruñó y mordió a su presa como un perro husky atrapado en una pelea.
Chwyrnodd a chleciodd y blaidd fel ci husky wedi'i ddal mewn ymladd.
Los dientes del lobo chasquearon rápidamente y su cuerpo se erizó de furia salvaje.
Cliciodd dannedd y blaidd yn gyflym, ei gorff yn llawn cynddaredd gwyllt.
Buck no atacó, sino que rodeó al lobo con cautelosa amabilidad.
Ni ymosododd Buck ond cylchodd y blaidd gyda chyfeillgarwch gofalus.
Intentó bloquear su escape con movimientos lentos e inofensivos.
Ceisiodd rwystro ei ddihangfa trwy symudiadau araf, diniwed.
El lobo estaba cauteloso y asustado: Buck pesaba tres veces más que él.
Roedd y blaidd yn wyliadwrus ac yn ofnus—roedd Buck yn drech na fo dair gwaith.
La cabeza del lobo apenas llegaba hasta el enorme hombro de Buck.
Prin y cyrhaeddodd pen y blaidd ysgwydd enfawr Buck.
Al acecho de un hueco, el lobo salió disparado y la persecución comenzó de nuevo.
Gan chwilio am fwlch, dihangodd y blaidd a dechreuodd yr helfa eto.
Varias veces Buck lo acorraló y el baile se repitió.
Sawl gwaith, fe wnaeth Buck ei gornelu, ac ailadroddodd y ddawns.

El lobo estaba delgado y débil, de lo contrario Buck no podría haberlo atrapado.
Roedd y blaidd yn denau ac yn wan, neu ni allai Buck fod wedi'i ddal.
Cada vez que Buck se acercaba, el lobo giraba y lo enfrentaba con miedo.
Bob tro y byddai Buck yn agosáu, byddai'r blaidd yn troi ac yn ei wynebu mewn ofn.
Luego, a la primera oportunidad, se lanzó de nuevo al bosque.
Yna ar y cyfle cyntaf, rhuthrodd i ffwrdd i'r coed unwaith eto.
Pero Buck no se dio por vencido y finalmente el lobo comenzó a confiar en él.
Ond ni roddodd Buck y gorau iddi, ac o'r diwedd daeth y blaidd i ymddiried ynddo.
Olió la nariz de Buck y los dos se pusieron juguetones y alertas.
Snyffiodd drwyn Buck, a thyfodd y ddau yn chwareus ac yn effro.
Jugaban como animales salvajes, feroces pero tímidos en su alegría.
Chwaraeasant fel anifeiliaid gwyllt, yn ffyrnig ond yn swil yn eu llawenydd.
Después de un rato, el lobo se alejó trotando con calma y propósito.
Ar ôl ychydig, trotiodd y blaidd i ffwrdd gyda phwrpas tawel.
Le demostró claramente a Buck que tenía la intención de que lo siguieran.
Dangosodd yn glir i Buck ei fod yn bwriadu cael ei ddilyn.
Corrieron uno al lado del otro a través de la penumbra del crepúsculo.
Rhedasant ochr yn ochr trwy dywyllwch y cyfnos.
Siguieron el lecho del arroyo hasta el desfiladero rocoso.
Dilynasant wely'r nant i fyny i'r ceunant creigiog.
Cruzaron una divisoria fría donde había comenzado el arroyo.
Fe groeson nhw raniad oer lle roedd y nant wedi dechrau.

En la ladera más alejada encontraron un extenso bosque y numerosos arroyos.
Ar y llethr pellaf fe ddaethon nhw o hyd i goedwig eang a llawer o nentydd.

Por esta vasta tierra corrieron durante horas sin parar.
Drwy'r tir helaeth hwn, fe redasant am oriau heb stopio.

El sol salió más alto, el aire se calentó, pero ellos siguieron corriendo.
Cododd yr haul yn uwch, cynhesodd yr awyr, ond fe redegon nhw ymlaen.

Buck estaba lleno de alegría: sabía que estaba respondiendo a su llamado.
Roedd Buck yn llawn llawenydd—roedd yn gwybod ei fod yn ateb ei alwad.

Corrió junto a su hermano del bosque, más cerca de la fuente del llamado.
Rhedodd wrth ochr ei frawd yn y goedwig, yn agosach at ffynhonnell yr alwad.

Los viejos sentimientos regresaron, poderosos y difíciles de ignorar.
Dychwelodd hen deimladau, yn bwerus ac yn anodd eu hanwybyddu.

Éstas eran las verdades detrás de los recuerdos de sus sueños.
Dyma oedd y gwirioneddau y tu ôl i'r atgofion o'i freuddwydion.

Todo esto ya lo había hecho antes, en un mundo distante y sombrío.
Roedd wedi gwneud hyn i gyd o'r blaen mewn byd pell a chysgodol.

Ahora lo hizo de nuevo, corriendo salvajemente con el cielo abierto encima.
Nawr gwnaeth hyn eto, gan redeg yn wyllt gyda'r awyr agored uwchben.

Se detuvieron en un arroyo para beber del agua fría que fluía.

Fe wnaethon nhw stopio wrth nant i yfed o'r dŵr oer oedd yn llifo.

Mientras bebía, Buck de repente recordó a John Thornton.

Wrth iddo yfed, cofiodd Buck yn sydyn am John Thornton.

Se sentó en silencio, desgarrado por la atracción de la lealtad y el llamado.

Eisteddodd i lawr mewn distawrwydd, wedi'i rhwygo gan dynfa teyrngarwch a'r alwad.

El lobo siguió trotando, pero regresó para impulsar a Buck a seguir adelante.

Trotiodd y blaidd ymlaen, ond daeth yn ôl i annog Buck ymlaen.

Le olisqueó la nariz y trató de convencerlo con gestos suaves.

Sniffiodd ei drwyn a cheisiodd ei berswadio ag ystumiau meddal.

Pero Buck se dio la vuelta y comenzó a regresar por donde había venido.

Ond trodd Buck o gwmpas a dechrau dychwelyd yr un ffordd ag y daeth.

El lobo corrió a su lado durante un largo rato, gimiendo silenciosamente.

Rhedodd y blaidd wrth ei ymyl am amser hir, gan gwynfan yn dawel.

Luego se sentó, levantó la nariz y dejó escapar un largo aullido.

Yna eisteddodd i lawr, cododd ei drwyn, a gollwng udo hir.

Fue un grito triste, que se suavizó cuando Buck se alejó.

Roedd yn gri galarus, yn meddalu wrth i Buck gerdded i ffwrdd.

Buck escuchó mientras el sonido del grito se desvanecía lentamente en el silencio del bosque.

Gwrandawodd Buck wrth i sŵn y cri bylu'n araf i dawelwch y goedwig.

John Thornton estaba cenando cuando Buck irrumpió en el campamento.

Roedd John Thornton yn bwyta cinio pan ffrwydrodd Buck i mewn i'r gwersyll.

Buck saltó sobre él salvajemente, lamiéndolo, mordiéndolo y haciéndolo caer.
Neidiodd Buck arno'n wyllt, gan ei lyfu, ei frathu, a'i daflu.
Lo derribó, se subió encima y le besó la cara.
Fe'i tarodd drosodd, sgramblodd ar ei ben, a chusanodd ei wyneb.
Thornton lo llamó con cariño "hacer el tonto en general".
Galwodd Thornton hyn yn "chwarae'r ffŵl cyffredinol" gyda hoffter.
Mientras tanto, maldijo a Buck suavemente y lo sacudió de un lado a otro.
Drwy'r amser, roedd yn melltithio Buck yn ysgafn ac yn ei ysgwyd yn ôl ac ymlaen.
Durante dos días y dos noches enteras, Buck no abandonó el campamento ni una sola vez.
Am ddau ddiwrnod a noson gyfan, ni adawodd Buck y gwersyll unwaith.
Se mantuvo cerca de Thornton y nunca lo perdió de vista.
Cadwodd yn agos at Thornton ac ni adawodd ef o'i olwg erioed.
Lo siguió mientras trabajaba y lo observó mientras comía.
Dilynodd ef wrth iddo weithio a'i wylio tra roedd yn bwyta.
Acompañaba a Thornton con sus mantas por la noche y lo salía cada mañana.
Gwelodd Thornton i mewn i'w flancedi yn y nos ac allan bob bore.
Pero pronto el llamado del bosque regresó, más fuerte que nunca.
Ond yn fuan dychwelodd galwad y goedwig, yn uwch nag erioed o'r blaen.
Buck volvió a inquietarse, agitado por los pensamientos del lobo salvaje.
Daeth Buck yn aflonydd eto, wedi'i gyffroi gan feddyliau am y blaidd gwyllt.
Recordó el terreno abierto y correr uno al lado del otro.
Roedd yn cofio'r tir agored a'r rhedeg ochr yn ochr.
Comenzó a vagar por el bosque una vez más, solo y alerta.

Dechreuodd grwydro i'r goedwig unwaith eto, ar ei ben ei hun ac yn effro.

Pero el hermano salvaje no regresó y el aullido no se escuchó.

Ond ni ddychwelodd y brawd gwyllt, ac ni chlywwyd yr udo.

Buck comenzó a dormir a la intemperie, manteniéndose alejado durante días.

Dechreuodd Buck gysgu y tu allan, gan aros i ffwrdd am ddyddiau ar y tro.

Una vez cruzó la alta divisoria donde había comenzado el arroyo.

Unwaith croesodd y rhaniad uchel lle roedd y nant wedi dechrau.

Entró en la tierra de la madera oscura y de los arroyos anchos y fluidos.

Aeth i mewn i wlad y coed tywyll a'r nentydd llydan.

Durante una semana vagó en busca de señales del hermano salvaje.

Am wythnos bu'n crwydro, yn chwilio am arwyddion o'r brawd gwyllt.

Mataba su propia carne y viajaba con pasos largos e incansables.

Lladdodd ei gig ei hun a theithiodd gyda chamau hir, diflino.

Pescaba salmón en un ancho río que llegaba al mar.

Pysgotaodd am eog mewn afon lydan a gyrhaeddai'r môr.

Allí luchó y mató a un oso negro enloquecido por los insectos.

Yno, ymladdodd a lladd arth ddu a oedd wedi'i wallgofio gan bryfed.

El oso estaba pescando y corrió ciegamente entre los árboles.

Roedd yr arth wedi bod yn pysgota ac wedi rhedeg yn ddall drwy'r coed.

La batalla fue feroz y despertó el profundo espíritu de lucha de Buck.

Roedd y frwydr yn un ffyrnig, gan ddeffro ysbryd ymladd dwfn Buck.

Dos días después, Buck regresó y encontró glotones en su presa.
Ddeuddydd yn ddiweddarach, dychwelodd Buck i ddod o hyd i bleiddiaid wrth ei laddfa.
Una docena de ellos se pelearon con furia y ruidosidad por la carne.
Bu dwsin ohonyn nhw'n ffraeo dros y cig mewn cynddaredd swnllyd.
Buck cargó y los dispersó como hojas en el viento.
Ymosododd Buck a'u gwasgaru fel dail yn y gwynt.
Dos lobos permanecieron atrás, silenciosos, sin vida e inmóviles para siempre.
Arhosodd dau flaidd ar ôl—dawel, difywyd, a digyfaddawd am byth.
La sed de sangre se hizo más fuerte que nunca.
Tyfodd y syched am waed yn gryfach nag erioed.
Buck era un cazador, un asesino, que se alimentaba de criaturas vivas.
Roedd Buck yn heliwr, yn llofrudd, yn bwydo ar greaduriaid byw.
Sobrevivió solo, confiando en su fuerza y sus sentidos agudos.
Goroesodd ar ei ben ei hun, gan ddibynnu ar ei gryfder a'i synhwyrau craff.
Prosperó en la naturaleza, donde sólo los más resistentes podían vivir.
Ffynnodd yn y gwyllt, lle dim ond y rhai caletaf allai fyw.
A partir de esto, un gran orgullo surgió y llenó todo el ser de Buck.
O hyn, cododd balchder mawr a llenwodd holl fodolaeth Buck.
Su orgullo se reflejaba en cada uno de sus pasos, en el movimiento de cada músculo.
Roedd ei falchder yn amlwg ym mhob cam, yng nghrychdon pob cyhyr.
Su orgullo era tan claro como sus palabras, y se reflejaba en su manera de comportarse.

Roedd ei falchder mor glir â lleferydd, i'w weld yn y ffordd yr oedd yn ymddwyn.

Incluso su grueso pelaje parecía más majestuoso y brillaba más.

Roedd hyd yn oed ei gôt drwchus yn edrych yn fwy mawreddog ac yn disgleirio'n fwy disglair.

Buck podría haber sido confundido con un lobo gigante.

Gallai Buck fod wedi cael ei gamgymryd am blaidd coed anferth.

A excepción del color marrón en el hocico y las manchas sobre los ojos.

Ac eithrio brown ar ei drwyn a smotiau uwchben ei lygaid.

Y la raya blanca de pelo que corría por el centro de su pecho.

A'r stribed gwyn o ffwr a redodd i lawr canol ei frest.

Era incluso más grande que el lobo más grande de esa feroz raza.

Roedd hyd yn oed yn fwy na'r blaidd mwyaf o'r brîd ffyrnig hwnnw.

Su padre, un San Bernardo, le dio tamaño y complexión robusta.

Rhoddodd ei dad, Sant Bernard, faint a ffrâm drwm iddo.

Su madre, una pastora, moldeó esa masa hasta darle forma de lobo.

Ei fam, bugail, a luniodd y swmp hwnnw'n debyg i flaidd.

Tenía el hocico largo de un lobo, aunque más pesado y ancho.

Roedd ganddo drwyn hir blaidd, er yn drymach ac yn lletach.

Su cabeza era la de un lobo, pero construida en una escala enorme y majestuosa.

Pen blaidd oedd ei ben, ond wedi'i adeiladu ar raddfa enfawr, fawreddog.

La astucia de Buck era la astucia del lobo y de la naturaleza.

Cyfrwystra Buck oedd cyfrwystra'r blaidd a'r gwyllt.

Su inteligencia provenía tanto del pastor alemán como del san bernardo.

Daeth ei ddeallusrwydd o'r Bugail Almaenig a'r Sant Bernard.

Todo esto, más la dura experiencia, lo convirtieron en una criatura temible.
Gwnaeth hyn i gyd, ynghyd â phrofiad caled, ef yn greadur ofnadwy.
Era tan formidable como cualquier bestia que vagaba por las tierras salvajes del norte.
Roedd mor aruthrol ag unrhyw fwystfil a grwydrai yng ngwyllt y gogledd.
Viviendo sólo de carne, Buck alcanzó el máximo nivel de su fuerza.
Gan fyw ar gig yn unig, cyrhaeddodd Buck uchafbwynt ei nerth.
Rebosaba poder y fuerza masculina en cada fibra de él.
Roedd yn gorlifo â phŵer a grym gwrywaidd ym mhob ffibr ohono.
Cuando Thornton le acarició la espalda, sus pelos brillaron con energía.
Pan fwythodd Thornton ei gefn, roedd y gwallt yn disgleirio ag egni.
Cada cabello crujió, cargado con el toque de un magnetismo vivo.
Craciodd pob gwallt, wedi'i wefru â chyffyrddiad magnetedd byw.
Su cuerpo y su cerebro estaban afinados al máximo nivel posible.
Roedd ei gorff a'i ymennydd wedi'u tiwnio i'r traw gorau posibl.
Cada nervio, fibra y músculo trabajaba en perfecta armonía.
Roedd pob nerf, ffibr a chyhyr yn gweithio mewn cytgord perffaith.
Ante cualquier sonido o visión que requiriera acción, él respondía instantáneamente.
I unrhyw sŵn neu olygfa oedd angen gweithredu, ymatebodd ar unwaith.
Si un husky saltaba para atacar, Buck podía saltar el doble de rápido.

Pe bai huski yn neidio i ymosod, gallai Buck neidio ddwywaith mor gyflym.

Reaccionó más rápido de lo que los demás pudieron verlo o escuchar.
Ymatebodd yn gyflymach nag y gallai eraill hyd yn oed ei weld neu ei glywed.

La percepción, la decisión y la acción se produjeron en un momento fluido.
Daeth canfyddiad, penderfyniad a gweithredu i gyd mewn un foment hylifol.

En realidad, estos actos fueron separados, pero demasiado rápidos para notarlos.
Mewn gwirionedd, roedd y gweithredoedd hyn ar wahân, ond yn rhy gyflym i'w sylwi.

Los intervalos entre estos actos fueron tan breves que parecían uno solo.
Mor fyr oedd y bylchau rhwng y gweithredoedd hyn, roeddent yn ymddangos fel un.

Sus músculos y su ser eran como resortes fuertemente enrollados.
Roedd ei gyhyrau a'i fodolaeth fel sbringiau wedi'u coilio'n dynn.

Su cuerpo rebosaba de vida, salvaje y alegre en su poder.
Roedd ei gorff yn llawn bywyd, yn wyllt ac yn llawen yn ei bŵer.

A veces sentía como si la fuerza fuera a estallar fuera de él por completo.
Ar adegau roedd yn teimlo fel pe bai'r grym yn mynd i ffrwydro allan ohono'n llwyr.

"Nunca vi un perro así", dijo Thornton un día tranquilo.
"Ni fu erioed gi o'r fath," meddai Thornton un diwrnod tawel.

Los socios observaron a Buck alejarse orgullosamente del campamento.
Gwyliodd y partneriaid Buck yn cerdded yn falch o'r gwersyll.

"Cuando lo crearon, cambió lo que un perro puede ser", dijo Pete.

"Pan gafodd ei greu, newidiodd yr hyn y gall ci fod," meddai Pete.

—¡Por Dios! Yo también lo creo —respondió Hans rápidamente.

"Wrth Iesu! Dw i'n meddwl hynny fy hun," cytunodd Hans yn gyflym.

Lo vieron marcharse, pero no el cambio que vino después.

Gwelsant ef yn gorymdeithio i ffwrdd, ond nid y newid a ddaeth wedi hynny.

Tan pronto como entró en el bosque, Buck se transformó por completo.

Cyn gynted ag y aeth i mewn i'r coed, trawsnewidiodd Buck yn llwyr.

Ya no marchaba, sino que se movía como un fantasma salvaje entre los árboles.

Nid oedd yn gorymdeithio mwyach, ond yn symud fel ysbryd gwyllt ymhlith coed.

Se quedó en silencio, con pasos de gato, un destello que pasaba entre las sombras.

Daeth yn dawel, fel traed cath, fel fflach yn mynd trwy gysgodion.

Utilizó la cubierta con habilidad, arrastrándose sobre su vientre como una serpiente.

Defnyddiodd guddfan gyda medrusrwydd, gan gropian ar ei fol fel neidr.

Y como una serpiente, podía saltar hacia adelante y atacar en silencio.

Ac fel neidr, gallai neidio ymlaen a tharo mewn distawrwydd.

Podría robar una perdiz nival directamente de su nido escondido.

Gallai ddwyn ptarmigan yn syth o'i nyth cudd.

Mató conejos dormidos sin hacer un solo sonido.

Lladdodd gwningod cysgu heb un sŵn.

Podía atrapar ardillas en el aire cuando huían demasiado lentamente.

Gallai ddal gwiwerod yng nghanol yr awyr wrth iddyn nhw ffoi'n rhy araf.

Ni siquiera los peces en los estanques podían escapar de sus ataques repentinos.
Ni allai hyd yn oed pysgod mewn pyllau ddianc rhag ei ymosodiadau sydyn.
Ni siquiera los castores más inteligentes que arreglaban presas estaban a salvo de él.
Nid oedd hyd yn oed afancod clyfar oedd yn trwsio argaeau yn ddiogel rhagddo.
Él mataba por comida, no por diversión, pero prefería matar a sus propias víctimas.
Lladdodd am fwyd, nid am hwyl—ond roedd yn hoffi ei laddfeydd ei hun orau.
Aun así, un humor astuto impregnaba algunas de sus cacerías silenciosas.
Serch hynny, roedd hiwmor cyfrwys yn rhedeg trwy rai o'i helfeydd tawel.
Se acercó sigilosamente a las ardillas, pero las dejó escapar.
Sleifiodd yn agos at wiwerod, dim ond i adael iddyn nhw ddianc.
Iban a huir hacia los árboles, parloteando con terrible indignación.
Roedden nhw'n mynd i ffoi i'r coed, gan glebran mewn dicter ofnus.
A medida que llegaba el otoño, los alces comenzaron a aparecer en mayor número.
Wrth i'r hydref ddod, dechreuodd elciaid ymddangos mewn niferoedd mwy.
Avanzaron lentamente hacia los valles bajos para encontrarse con el invierno.
Symudasant yn araf i'r dyffrynnoedd isel i gyfarfod â'r gaeaf.
Buck ya había derribado a un ternero joven y perdido.
Roedd Buck eisoes wedi lladd un llo ifanc, crwydr.
Pero anhelaba enfrentarse a presas más grandes y peligrosas.
Ond roedd yn hiraethu i wynebu ysglyfaeth fwy, mwy peryglus.
Un día, en la divisoria, a la altura del nacimiento del arroyo, encontró su oportunidad.

Un diwrnod ar y rhaniad, wrth ben y nant, cafodd ei gyfle.
Una manada de veinte alces había cruzado desde tierras boscosas.
Roedd haid o ugain o elc wedi croesi o diroedd coediog.
Entre ellos había un poderoso toro; el líder del grupo.
Yn eu plith roedd tarw nerthol; arweinydd y grŵp.
El toro medía más de seis pies de alto y parecía feroz y salvaje.
Roedd y tarw dros chwe throedfedd o daldra ac yn edrych yn ffyrnig ac yn wyllt.
Lanzó sus anchas astas, con catorce puntas ramificándose hacia afuera.
Taflodd ei gyrn llydan, pedwar ar ddeg o flaenau yn ymestyn allan.
Las puntas de esas astas se extendían siete pies de ancho.
Roedd blaenau'r cyrn hynny'n ymestyn saith troedfedd ar draws.
Sus pequeños ojos ardieron de rabia cuando vio a Buck cerca.
Llosgodd ei lygaid bach gyda chynddaredd wrth iddo weld Buck gerllaw.
Soltó un rugido furioso, temblando de furia y dolor.
Rhyddhaodd rhuo cynddeiriog, gan grynu gan gynddaredd a phoen.
Una punta de flecha sobresalía cerca de su flanco, emplumada y afilada.
Roedd pen saeth yn ymwthio allan ger ei ochr, yn bluog ac yn finiog.
Esta herida ayudó a explicar su humor salvaje y amargado.
Helpodd y clwyf hwn i egluro ei hwyliau gwyllt, chwerw.
Buck, guiado por su antiguo instinto de caza, hizo su movimiento.
Gwnaeth Buck, wedi'i arwain gan reddf hela hynafol, ei symudiad.
Su objetivo era separar al toro del resto de la manada.
Ei nod oedd gwahanu'r tarw oddi wrth weddill y praidd.
No fue una tarea fácil: requirió velocidad y una astucia feroz.

Nid tasg hawdd oedd hon—roedd angen cyflymder a chyfrwystra ffyrnig.
Ladró y bailó cerca del toro, fuera de su alcance.
Cyfarthodd a dawnsiodd ger y tarw, ychydig allan o gyrraedd.
El alce atacó con enormes pezuñas y astas mortales.
Neidiodd yr elc gyda charnau enfawr a chyrn marwol.
Un golpe podría haber acabado con la vida de Buck en un instante.
Gallai un ergyd fod wedi dod â bywyd Buck i ben mewn curiad calon.
Incapaz de dejar atrás la amenaza, el toro se volvió loco.
Gan fethu â gadael y bygythiad ar ôl, aeth y tarw yn wallgof.
Él cargó con furia, pero Buck siempre se le escapaba.
Ymosododd mewn cynddaredd, ond llithrodd Buck i ffwrdd bob tro.
Buck fingió debilidad, lo que lo alejó aún más de la manada.
Roedd Buck yn ffugio gwendid, gan ei ddenu ymhellach o'r praidd.
Pero los toros jóvenes estaban a punto de atacar para proteger al líder.
Ond roedd teirw ifanc yn mynd i ruthro'n ôl i amddiffyn yr arweinydd.
Obligaron a Buck a retirarse y al toro a reincorporarse al grupo.
Fe wnaethon nhw orfodi Buck i encilio a'r tarw i ailymuno â'r grŵp.
Hay una paciencia en lo salvaje, profunda e imparable.
Mae amynedd yn y gwyllt, dwfn ac anorchfygol.
Una araña espera inmóvil en su red durante incontables horas.
Mae pry cop yn aros yn ddisymud yn ei we am oriau di-rif.
Una serpiente se enrosca sin moverse y espera hasta que llega el momento.
Mae neidr yn troelli heb ysgwyd, ac yn aros nes ei bod hi'n bryd.
Una pantera acecha hasta que llega el momento.

Mae panther yn gorwedd mewn cudd-ymosodiad, nes i'r foment gyrraedd.

Ésta es la paciencia de los depredadores que cazan para sobrevivir.

Dyma amynedd ysglyfaethwyr sy'n hela i oroesi.

Esa misma paciencia ardía dentro de Buck mientras se quedaba cerca.

Llosgodd yr un amynedd hwnnw y tu mewn i Buck wrth iddo aros yn agos.

Se quedó cerca de la manada, frenando su marcha y sembrando el miedo.

Arhosodd yn agos at y praidd, gan arafu ei orymdaith a chodi ofn.

Provocaba a los toros jóvenes y acosaba a las vacas madres.

Roedd yn pryfocio'r teirw ifanc ac yn aflonyddu ar y mamau buchod.

Empujó al toro herido hacia una rabia más profunda e impotente.

Gyrrodd y tarw clwyfedig i gynddaredd dyfnach, diymadferth.

Durante medio día, la lucha se prolongó sin descanso alguno.

Am hanner diwrnod, llusgodd yr ymladd ymlaen heb unrhyw orffwys o gwbl.

Buck atacó desde todos los ángulos, rápido y feroz como el viento.

Ymosododd Buck o bob ongl, mor gyflym a ffyrnig â'r gwynt.

Impidió que el toro descansara o se escondiera con su manada.

Fe ataliodd y tarw rhag gorffwys neu guddio gyda'i braidd.

Buck desgastó la voluntad del alce más rápido que su cuerpo.

Treuliodd Bwch ewyllys yr elc yn gyflymach na'i gorff.

El día transcurrió y el sol se hundió en el cielo del noroeste.

Aeth y diwrnod heibio a suddodd yr haul yn isel yn awyr y gogledd-orllewin.

Los toros jóvenes regresaron más lentamente para ayudar a su líder.
Dychwelodd y teirw ifanc yn arafach i gynorthwyo eu harweinydd.
Las noches de otoño habían regresado y la oscuridad ahora duraba seis horas.
Roedd nosweithiau'r hydref wedi dychwelyd, ac roedd y tywyllwch bellach yn para am chwe awr.
El invierno los estaba empujando cuesta abajo hacia valles más seguros y cálidos.
Roedd y gaeaf yn eu gwthio i lawr i ddyffrynnoedd mwy diogel a chynhesach.
Pero aún así no pudieron escapar del cazador que los retenía.
Ond eto ni allent ddianc rhag yr heliwr a'u daliodd yn ôl.
Sólo una vida estaba en juego: no la de la manada, sino la de su líder.
Dim ond un bywyd oedd yn y fantol—nid bywyd y praidd, dim ond bywyd eu harweinydd.
Eso hizo que la amenaza fuera distante y no su preocupación urgente.
Gwnaeth hynny'r bygythiad yn bell ac nid yn bryder brys iddynt.
Con el tiempo, aceptaron ese coste y dejaron que Buck se llevara al viejo toro.
Ymhen amser, fe wnaethon nhw dderbyn y gost hon a gadael i Buck gymryd yr hen darw.
Al caer la tarde, el viejo toro permanecía con la cabeza gacha.
Wrth i'r cyfnos dawelu, safodd yr hen darw â'i ben i lawr.
Observó cómo la manada que había guiado se desvanecía en la luz que se desvanecía.
Gwyliodd y praidd yr oedd wedi'i arwain yn diflannu i'r goleuni pylu.
Había vacas que había conocido, terneros que una vez había engendrado.
Roedd buchod yr oedd wedi'u hadnabod, lloi yr oedd wedi'u geni ar un adeg.

Había toros más jóvenes con los que había luchado y gobernado en temporadas pasadas.
Roedd teirw iau yr oedd wedi ymladd yn eu herbyn ac wedi rheoli yn y tymhorau blaenorol.
No pudo seguirlos, pues frente a él estaba agazapado nuevamente Buck.
Ni allai eu dilyn—oherwydd o'i flaen yr oedd Buck yn cwrcwd eto.
El terror despiadado con colmillos bloqueó cualquier camino que pudiera tomar.
Roedd yr arswyd danheddog didrugaredd yn rhwystro pob llwybr y gallai ei gymryd.
El toro pesaba más de trescientos kilos de densa potencia.
Roedd y tarw yn pwyso mwy na thri chant pwysau o bŵer trwchus.
Había vivido mucho tiempo y luchado con ahínco en un mundo de luchas.
Roedd wedi byw'n hir ac wedi ymladd yn galed mewn byd o frwydr.
Pero ahora, al final, la muerte vino de una bestia muy inferior a él.
Ac eto nawr, ar y diwedd, daeth marwolaeth gan fwystfil ymhell islaw iddo.
La cabeza de Buck ni siquiera llegó a alcanzar las enormes rodillas del toro.
Ni chododd pen Buck hyd yn oed i ben-gliniau enfawr y tarw.
A partir de ese momento, Buck permaneció con el toro noche y día.
O'r foment honno ymlaen, arhosodd Buck gyda'r tarw ddydd a nos.
Nunca le dio descanso, nunca le permitió pastar ni beber.
Ni roddodd orffwys iddo erioed, ni chaniataodd iddo bori na yfed erioed.
El toro intentó comer brotes tiernos de abedul y hojas de sauce.
Ceisiodd y tarw fwyta egin bedw ifanc a dail helyg.
Pero Buck lo ahuyentó, siempre alerta y siempre atacando.

Ond gyrrodd Buck ef i ffwrdd, bob amser yn effro ac yn ymosod bob amser.

Incluso ante arroyos que goteaban, Buck bloqueó cada intento de sed.

Hyd yn oed wrth nentydd yn diferu, roedd Buck yn rhwystro pob ymgais sychedig.

A veces, desesperado, el toro huía a toda velocidad.

Weithiau, mewn anobaith, byddai'r tarw yn ffoi ar gyflymder llawn.

Buck lo dejó correr, trotando tranquilamente detrás, nunca muy lejos.

Gadawodd Buck iddo redeg, gan lopio'n dawel ychydig y tu ôl iddo, byth yn bell i ffwrdd.

Cuando el alce se detuvo, Buck se acostó, pero se mantuvo listo.

Pan oedodd yr elc, gorweddodd Buck i lawr, ond arhosodd yn barod.

Si el toro intentaba comer o beber, Buck atacaba con toda furia.

Os byddai'r tarw yn ceisio bwyta neu yfed, byddai Buck yn taro â chynddaredd llawn.

La gran cabeza del toro se hundió aún más bajo sus enormes astas.

Plygodd pen mawr y tarw yn is o dan ei gyrn enfawr.

Su paso se hizo más lento, el trote se hizo pesado, un paso tambaleante.

Arafodd ei gyflymder, daeth y trot yn drwm; yn gerddediad baglu.

A menudo se quedaba quieto con las orejas caídas y la nariz pegada al suelo.

Yn aml byddai'n sefyll yn llonydd gyda'i glustiau'n plygu a'i drwyn i'r llawr.

Durante esos momentos, Buck se tomó tiempo para beber y descansar.

Yn ystod y cyfnodau hynny, cymerodd Buck amser i yfed a gorffwys.

Con la lengua afuera y los ojos fijos, Buck sintió que la tierra estaba cambiando.
Tafod allan, llygaid wedi'u gosod, teimlai Buck fod y tir yn newid.
Sintió algo nuevo moviéndose a través del bosque y el cielo.
Teimlodd rywbeth newydd yn symud trwy'r goedwig a'r awyr.
A medida que los alces regresaban, también lo hacían otras criaturas salvajes.
Wrth i elc ddychwelyd, felly hefyd y gwnaeth creaduriaid eraill y gwyllt.
La tierra se sentía viva, con presencia, invisible pero fuertemente conocida.
Teimlai'r tir yn fyw gyda phresenoldeb, yn anweledig ond yn hysbys iawn.
No fue por el sonido, ni por la vista, ni por el olfato que Buck supo esto.
Nid trwy sain, golwg, nac arogl y gwyddai Buck hyn.
Un sentimiento más profundo le decía que nuevas fuerzas estaban en movimiento.
Dywedodd synnwyr dyfnach wrtho fod grymoedd newydd ar y symud.
Una vida extraña se agitaba en los bosques y a lo largo de los arroyos.
Roedd bywyd rhyfedd yn cyffroi trwy'r coed ac ar hyd y nentydd.
Decidió explorar este espíritu, después de que la caza se completara.
Penderfynodd archwilio'r ysbryd hwn, ar ôl i'r helfa gael ei chwblhau.
Al cuarto día, Buck finalmente logró derribar al alce.
Ar y pedwerydd diwrnod, llwyddodd Buck i ladd yr elc o'r diwedd.
Se quedó junto a la presa durante un día y una noche enteros, alimentándose y descansando.
Arhosodd wrth y lladdfa am ddiwrnod a nos gyfan, yn bwydo ac yn gorffwys.

Comió, luego durmió, luego volvió a comer, hasta que estuvo fuerte y lleno.
Bwytodd, yna cysgodd, yna bwytaodd eto, nes ei fod yn gryf ac yn llawn.
Cuando estuvo listo, regresó hacia el campamento y Thornton.
Pan oedd yn barod, trodd yn ôl tuag at y gwersyll a Thornton.
Con ritmo constante, inició el largo viaje de regreso a casa.
Gyda chyflymder cyson, dechreuodd ar y daith hir yn ôl adref.
Corría con su incansable galope, hora tras hora, sin desviarse jamás.
Rhedodd yn ei daith ddiflino, awr ar ôl awr, heb grwydro unwaith.
A través de tierras desconocidas, se movió recto como la aguja de una brújula.
Trwy diroedd anhysbys, symudodd yn syth fel nodwydd cwmpawd.
Su sentido de la orientación hacía que el hombre y el mapa parecieran débiles en comparación.
Roedd ei synnwyr cyfeiriad yn gwneud i ddyn a map ymddangos yn wan o'u cymharu.
A medida que Buck corría, sentía con más fuerza la agitación en la tierra salvaje.
Wrth i Buck redeg, teimlodd yn gryfach y cynnwrf yn y tir gwyllt.
Era un nuevo tipo de vida, diferente a la de los tranquilos meses de verano.
Roedd yn fath newydd o fywyd, yn wahanol i fywyd misoedd tawel yr haf.
Este sentimiento ya no llegaba como un mensaje sutil o distante.
Ni ddaeth y teimlad hwn fel neges gynnil na phell mwyach.
Ahora los pájaros hablaban de esta vida y las ardillas parloteaban sobre ella.
Nawr roedd yr adar yn siarad am y bywyd hwn, ac roedd gwiwerod yn sgwrsio amdano.

Incluso la brisa susurraba advertencias a través de los árboles silenciosos.
Hyd yn oed yr awel yn sibrwd rhybuddion trwy'r coed tawel.
Varias veces se detuvo y olió el aire fresco de la mañana.
Sawl gwaith fe stopiodd ac arogli awyr iach y bore.
Allí leyó un mensaje que le hizo avanzar más rápido.
Darllenodd neges yno a barodd iddo neidio ymlaen yn gyflymach.
Una fuerte sensación de peligro lo llenó, como si algo hubiera salido mal.
Llenwodd teimlad trwm o berygl ef, fel pe bai rhywbeth wedi mynd o'i le.
Temía que se avecinara una calamidad, o que ya hubiera ocurrido.
Roedd yn ofni bod trychineb yn dod—neu ei fod eisoes wedi dod.
Cruzó la última cresta y entró en el valle de abajo.
Croesodd y grib olaf ac aeth i mewn i'r dyffryn islaw.
Se movió más lentamente, alerta y cauteloso con cada paso.
Symudodd yn arafach, yn effro ac yn ofalus gyda phob cam.
A tres millas de distancia encontró un nuevo rastro que lo hizo ponerse rígido.
Tair milltir allan daeth o hyd i lwybr ffres a'i gwnaeth yn stiff.
El cabello de su cuello se onduló y se erizó en señal de alarma.
Roedd y gwallt ar hyd ei wddf yn crychu ac yn gwrychog mewn braw.
El sendero conducía directamente al campamento donde Thornton esperaba.
Roedd y llwybr yn arwain yn syth tuag at y gwersyll lle'r oedd Thornton yn aros.
Buck se movió más rápido ahora, su paso era silencioso y rápido.
Symudodd Buck yn gyflymach nawr, ei gam yn dawel ac yn gyflym.
Sus nervios se tensaron al leer señales que otros no verían.

Tynhaodd ei nerfau wrth iddo ddarllen arwyddion y byddai eraill yn eu methu.
Cada detalle del recorrido contaba una historia, excepto la pieza final.
Roedd pob manylyn yn y llwybr yn adrodd stori—ac eithrio'r darn olaf.
Su nariz le contaba sobre la vida que había transcurrido por allí.
Dywedodd ei drwyn wrtho am y bywyd a oedd wedi mynd heibio fel hyn.
El olor le dio una imagen cambiante mientras lo seguía de cerca.
Rhoddodd yr arogl ddarlun newidiol iddo wrth iddo ddilyn yn agos ar ei ôl.
Pero el bosque mismo había quedado en silencio; anormalmente quieto.
Ond roedd y goedwig ei hun wedi mynd yn dawel; yn annaturiol o llonydd.
Los pájaros habían desaparecido, las ardillas estaban escondidas, silenciosas y quietas.
Roedd adar wedi diflannu, roedd gwiwerod wedi cuddio, yn dawel ac yn llonydd.
Sólo vio una ardilla gris, tumbada sobre un árbol muerto.
Dim ond un wiwer lwyd a welodd, yn fflat ar goeden farw.
La ardilla se mimetizó, rígida e inmóvil como una parte del bosque.
Ymgyfunodd y wiwer â'r lle, yn stiff ac yn llonydd fel rhan o'r goedwig.
Buck se movía como una sombra, silencioso y seguro entre los árboles.
Symudodd Buck fel cysgod, yn dawel ac yn sicr drwy'r coed.
Su nariz se movió hacia un lado como si una mano invisible la tirara.
Ysgytiodd ei drwyn i'r ochr fel pe bai wedi'i dynnu gan law anweledig.
Se giró y siguió el nuevo olor hasta lo profundo de un matorral.

Trodd a dilynodd yr arogl newydd yn ddwfn i mewn i ddryslwyn.
Allí encontró a Nig, que yacía muerto, atravesado por una flecha.
Yno daeth o hyd i Nig, yn gorwedd yn farw, wedi'i drywanu gan saeth.
La flecha atravesó su cuerpo y aún se le veían las plumas.
Aeth y siafft yn glir trwy ei gorff, plu yn dal i ddangos.
Nig se arrastró hasta allí, pero murió antes de llegar para recibir ayuda.
Roedd Nig wedi llusgo ei hun yno, ond bu farw cyn cyrraedd cymorth.
Cien metros más adelante, Buck encontró otro perro de trineo.
Can llath ymhellach ymlaen, daeth Buck o hyd i gi sled arall.
Era un perro que Thornton había comprado en Dawson City.
Ci oedd o yr oedd Thornton wedi'i brynu yn ôl yn Ninas Dawson.
El perro se encontraba en una lucha a muerte, agitándose con fuerza en el camino.
Roedd y ci mewn brwydr angheuol, yn curo'n galed ar y llwybr.
Buck pasó a su alrededor, sin detenerse, con los ojos fijos hacia adelante.
Aeth Buck o'i gwmpas, heb stopio, ei lygaid wedi'u gosod ymlaen.
Desde la dirección del campamento llegaba un canto distante y rítmico.
O gyfeiriad y gwersyll daeth siant rhythmig, pell.
Las voces subían y bajaban en un tono extraño, inquietante y cantarín.
Cododd a gostwngodd lleisiau mewn tôn ryfedd, brawychus, ganu.
Buck se arrastró hacia el borde del claro en silencio.
Cropianodd Buck ymlaen at ymyl y llannerch mewn distawrwydd.

Allí vio a Hans tendido boca abajo, atravesado por muchas flechas.
Yno gwelodd Hans yn gorwedd wyneb i lawr, wedi'i drywanu â llawer o saethau.
Su cuerpo parecía el de un puercoespín, erizado de plumas.
Roedd ei gorff yn edrych fel draenog, yn llawn coesyn pluog.
En ese mismo momento, Buck miró hacia la cabaña en ruinas.
Ar yr un foment, edrychodd Buck tuag at y llety adfeiliedig.
La visión hizo que se le erizara el pelo de la nuca y de los hombros.
Gwnaeth y olygfa i'r gwallt godi'n stiff ar ei wddf a'i ysgwyddau.
Una tormenta de furia salvaje recorrió todo el cuerpo de Buck.
Ysgubodd storm o gynddaredd gwyllt trwy gorff cyfan Buck.
Gruñó en voz alta, aunque no sabía que lo había hecho.
Grwgnachodd yn uchel, er nad oedd yn gwybod ei fod wedi.
El sonido era crudo, lleno de furia aterradora y salvaje.
Roedd y sain yn amrwd, yn llawn cynddaredd dychrynllyd, gwyllt.
Por última vez en su vida, Buck perdió la razón ante la emoción.
Am y tro olaf yn ei fywyd, collodd Buck reswm i emosiwn.
Fue el amor por John Thornton lo que rompió su cuidadoso control.
Cariad at John Thornton a dorrodd ei reolaeth ofalus.
Los Yeehats estaban bailando alrededor de la cabaña de abetos en ruinas.
Roedd y Yeehats yn dawnsio o amgylch y bwthyn sbriws wedi'i ddinistrio.
Entonces se escuchó un rugido y una bestia desconocida cargó hacia ellos.
Yna daeth rhuo—a rhuthrodd bwystfil anhysbys tuag atynt.
Era Buck; una furia en movimiento; una tormenta viviente de venganza.
Buck ydoedd; cynddaredd ar waith; storm fyw o ddial.

Se arrojó en medio de ellos, loco por la necesidad de matar.
Taflodd ei hun i'w plith, yn wallgof gan yr angen i ladd.
Saltó hacia el primer hombre, el jefe Yeehat, y acertó.
Neidiodd at y dyn cyntaf, pennaeth Yeehat, a tharo'n wir.
Su garganta fue desgarrada y la sangre brotó a chorros.
Rhwygwyd ei wddf ar agor, a gwaed yn tywallt mewn nant.
Buck no se detuvo, sino que desgarró la garganta del siguiente hombre de un salto.
Ni stopiodd Buck, ond rhwygodd wddf y dyn nesaf gydag un naid.
Era imparable: desgarraba, cortaba y nunca se detenía a descansar.
Roedd yn anorchfygol—yn rhwygo, yn torri, heb oedi i orffwys byth.
Se lanzó y saltó tan rápido que sus flechas no pudieron tocarlo.
Saethodd a neidiodd mor gyflym fel na allai eu saethau ei gyffwrdd.
Los Yeehats estaban atrapados en su propio pánico y confusión.
Roedd y Yeehats wedi'u dal yn eu panig a'u dryswch eu hunain.
Sus flechas no alcanzaron a Buck y se alcanzaron entre sí.
Methodd eu saethau â Buck a tharo ei gilydd yn lle hynny.
Un joven le lanzó una lanza a Buck y golpeó a otro hombre.
Taflodd un llanc waywffon at Buck a tharo dyn arall.
La lanza le atravesó el pecho y la punta le atravesó la espalda.
Gyrrodd y waywffon trwy ei frest, y blaen yn dyrnu allan o'i gefn.
El terror se apoderó de los Yeehats y se retiraron por completo.
Ysgubodd braw dros y Yeehats, a thorraist i encilio'n llwyr.
Gritaron al Espíritu Maligno y huyeron hacia las sombras del bosque.
Gwaeddasant am yr Ysbryd Drwg a ffoi i gysgodion y goedwig.

En verdad, Buck era como un demonio mientras perseguía a los Yeehats.
Yn wir, roedd Buck fel cythraul wrth iddo erlid yr Yeehats i lawr.
Él los persiguió a través del bosque, derribándolos como si fueran ciervos.
Rhwygodd ar eu hôl drwy'r goedwig, gan eu dwyn i lawr fel ceirw.
Se convirtió en un día de destino y terror para los asustados Yeehats.
Daeth yn ddiwrnod o dynged ac arswyd i'r Yeehats ofnus.
Se dispersaron por toda la tierra, huyendo lejos en todas direcciones.
Gwasgarasant ar draws y wlad, gan ffoi ymhell i bob cyfeiriad.
Pasó una semana entera antes de que los últimos supervivientes se reunieran en un valle.
Aeth wythnos gyfan heibio cyn i'r goroeswyr olaf gyfarfod mewn dyffryn.
Sólo entonces contaron sus pérdidas y hablaron de lo sucedido.
Dim ond wedyn y gwnaethon nhw gyfrif eu colledion a siarad am yr hyn a ddigwyddodd.
Buck, después de cansarse de la persecución, regresó al campamento en ruinas.
Ar ôl blino ar yr helfa, dychwelodd Buck i'r gwersyll adfeiliedig.
Encontró a Pete, todavía en sus mantas, muerto en el primer ataque.
Daeth o hyd i Pete, yn dal yn ei flancedi, wedi'i ladd yn yr ymosodiad cyntaf.
Las señales de la última lucha de Thornton estaban marcadas en la tierra cercana.
Roedd arwyddion o frwydr olaf Thornton i'w gweld yn y baw gerllaw.
Buck siguió cada rastro, olfateando cada marca hasta un punto final.

Dilynodd Buck bob ôl, gan arogli pob marc hyd at bwynt terfynol.

En el borde de un estanque profundo, encontró al fiel Skeet, tumbado inmóvil.

Ar ymyl pwll dwfn, daeth o hyd i Skeet ffyddlon, yn gorwedd yn llonydd.

La cabeza y las patas delanteras de Skeet estaban en el agua, inmóviles por la muerte.

Roedd pen a phawennau blaen Skeet yn y dŵr, yn ddisymud yn farw.

La piscina estaba fangosa y contaminada por el agua que salía de las compuertas.

Roedd y pwll yn fwdlyd ac wedi'i halogi â dŵr ffo o'r blychau llifddor.

Su superficie nublada ocultaba lo que había debajo, pero Buck sabía la verdad.

Roedd ei wyneb cymylog yn cuddio'r hyn oedd oddi tano, ond roedd Buck yn gwybod y gwir.

Siguió el rastro del olor de Thornton hasta la piscina, pero el olor no lo condujo a ningún otro lugar.

Dilynodd arogl Thornton i mewn i'r pwll—ond ni arweiniodd yr arogl i unman arall.

No había ningún olor que indicara que salía, solo el silencio de las aguas profundas.

Nid oedd arogl yn arwain allan—dim ond tawelwch dŵr dwfn.

Buck permaneció todo el día cerca de la piscina, paseando de un lado a otro del campamento con tristeza.

Arhosodd Buck ger y pwll drwy'r dydd, yn cerdded o gwmpas y gwersyll mewn galar.

Vagaba inquieto o permanecía sentado en silencio, perdido en pesados pensamientos.

Crwydrai'n aflonydd neu eisteddai mewn llonyddwch, ar goll mewn meddyliau trwm.

Él conocía la muerte; el fin de la vida; la desaparición de todo movimiento.

Roedd yn gwybod marwolaeth; diwedd bywyd; diflaniad pob symudiad.

Comprendió que John Thornton se había ido y que nunca regresaría.

Deallodd fod John Thornton wedi mynd, na fyddai byth yn dychwelyd.

La pérdida dejó en él un vacío que palpitaba como el hambre.

Gadawodd y golled ofod gwag ynddo a oedd yn curo fel newyn.

Pero ésta era un hambre que la comida no podía calmar, por mucho que comiera.

Ond roedd hwn yn newyn na allai bwyd ei leddfu, ni waeth faint a fwytaodd.

A veces, mientras miraba a los Yeehats muertos, el dolor se desvanecía.

Ar adegau, wrth iddo edrych ar y Yeehats marw, byddai'r boen yn pylu.

Y entonces un orgullo extraño surgió dentro de él, feroz y completo.

Ac yna cododd balchder rhyfedd ynddo, ffyrnig a chyflawn.

Había matado al hombre, la presa más alta y peligrosa de todas.

Roedd wedi lladd dyn, y gêm uchaf a mwyaf peryglus oll.

Había matado desafiando la antigua ley del garrote y el colmillo.

Roedd wedi lladd yn groes i'r gyfraith hynafol o glwb a phanc.

Buck olió sus cuerpos sin vida, curioso y pensativo.

Snyffiodd Buck eu cyrff difywyd, yn chwilfrydig ac yn feddylgar.

Habían muerto con tanta facilidad, mucho más fácil que un husky en una pelea.

Roedden nhw wedi marw mor hawdd—llawer haws na husky mewn ymladd.

Sin sus armas, no tenían verdadera fuerza ni representaban una amenaza.

Heb eu harfau, nid oedd ganddyn nhw unrhyw gryfder na bygythiad gwirioneddol.

Buck nunca volvería a temerles, a menos que estuvieran armados.

Ni fyddai Buck byth yn eu hofni eto, oni bai eu bod wedi'u harfogi.

Sólo tenía cuidado cuando llevaban garrotes, lanzas o flechas.

Dim ond pan fyddent yn cario clybiau, gwaywffyn, neu saethau y byddai'n ofalus.

Cayó la noche y la luna llena se elevó por encima de las copas de los árboles.

Syrthiodd y nos, a chododd lleuad lawn yn uchel uwchben copaon y coed.

La pálida luz de la luna bañaba la tierra con un resplandor suave y fantasmal, como el del día.

Ymdrochodd golau gwelw'r lleuad y tir mewn llewyrch meddal, ysbrydionol fel dydd.

A medida que la noche avanzaba, Buck seguía de luto junto al estanque silencioso.

Wrth i'r nos ddyfnhau, roedd Buck yn dal i alaru wrth y pwll tawel.

Entonces se dio cuenta de que había un movimiento diferente en el bosque.

Yna daeth yn ymwybodol o gynnwrf gwahanol yn y goedwig.

El movimiento no provenía de los Yeehats, sino de algo más antiguo y más profundo.

Nid gan y Yeehats y daeth y cyffro, ond gan rywbeth hŷn a dyfnach.

Se puso de pie, con las orejas levantadas y la nariz palpando la brisa con cuidado.

Safodd i fyny, ei glustiau wedi'u codi, ei drwyn yn profi'r awel yn ofalus.

Desde lejos llegó un grito débil y agudo que rompió el silencio.

O bell daeth gweiddi gwan, miniog a drywanodd y distawrwydd.

Luego, un coro de gritos similares siguió de cerca al primero.

Yna dilynodd côr o lefain tebyg yn agos ar ôl y cyntaf.

El sonido se acercaba cada vez más y se hacía más fuerte a cada momento que pasaba.

Daeth y sain yn agosach, gan fynd yn uwch gyda phob eiliad a basiodd.

Buck conocía ese grito: venía de ese otro mundo en su memoria.

Roedd Buck yn adnabod y gri hwn—roedd yn dod o'r byd arall hwnnw yn ei gof.

Caminó hasta el centro del espacio abierto y escuchó atentamente.

Cerddodd i ganol y gofod agored a gwrando'n astud.

El llamado resonó, múltiple y más poderoso que nunca.

Canodd yr alwad allan, wedi'i nodi'n aml ac yn fwy pwerus nag erioed.

Y ahora, más que nunca, Buck estaba listo para responder a su llamado.

Ac yn awr, yn fwy nag erioed o'r blaen, roedd Buck yn barod i ateb ei alwad.

John Thornton había muerto y ya no tenía ningún vínculo con el hombre.

Roedd John Thornton wedi marw, ac nid oedd unrhyw gysylltiad â dyn yn aros ynddo.

El hombre y todos sus derechos humanos habían desaparecido: él era libre por fin.

Roedd dyn a phob hawliad dynol wedi diflannu—roedd yn rhydd o'r diwedd.

La manada de lobos estaba persiguiendo carne como lo hicieron alguna vez los Yeehats.

Roedd y heid o fleiddiaid yn hela cig fel yr oedd y Yeehats wedi arfer.

Habían seguido a los alces desde las tierras boscosas.

Roedden nhw wedi dilyn elc i lawr o'r tiroedd coediog.

Ahora, salvajes y hambrientos de presa, cruzaron hacia su valle.
Nawr, yn wyllt ac yn llwglyd am ysglyfaeth, croesont i'w ddyffryn.
Llegaron al claro iluminado por la luna, fluyendo como agua plateada.
I'r llannerch lleuad daethant, yn llifo fel dŵr arian.
Buck permaneció quieto en el centro, inmóvil y esperándolos.
Safodd Buck yn llonydd yn y canol, yn ddisymud ac yn aros amdanynt.
Su tranquila y gran presencia dejó a la manada en un breve silencio.
Syfrdanodd ei bresenoldeb tawel, mawr y pecyn i dawelwch byr.
Entonces el lobo más atrevido saltó hacia él sin dudarlo.
Yna neidiodd y blaidd mwyaf beiddgar yn syth ato heb betruso.
Buck atacó rápidamente y rompió el cuello del lobo de un solo golpe.
Tarodd Buck yn gyflym a thorri gwddf y blaidd mewn un ergyd.
Se quedó inmóvil nuevamente mientras el lobo moribundo se retorcía detrás de él.
Safodd yn ddisymud eto wrth i'r blaidd marw droelli y tu ôl iddo.
Tres lobos más atacaron rápidamente, uno tras otro.
Ymosododd tri blaidd arall yn gyflym, un ar ôl y llall.
Todos retrocedieron sangrando, con la garganta o los hombros destrozados.
Ciliodd pob un yn gwaedu, eu gwddf neu eu hysgwyddau wedi'u torri.
Eso fue suficiente para que toda la manada se lanzara a una carga salvaje.
Roedd hynny'n ddigon i sbarduno'r pecyn cyfan i ymgyrch wyllt.

Se precipitaron juntos, demasiado ansiosos y apiñados para golpear bien.
Rhuthron nhw i mewn gyda'i gilydd, yn rhy awyddus a gorlawn i daro'n dda.
La velocidad y habilidad de Buck le permitieron mantenerse por delante del ataque.
Roedd cyflymder a sgil Buck yn caniatáu iddo aros ar flaen yr ymosodiad.
Giró sobre sus patas traseras, chasqueando y golpeando en todas direcciones.
Trodd ar ei goesau ôl, gan snapio a tharo i bob cyfeiriad.
Para los lobos, esto parecía como si su defensa nunca se abriera ni flaqueara.
I'r bleiddiaid, roedd hyn yn ymddangos fel pe na bai ei amddiffyniad erioed wedi agor nac wedi methu.
Se giró y atacó tan rápido que no pudieron alcanzarlo.
Trodd a saethodd mor gyflym na allent fynd y tu ôl iddo.
Sin embargo, su número le obligó a ceder terreno y retroceder.
Serch hynny, fe wnaeth eu niferoedd ei orfodi i ildio tir a chilio.
Pasó junto a la piscina y bajó al lecho rocoso del arroyo.
Symudodd heibio i'r pwll ac i lawr i wely'r nant greigiog.
Allí se topó con un empinado banco de grava y tierra.
Yno daeth i fyny yn erbyn llethr serth o raean a phridd.
Se metió en un rincón cortado durante la antigua excavación de los mineros.
Fe syrthiodd i gornel a dorrwyd yn ystod hen gloddio'r glowyr.
Ahora, protegido por tres lados, Buck se enfrentaba únicamente al lobo frontal.
Nawr, wedi'i amddiffyn ar dair ochr, dim ond y blaidd blaen a wynebodd Buck.
Allí se mantuvo a raya, listo para la siguiente ola de asalto.
Yno, safodd yn ddiogel, yn barod am y don nesaf o ymosodiad.

Buck se mantuvo firme con tanta fiereza que los lobos retrocedieron.
Daliodd Buck ei dir mor ffyrnig nes i'r bleiddiaid dynnu'n ôl.
Después de media hora, estaban agotados y visiblemente derrotados.
Ar ôl hanner awr, roedden nhw wedi blino'n lân ac wedi cael eu trechu'n amlwg.
Sus lenguas colgaban y sus colmillos blancos brillaban a la luz de la luna.
Roedd eu tafodau'n hongian allan, eu dannedd gwyn yn disgleirio yng ngolau'r lleuad.
Algunos lobos se tumbaron, con la cabeza levantada y las orejas apuntando hacia Buck.
Gorweddodd rhai bleiddiaid i lawr, eu pennau wedi'u codi, eu clustiau wedi'u pigo tuag at Buck.
Otros permanecieron inmóviles, alertas y observando cada uno de sus movimientos.
Safodd eraill yn llonydd, yn effro ac yn gwylio pob symudiad a wnaeth.
Algunos se acercaron a la piscina y bebieron agua fría.
Crwydrodd rhai at y pwll a lapio dŵr oer.
Entonces un lobo gris, largo y delgado, se acercó sigilosamente.
Yna cropiodd un blaidd llwyd hir, main ymlaen mewn ffordd ysgafn.
Buck lo reconoció: era el hermano salvaje de antes.
Adnabu Buck ef—y brawd gwyllt o'r blaen ydoedd.
El lobo gris gimió suavemente y Buck respondió con un gemido.
Cwynodd y blaidd llwyd yn ysgafn, ac atebodd Buck gyda chwyn.
Se tocaron las narices, en silencio y sin amenaza ni miedo.
Fe wnaethon nhw gyffwrdd â'i drwynau, yn dawel a heb fygythiad na ofn.
Luego vino un lobo más viejo, demacrado y lleno de cicatrices por muchas batallas.

Nesaf daeth blaidd hŷn, tenau a chreithiog o lawer o frwydrau.
Buck empezó a gruñir, pero se detuvo y olió la nariz del viejo lobo.
Dechreuodd Buck grwgnach, ond arhosodd a sniffian trwyn yr hen flaidd.
El viejo se sentó, levantó la nariz y aulló a la luna.
Eisteddodd yr hen un i lawr, cododd ei drwyn, ac udodd ar y lleuad.
El resto de la manada se sentó y se unió al largo aullido.
Eisteddodd gweddill y pecyn i lawr ac ymunodd yn yr udo hir.
Y ahora el llamado llegó a Buck, inconfundible y fuerte.
Ac yn awr daeth yr alwad at Buck, yn ddiamheuol ac yn gryf.
Se sentó, levantó la cabeza y aulló con los demás.
Eisteddodd i lawr, cododd ei ben, ac udodd gyda'r lleill.
Cuando terminaron los aullidos, Buck salió de su refugio rocoso.
Pan ddaeth yr udo i ben, camodd Buck allan o'i loches greigiog.
La manada se cerró a su alrededor, olfateando con amabilidad y cautela.
Caeodd y pedol o'i gwmpas, gan arogli'n garedig ac yn ofalus.
Entonces los líderes dieron un grito y salieron corriendo hacia el bosque.
Yna rhoddodd yr arweinwyr y gweiddi a rhuthro i ffwrdd i'r goedwig.
Los demás lobos los siguieron, aullando a coro, salvajes y rápidos en la noche.
Dilynodd y bleiddiaid eraill, gan weiddi mewn côr, yn wyllt ac yn gyflym yn y nos.
Buck corrió con ellos, al lado de su hermano salvaje, aullando mientras corría.
Rhedodd Buck gyda nhw, wrth ymyl ei frawd gwyllt, gan udo wrth iddo redeg.

Aquí la historia de Buck llega bien a su fin.

Yma, mae stori Buck yn gwneud yn dda i ddod i'w diwedd.
En los años siguientes, los Yeehat notaron lobos extraños.
Yn y blynyddoedd dilynol, sylwodd y teulu Yeehat ar fleiddiaid rhyfedd.
Algunos tenían la cabeza y el hocico de color marrón y el pecho de color blanco.
Roedd gan rai frown ar eu pennau a'u trwynau, gwyn ar eu brest.
Pero aún más temían una figura fantasmal entre los lobos.
Ond yn fwy fyth, roedden nhw'n ofni ffigur ysbrydion ymhlith y bleiddiaid.
Hablaban en susurros del Perro Fantasma, líder de la manada.
Siaradasant mewn sibrydion am y Ci Ysbrydion, arweinydd y pecyn.
Este perro fantasma tenía más astucia que el cazador Yeehat más audaz.
Roedd gan y Ci Ysbrydion hwn fwy o gyfrwystra na'r heliwr Yeehat mwyaf beiddgar.
El perro fantasma robó de los campamentos en pleno invierno y destrozó sus trampas.
Lladrataodd y ci ysbrydion o wersylloedd yng nghanol y gaeaf a rhwygo eu trapiau ar wahân.
El perro fantasma mató a sus perros y escapó de sus flechas sin dejar rastro.
Lladdodd y ci ysbryd eu cŵn a dianc rhag eu saethau heb olion.
Incluso sus guerreros más valientes temían enfrentarse a este espíritu salvaje.
Roedd hyd yn oed eu rhyfelwyr dewraf yn ofni wynebu'r ysbryd gwyllt hwn.
No, la historia se vuelve aún más oscura a medida que pasan los años en la naturaleza.
Na, mae'r stori'n mynd yn dywyllach fyth, wrth i'r blynyddoedd fynd heibio yn y gwyllt.
Algunos cazadores desaparecen y nunca regresan a sus campamentos distantes.

Mae rhai helwyr yn diflannu ac nid ydynt byth yn dychwelyd i'w gwersylloedd pell.

Otros aparecen con la garganta abierta, muertos en la nieve.
Mae eraill i'w cael gyda'u gyddfau wedi'u rhwygo ar agor, wedi'u lladd yn yr eira.

Alrededor de sus cuerpos hay huellas más grandes que las que cualquier lobo podría dejar.
O amgylch eu cyrff mae olion—mwy nag y gallai unrhyw flaidd eu gwneud.

Cada otoño, los Yeehats siguen el rastro del alce.
Bob hydref, mae Yeehats yn dilyn llwybr yr elc.

Pero evitan un valle con el miedo grabado en lo profundo de sus corazones.
Ond maen nhw'n osgoi un cwm gydag ofn wedi'i gerfio'n ddwfn yn eu calonnau.

Dicen que el valle fue elegido por el Espíritu Maligno para vivir.
Maen nhw'n dweud bod y dyffryn wedi'i ddewis gan yr Ysbryd Drwg ar gyfer ei gartref.

Y cuando se cuenta la historia, algunas mujeres lloran junto al fuego.
A phan adroddir y stori, mae rhai menywod yn wylo wrth y tân.

Pero en verano, un visitante llega a ese tranquilo valle sagrado.
Ond yn yr haf, mae un ymwelydd yn dod i'r dyffryn tawel, cysegredig hwnnw.

Los Yeehats no saben de él, ni tampoco pueden entenderlo.
Nid yw'r Yeehats yn gwybod amdano, ac ni allent ddeall.

El lobo es grande, revestido de gloria, como ningún otro de su especie.
Mae'r blaidd yn un gwych, wedi'i orchuddio â gogoniant, fel dim arall o'i fath.

Él solo cruza el bosque verde y entra en el claro.
Mae'n croesi o'r coed gwyrdd ar ei ben ei hun ac yn mynd i mewn i lannerch y goedwig.

Allí, el polvo dorado de los sacos de piel de alce se filtra en el suelo.
Yno, mae llwch euraidd o sachau croen elc yn treiddio i'r pridd.
La hierba y las hojas viejas han ocultado el amarillo al sol.
Mae glaswellt a dail hen wedi cuddio'r melyn rhag yr haul.
Aquí, el lobo permanece en silencio, pensando y recordando.
Yma, mae'r blaidd yn sefyll mewn distawrwydd, yn meddwl ac yn cofio.
Aúlla una vez, largo y triste, antes de darse la vuelta para irse.
Mae'n udo unwaith—yn hir ac yn galarus—cyn iddo droi i fynd.
Pero no siempre está solo en la tierra del frío y la nieve.
Eto nid yw bob amser ar ei ben ei hun yng ngwlad yr oerfel a'r eira.
Cuando las largas noches de invierno descienden sobre los valles inferiores.
Pan fydd nosweithiau hir y gaeaf yn disgyn ar y dyffrynnoedd isaf.
Cuando los lobos persiguen a la presa a través de la luz de la luna y las heladas.
Pan fydd y bleiddiaid yn dilyn gêm trwy'r lleuad a rhew.
Luego corre a la cabeza del grupo, saltando alto y salvajemente.
Yna mae'n rhedeg ar flaen y pecyn, gan neidio'n uchel ac yn wyllt.
Su figura se eleva sobre las demás y su garganta está llena de canciones.
Mae ei siâp yn tyrau uwchben y lleill, ei wddf yn fyw gyda chân.
Es la canción del mundo más joven, la voz de la manada.
Cân y byd iau ydyw, llais y peidi.
Canta mientras corre: fuerte, libre y eternamente salvaje.
Mae'n canu wrth iddo redeg—cryf, rhydd, ac yn wyllt am byth.

www.tranzlaty.com

www.ingramcontent.com/pod-product-compliance
Lightning Source LLC
Chambersburg PA
CBHW010029040426
42333CB00048B/2769